가족과 문화(2판)

변화를 읽다

윤소영 조성은 정지영 정영금 차성란 공저

신정

시작하면서

우리 사회가 변화하고 있다. 사회의 변화를 알 수 있는 영역 중에 가족의 변화가 가장 가까이서 체감된다. 새로운 가족을 이루는 결혼에 대해서도 개인의 선택에 따라 미루거나 하지 않는 경우가 늘어나고 있으며, 자녀출산율도 지속적으로 감소하는 추세이다. 이와 같이 가족의 변화는 그 모습에서만 나타나는 것이 아니라, 삶을 대하는 가치관이나 사람들과 교제하는 방법 등 가족이 생활하는 양식 전체의 변화로 나타난다. 즉 가족문화가 변화하고 있는 것이다.

현재 1인 가구의 수가 전체 가구의 33%를 넘어 서서, 우리나라 가구의 3가구당 1가구가 혼자서 살아가는 형태이다. 이와 같이 1인 가구의 수가 늘어나는 사회현상은 개인의 선택일 수 있지만 이제는 사회 전체의 이슈로 등장하게 되었다. 더욱이 우리나라 출산율이 2023년의 0.70명 수준을 유지하기 어렵다는 전망에 대해, 한 외국학자는 "한국 망했다"는 표현까지 쓸 정도로 한국 사회 전체의 큰 문제가 되었다. 결국, 가족의 모습과 관계가 변하면서 그 속에서 살아가는 사람들의 모습이 달라지고 있으며, 이러한 변화를 읽고 대처하는 방식이 필요한 시점이다. 사람들이 살아가는 방식, 즉 문화의 변화를 읽으면 사람들의 삶을 좀 더 자세히 들여다볼 수 있으며, 그들의 문제에 같이 공감하기 쉬워진다.

이 책은 가족을 둘러싼 변화와 그 변화 속에서 나타난 가족들의 문화적 현상을 이해하여 미래 가족의 모습을 이해하고 준비하고자 하는 데 목적을 두고 시작되었다. 혼자 사는 삶, 가족들과 떨어져 사는 삶, 이웃들과 어울려 사는 삶 등 다양한 삶의 모습도 살펴본다. 동시대를 살아가면서 의식주 생활, 의례문화, 가족여가, 그리고 환경문화에서 나타난 다양한 특징이나 변화에 대해서도 살펴본다. 또한 가족문화정책 현장에서 적용할 수 있는 몇 가지 가족문화 프로그램 사례를 제시하여 이해를 돕고자 한다.

이러한 주제를 선택하고 프로그램을 선택하는 작업은 5명의 저자 모두가 참여하였으며, 초판에서 틀을 잡은 내용을 그대로 유지하면서 현재에 맞게 수정하고 다듬는 작업으로 개정판이 진행되었다. 2021년 이 책의 초판을 내면서 5명의 저자는 '더 새로운 변화가 있을 텐데, 그릇에 담지 못한 문화적 현상은 없나?', '우리 세대의 언어로 현재의 변화를 이야기하는 것은 아닐까?' 두렵다고 표현한 바 있다. 그러한 두려움과 조바심은 이번 개정판을 내면서도 여전하다.

그러나 이 책에서 저자들이 강조하고 싶은 점은 '가족의 기능을 지원하는 사회적 지원이 커지는 시점에서, 가족문화와 정책적 지원을 연결'하는 방식이 필요하다는 것이다. 따라서 가족, 가정생활, 그리고 가족문화와 관련된 현재의 정책 방향은 어떠하며, 각 문화적 현상과 관련된 제도나 사업은 구체적으로 무엇이 있는지를 다루고자 노력했다. 그리고 현재 가족사업에서 문화 프로그램이 어떠한 위치에 있으며, 어떠한 방향성을 가지고 기획해야 하는지도 제시하였다. 가족서비스를 제공하는 현장에서, 가족문화 프로그램을 기획할 때 이 책이 도움이 되길 기대하며 정리하였다.

5명의 저자들은 학교 현장에서, 정책을 실현하는 현장에서, 그리고 개인의 삶 속에서 이 책이 미래의 가족을 이해하고 가족의 문화적 현상을 이해하는 데 큰 도움이 되길 소망하는 마음을 가득 담아 개정판을 준비하였다. 다음에는 개정판이 아니라 새로운 내용과 형식으로 다시 작성해 보고 싶다는 생각도 잠시 해 본다. 그것이 2년 후가 될지, 3년 후가 될지 모르겠지만, 아니 그 이상의 시간이 걸릴 수도 있지만 이처럼 재미있고 흥미로운 작업을 다시 한번 해볼 수 있길 희망한다.

초판을 내놓을 당시 5명의 저자들은 여러분에게 감사의 마음을 전하며, 코로나 팬데믹 상황이 빨리 끝나길 바랐다. 이제 코로나-19 상황이 끝난 뒤 우리의 가족과 가족문화가 점차 어떻게 변해갈 것인지 기록하는 일도 즐거운 작업이 될 것이다. 다음의 작업은 이러한 기록을 다시 모아보길 희망한다. 항상 재미있고 행복한 작업과 글쓰기가 지속되길 바라면서 모두에게 감사의 마음을 다시 한번 전한다.

2024년 1월

5명의 저자를 대신해서

윤소영 씀

차 례

PART 02
새로운 가족문화와 생활 따라가기

CHAPTER 03 | 따로 또 같이 살기

CHAPTER 04 | 혼자 살기

Contents
차 례

CHAPTER 07 | 일상생활이 바뀌고 있다

CHAPTER 08 | 가족들과 함께 시간 보내기

CHAPTER 09 | 함께 주고받는 돌봄

01

PART

가족문화 알아보기

CHAPTER

01

가족을 문화로 이해하다

1. 개념으로 알아보는 문화의 힘
2. 문화를 만드는 가족의 힘

Chapter 01

가족을 문화로 이해하다

1. 개념으로 알아보는 문화의 힘

1) 우리의 삶이 만들어내는 문화

일상용어로 '문화'라고 하면, 우리는 '편리한, 세련된, 지적인, 발전된' 것을 뜻하는 좁은 의미로 이해한다. 또는 음악, 미술, 공연과 같은 예술을 좁은 의미의 문화 개념으로 인식하고, 사용하기도 한다. 이때 우리가 이해하고 있는 세련된 의미의 문화 개념은 높은 수준의 문화, 낮은 수준의 문화와 같이 문화에는 높낮이가 있다는 것이 전제된다. 인간의 노력으로 좀 더 지식과 기술이 축적된 문화 산물을 이용할 수 있을 때 이를 문화생활, 또는 문화적이라 말할 수 있다. 이와 같이 인간의 노력을 통해 좀 더 다듬어진, 그래서 좀 더 세련되어진 결과물이라는 요소는 문화의 개념을 정의하는 데 있어 핵심적인 특성이다. 그러나 우리가 사용하는 세련됨이라는 의미의 문화 개념은 문화의 일부분만을 나타내고 있어 사전적 의미의 문화 개념과는 다소 거리가 있다.

학자들도 초점을 두는 각자의 관점에 따라 문화의 개념을 다르게 정의한다. 다양한 문화의 개념 정의에서도 공통분모를 찾을 수 있다. 문화의 어원이다. '경작하다'라는 뜻을 지닌 어원 'cultivate'는 행위의 목적이 무엇이든 사람들의 인공적인 힘이 가해져서 생겨난 모든 것들을 문화에 포함시킬 수 있다. 인간의 정신적 사고이든, 신체적 활동이든, 숙련된 기술을 적용하는 것이든 사람들이 사회적 관계를 형성 · 유지하는 방식이든, 자연 그대로의 상태가 아닌 모든 것을 포함한다. 그리고 그런 사람들의 다양한 인위적인 노력들이 특정 집단의 고유한 특성이 되고, 어떤 무리 안에서는 반복되어 나타나고, 어떤 민족과 지역에서 노력의 결과물들이 누적될 때 문화가 된다. 그래서 한 사회의 커다란 문화 안에는 가족문화, 청년문화, 음식문화, 소비문화, 직장문화, 아줌마문화, 중년문화, 대중문화, 근대문화, 현대문화와 같은 하위문화들이 모이고 구성된다. 특정 집단, 특정 영역, 특정 시대의 삶의 모습들이 반복, 누적되어 오랜 시간에 걸쳐 고유의 문화를 형성하고 또 변화되어 나가는 것이다.

다양한 집단에서 다양한 방식의 노력을 기울이는 것은 궁극적으로 인간다운 삶이라는 목적과 연결된다. 문화는 사람들의 보다 나은 삶을 위한 노력의 과정이며 결과물이라 할 수 있다. 개인과 가족이 처해 있는 환경에 따라, 보다 나은 삶에서 추구하는 바는 다르게 나타난다. 원시사회에서 형성된 문화는 가족들이 추위와 맹수의 위험으로부터 안전하게 지낼 수 있는 수거를 마련하고, 매일 매일의 식량을 마련하는 지혜와 행동방식들이 매우 큰 부분을 차지하였다. 농경사회에서는 농사를 통해 안정적으로 확보된 식재료를 절이고, 말리고, 삭히는 보관 방법, 추위에 견딜 수 있는 온돌난방 방식 등 일상생활의 욕구충족을 위한 노력들이 여전히 중요했다. 하지만 이와 함께 품앗이 · 두레 · 계와 같은 사회관계 조직, 시와 서화 등 문학, 불교 · 유교 등 종교적 신념과 활동이 중요한 생활양식으로 자리 잡았다.

산업사회 이후에는 냉장고, 세탁기는 물론 공기청정기, 의류관리기, 로봇청소기 등 많은 가전제품이 가족들의 수고를 대신하고, 식사는 반찬가게와 새벽 배송이 책임지는 방식으로 가족의 삶이 변화했다. 홈 카페 분위기를 즐길 수 있는 실내 인테리어, 맛있는 음식을 찾아다니며 즐기는 식도락, 멋진 식당 분위기와 맛있게 담은 음식 사진을 찍어 소셜 네트워크 서비스(SNS)에 올리는 것이 대중적인 문화가 되었다. 험악한 외부의 자연환경에서 살아남기 위한 생존 방식이 문화로 축적되었다면, 오늘날에는 정서적 · 심리적 욕구, 심미적 욕구, 자존감과 자아실현의 욕구를 충족시키려는 노력이 다양한 생활양식, 즉 문화로 나타나게 된 것이다. 즉, 물질적으로나 정신적 · 사회적으로 좀 더 나은, 그리고 좀 더 풍요로운 삶의 질을 추구하고자 하는 사람들의 다양한 활동이 문화를 지속적으로 변화시키고 발전시켜 가고 있다.

사전적으로 문화의 개념은 '자연 상태에서 벗어나 일정한 목적 또는 생활 이상을 실현하고자 사회구성원에 의하여 습득, 공유, 전달되는 행동양식의 과정 및 그 과정에서 이룩해 낸 물질적 · 정신적 소득'으로 정의된다(국립국어원 표준국어대사전). 즉, 문화(文化)는 한 사회의 개인이나 인간 집단이 자연을 변화시켜온 물질적 · 정신적 과정의 모든 산물이다. 자연의 거대한 힘 앞에서 생존 유지가 큰 과제였던 인간은 사회생활이라는 집단적 전략을 택했다. 사람들이 무리 지어 모여 살면서 서로 도움을 주고받고 때로는 다투며 살아가는 사회적 관계를 기본으로 하는 생활은 인간이 삶의 방식으로서 만들어 낸 하나의 문화이다. 문화와 사회는 명확히 다른 개념이지만, 사회의 모든 것을 곧 문화로 볼 수 있다는 점에서 그 둘을 구성하는 내용과 총량은 같다. 사회생활 속에서 인간의 삶을 영위해 가고 있는 것이며, 그것이 곧 문화이다.

우리의 삶이 문화를 어떻게 만들어 내는가는 문화의 요소를 통해 이해할 수 있다. 문화는 가치, 규범, 상징, 용구의 네 가지 요소들이 그 내용을 구성하고 있다. 여기서 바람직한 것이 무엇인지에 대한 기준을 제시해 주는 것이 '가치'이다. 가족들은 결혼 여부, 결혼시기, 자녀출산, 소비방식, 재산 증식, 환경보전 등에 대해 각자 다른 생각을 갖는다. 어떤 이는 결혼을 일찍 하고 싶어 하지만, 어떤 이는 결혼을 하고 싶지 않을 수 있다. 어떤 이는 환경을 보존하기 위해 불편한 생활을 감수할 필요가 있다고 여기지만, 어떤 이는 앞으로의 지구 환경에 대해 전혀 관심이 없을 수도 있다. 하지만 개인의 가치가 모두 문화가 되는 것은 아니다. 개인들이 갖고 있는 어떤 가치가 여러 사람들이 받아들이는 보편적 가치가 될 때, 그 가치는 문화가 된다. 그리고 보편적 가치를 수용하는 집단의 크기가 클수록 해당 가치는 그 사회의 특징적인 문화를 만들어 낸다. 결혼을 늦게 하겠다는 생각을 가진 사람들, 자녀를 낳지 않겠다는 생각을 가진 부부들이 많아지면서, 우리 사회는 만혼이나 무자녀 가족과 관련된 문화를 만들어 가고 있다. 우리가 여피족(YUPPI: Young Urban Professional + Hippie), 딩크족(DINK: Double Income No Kids), 또는 X세대, Z세대, 밀레니얼세대, MZ세대처럼 집단을 구분해서 그 집단의 생각을 읽어 보려고 하는 것도 집단의 보편적 가치가 한 사회의 문화를 구성하기 때문이다.

문화의 두 번째 구성요소인 '규범'은 사회를 이루어 살아가는 방식을 유지하는 것과 관련된다. 규범은 사회생활 과정에서 발생할 수 있는 갈등을 최소화하고 안정적 생활체계를 구축함으로써 더불어 살아갈 수 있는 서로 간의 약속과 규칙 같은 것으로, 사회생활을 잘 유지하기 위한 도구이다. 사람들은 혼자 살아갈 수 없기에 무리 지어 사는 사회적 생활을 선택했지만, 사회적 삶에는 매우 다양한 종류의 갈등이 생겨난다. 서로의 이해관계나 갈등을 잘 해결하며 삶을 유지하기 위해 우리는 여러 사람이 함께 지켜야 할 유·무형의 규칙들을 만들어 낸다. 유형의 규칙으로는 보행자와 운전자, 모두의 안전을 보장하기 위한 도로교통 법규, 성별에 따른 차별과 억압을 막기 위한 양성평등 및 남녀고용평등에 관한 법, 약자의 위치에 서기 쉬운 근로자의 권리를 보장하기 위한 근로기준법, 소비자와 사업자 사이의 이해 충돌을 예방하기 위한 소비자기본법 등을 예로 들 수 있다. 무형의 규칙으로는 사회구성원들 사이에 암묵적으로 지켜지는, 또는 지키도록 사회적 압력이 주어지는 무수한 관습들이 그 예이다. 괘씸죄, 품위 유지비, 오고 가는 정, 조직문화, 가정교육을 잘 받은 사람 등과 같은 이야기는 우리 서로가 기분 좋고, 편안한 관계를 유지하며 살아가기 위해 만들어 낸 무형의 규칙이 작용하고 있음을 말해준다. 사회구성원으로서 어울려 살아갈 때 충돌했던 경험들은 이후의 충돌이 재발되지 않도록 개인들 사이에서, 집단구성원들 사이에서, 그리고 사회조직 안에서 함께 지켜지기를 기대하는 규칙으로 만들어진다.

세 번째 문화의 구성요소인 '상징'은 어떤 물체나 행동에 특별한 의미를 부여하고 사회구성원들이 이를 공유하는 것이다. 의미가 공유될 때 문화로서 힘이 발휘된다. 상징을 이용해 서로가 공유하는 의미를 전달하는 소통이 가능해진다. 문화의 요소 중 상징의 대표적 사례는 언어이다. 말과 글은 해당 사회에 속한 구성원들이 소리와 글자에 의미를 부여하고 공유함으로써 소통의 수단으로 삼게 된다. 전 세계의 국가마다 또는 민족에 따라 고유의 말과 글이 상징체계를 갖추고 소통수단으로 이용되고 있다. 중국의 갑골문자나 이집트의 상형문자를 들여다보면, 글자의 시초는 그림이었다. 그림마다 뜻을 부여하고, 부족민들은 하나씩 공유하는 의미들을 늘려갔을 것이다. 언어 메시지를 전달하는 소통 외에도 손에 끼는 반지에 사랑, 프러포즈, 결혼한 사람과 같은 상징적 의미가 부여되고, 가슴으로 껴안는 행동을 통해 위로라는 감정적 의미가 전달되기도 한다. 상징은 사회적인 신분체계나 경제적인 신용제도에도 적용된다. 사회경제적 지위가 높은 사람, 회사에서 사장 · 부장 · 과장과 같은 직급, 친구라는 관계에도 상징적 의미가 공유된다. 원시사회에서는 조개껍질을 돈이라는 의미로 공유해 사용했지만, 지금은 플라스틱 카드를 내고도 맛있는 빵을 사는 데 아무런 지장이 없는 경제생활을 하고 있다. 우리의 삶 속에서 수많은 사물이나 행동에 특별한 의미를 부여하고 이를 공유함으로써 인간 삶의 콘텐츠는 풍부해진다.

네 번째 구성요소는 '용구'다. 단어의 뜻에서 알 수 있듯이 용구는 인간 생활에서 특정한 목적을 달성하기 위한 수단이나 도구로 사용되는 것들을 총칭한다. 무형의 지식, 기술, 재능, 유형의 문명이나 유산들이 이에 해당된다. 인간의 삶은 유형 또는 무형의 결과물을 만들어 내고 축적·발전시킨다. 예를 들면, 기계화, 전자화, 디지털화의 수준으로 나아가면서 우리의 삶을 편리하게 만들어 주고 있는 과학기술, 그리고 과학기술로 만들어 낸 기기, 시설, 상품들이 용구이다. 의학적 지식, 기술, 기기, 예술 분야의 기능, 기능 결과물인 미술품, 음악, 그리고 무형문화 기능보유자 등이 모두 용구에 해당된다. 가족들의 생활문화 속에서도 용구에 해당되는 유형과 무형의 사례를 매우 쉽게 찾아볼 수 있다. 가족들이 사용하는 가구, 가전제품, 조리도구, 일상용품들은 모두 유형적인 용구의 사례에 해당된다. 용구의 무형 사례로는 유네스코에 문화유산으로 등재되어 있는 김장문화, 한산모시 짜기, 대목장(大木匠) 등을 들 수 있으며, 일상에서 찾아볼 수 있는 사례로 아파트에도 여전히 적용되고 있는 온돌문화, 미식을 찾아다니는 문화, 온라인 소비문화, 온라인 맘 카페나 키즈 카페를 이용하는 육아문화 등을 들 수 있다.

2) 문화의 그물망 속, 우리의 삶

우리의 삶은 축적되어 문화가 된다. 문화는 곧 우리가 살아가는 삶의 방식들을 모아 놓은 것이라 할 수 있다. 문화는 지금까지 만들어 놓은 삶의 방식이 움직여가도록 만들어 준다. 계속적으로 생겨나는 새로운 사회구성원이 그 사회의 문화를 이해하고 습득함으로써 이전 세대가 만들어 놓은 삶의 체계, 즉 문화가 계속 유지되며, 이러한 연속적인 세대 간 문화의 전승은 사회를 지속시키고 발전시킬 수 있다. 이것을 문화에 의한 '사회 재생산'(한국민족문화대백과사전)이라 할 수 있다. 새롭게 진입하는 사회구성원들이 이 사회 재생산자의 역할을 하는 것이다.

새로운 사회에 진입하는 갓난아기는 성장하면서 사회화 과정을 통해, 사회구성원의 자리를 이어받는다. 사회구성원에게는 삶의 체계인 사회의 지배적 가치와 규범 준수와 같은 사회적 역할 기대가 주어진다. 세대를 거치며 계속 발생하는 새로운 사회구성원들이 문화를 습득하고 문화의 요구를 따름으로써 사회는 기존의 질서를 유지하며 계속 발전할 수 있다. 문화는 사회를 지속가능하게 하는 하나의 사회 자산인 것이다. 결국 사회구성원이 되기를 선택한 사람들은 사람들에 의해 만들어진 문화를 이미 주어진 조건들로 받아들이게 된다. 문화는 사람들에 의해 만들어졌지만, 사람들의 삶은 마치 짜인 그물망(web)과 같은 환경을 벗어나기 어렵다.

그럼에도 불구하고 사회의 지배적 가치, 규범을 벗어나고자 하는 경우는 언제든 발생한다. 자유분방한 딸이 집에 들어와야 할 통금시간을 거부할 수 있고, 모든 가사와 육아를 전담하던 아내가 남편과의 가사분담을 외칠 수 있다. 아빠가 어린 자녀와 함께하는 시간이 소중하다며 육아휴직을 하겠다고 할 수 있다. 지금은 당연한 삶의 한 모습이지만, 자유분방한 수많은 딸들이 보수적인 아버지들과 부딪혔을 것이며, 가사분담을 외치는 아내들은 남편들과 격렬한 논의를 하거나 다툼을 했을 수도 있다. 육아휴직을 결정한 아버지는 직장상사의 눈치를 이겨내는 용기를 발휘해야 했을지도 모른다. 문화는 삶의 방식을 규정함으로써 그리고 기존의 삶의 방식을 벗어나려고 할 때 저항을 일으킴으로써 우리에게 영향력을 발휘한다.

문화는 타인과의 새로운 사회적 관계를 만들 때, 낯선 곳에 적응을 해야 할 때 수단으로 사용되기도 한다. 학교에 처음 입학하는 초등학생 아이가 친구를 사귀기 위해, '네 이름은 뭐니? 내 이름은 아무개야', '우리 집에 놀러 올래?', '이 과자 같이 먹자' 등과 같은 이야기를 할 수 있을 것이다. 아이는 사회적 관계 형성을 할 수 있는 방법을 사회화 과정을 통해 익혔을 것이며, 이를 실제 상황에 적용하고 있는 것이다. 아이는 친구관계 만들기의 문화적 방식을 수단으로 삼고 있지만, 그 방식은 이미 문화가 규정하는 행동양식이다. 아이는 문화 규범으로서 행동양식을 따르고 있는 것이다.

결혼이주여성이나 이주노동자의 경우도 마찬가지이다. 이들이 모국의 문화정체성을 유지하고자 모국어, 모국의 음식, 모국의 노래를 여전히 즐길 수 있지만, 그럼에도 사회 적응을 위해 한국 사회의 서로 주고받는 정(情)의 문화, 일터에서의 근로문화, 부부관계나 부모자녀관계의 의사소통 방식 등을 이해해야 할 것이다. 다른 나라로 이주한 이주자는 그곳의 생활방식을 익히고 적용함으로써 안정적인 정착을 할 수 있다. 이주자는 새로 접하는 낯선 문화에 나름의 방식대로 적응해야 하는데, 구체적인 방법은 그곳의 문화적 방식을 따르는 것이다.

그밖에도 선배가 후배에게 밥을 사주는데 돈을 지출해야 하고, 패션에 별로 관심이 없지만 품위 유지비로 옷값을 지불하기도 한다. 새롭게 유행하는 브랜드의 청소기를 사서 쓰면 청소가 더 잘 되는 것같이 느껴지고, 친구들이 가지고 있는 유명상표 운동화를 나만 안 신고 있으면 주눅이 들기도 한다. 문화는 가계경제에도, 나의 심리상태에도 영향을 미치기 때문이다.

2. 문화를 만드는 가족의 힘

1) 가족문화와 가정생활문화의 경계

가족문화와 가정생활문화는 해당 개념이 담고 있는 내용의 범위가 다르다. 가족문화와 가정생활문화의 개념적 구분은 가족생활과 가정생활의 개념 차이와 맥락을 같이 한다. 가족생활이 가족구성원의 관계를 말한다면, 가정생활은 가족구성원의 욕구충족과 관련된 모든 영역, 즉 가정경영체계에서 이루어지는 모든 활동을 일컫는다.

즉, 가족문화는 가족구성원들 사이의 관계에서 만들어지는 문화를 말한다. 가족문화는 가족구성원들의 관계에서 형성되는 모든 가치, 태도, 행위들의 총체라 할 수 있다. 부부관계, 부모자녀관계, 친족관계에서 소통과 교류가 이루어지며, 그 과정에 가족과 관련된 가치관, 의식, 신념들이 매우 큰 영향력을 행사한다. 전통적으로 유교 규범에서는 '효', '충', '위계', 근대에 와서는 성 평등 의식, 개인주의, 도구적 가족주의 등이 가족관계에 영향을 미치며, 가족관계는 다시 가족과 관련된 가치관을 유지하고 변화시킨다.

한편, 가정생활문화는 가족관계가 만들어 내는 문화는 물론, 가족구성원들의 욕구충족을 위한 과정에서 형성되는 의식과 행위의 결과물의 합이라 할 수 있다. 경영체계로서 가족들이 생활을 유지하기 위한 모든 인적 · 물적 자원의 관리요소와 활동들을 담고 있다. 구체적으로 파악하면, 가정생활문화는 개인이 가족 내에서 일상생활을 통해 살아가는 방식으로서, 가족의 일상적 삶이 행해지는 소재(중앙건강가정지원센터, 2005), 즉 의식주생활, 가족돌봄, 가계관리 등으로 구성되는 총체로 정의할 수 있다. 생산적 활동이 많았던 과거에는 직접 옷을 만들어 입고, 식품을 구입해 조리를 해서 식사준비를 하며, 방바닥에 걸레질을 했다면, 이제는 온라인 쇼핑몰에서 옷이나 가전제품뿐만 아니라 아침식사를 새벽에 배달받아 해결하고 있다. 가정을 둘러싼 환경의 디지털화가 이루어지면서 급격히 변하는 가정생활문화를 경험하고 있는 것이다.

가족과 가정, 가족생활과 가정생활, 가족문화와 가정생활문화 같은 용어들은 담고 있는 내용의 범위에서 차이가 있음에도, 우리는 자주 혼용하고 있다. 사전적으로 정의되는 '가족'은 전통적 가족을 기준으로 한 머독(Murdock, 1949)의 가족 개념, 즉, 혼인 · 혈연 · 입양 등으로 구성된 부부와 자녀들을 일컫는다. 이에 비해 뷰란트(Burant, 1989)는 가족의 개념에 대해 "정서적이고 물질적인 지지에 기반을 둔,

둘 또는 그 이상의 사람들이 상호 간에 기대를 하는 구성"으로 정의하고 있다. 거주를 함께 하는지의 여부와 관계없이 전통적 가족에서 볼 수 있는 친밀감, 지지, 돌봄, 책임감을 서로에게 기대하는 관계라면 가족으로 받아들여야 한다고 보는 것이다. 가족 형태가 다양해지면서, 우리가 인식하는 가족은 가족에 의해 작동하는 기능까지 포함하는 가정의 개념으로 바뀌어 가고 있다. 가족이라고 했을 때, 우리는 가족구성원만을 일컫는 것이 아니라 가족들의 삶에서 생겨나는 사랑 · 휴식 · 보호와 같은 정서, 그리고 집으로 돌아가면 먹을 수 있는 집밥, 힘들었던 하루를 털어내고 이야기할 수 있는 가족원을 떠올린다. 가족은 가정의 개념까지로 확장되고 있다.

가족 개념의 확장은 문헌에서도 나타나고 있다. 이기숙 외(2014)는 가족문화를 가족이 만들어 내는 문화, 즉 가정생활 전반을 포함하는 문화로 규정하였다. 계선자 외(2012) 역시 가족문화를 일상생활(의식주생활 및 가족관계 유지)의 욕구충족을 위한 과업 수행이 만들어내는 문화로 정의하고 있다. 결국, '가족생활'이란 가족구성원들 사이의 관계는 물론 가족원들의 욕구충족을 위해 이루어지는 모든 가정생활의 내용까지 포함하며, 따라서 '가족문화'란 가족생활에 따른 모든 생활문화의 내용을 포함하는 것이다.

2) 가족문화의 기능

가족문화는 우리 삶에 있어 두 가지 관점에서 중요한 의미를 지닌다. 첫째, 가족들은 각기 다양한 가족생활을 영위하면서 특유의 가족문화를 만들어 내고, 이는 가족구성원들의 삶의 질을 구성한다. 가족생활은 가족 안에서 이루어지는 모든 인적 · 물적 자원관리 활동을 포함한다. 가족마다 갖는 특유의 상호작용 방식은 하나의 가족문화가 되며, 따라서 부부, 부모자녀, 조부모, 가까운 친척이나 이웃들과 소통하고, 대화하며, 교류하는 방식은 가족마다 다르다. 가족원들의 욕구를 충족시키기 위한 활동으로 의식주생활을 영위하며, 물품을 구입 · 소비하고, 자산관리를 하는 방식 역시 가족마다 다르다. 가족이 지향하는 가치관이나 태도를 포함하여 인적 · 물적 자원관리를 하는 방식은 가족원들의 생활을 구성하며, 가족들이 누리는 삶의 질 수준을 결정하게 된다.

가족문화가 우리 삶에서 중요한 두 번째 이유는 가족생활을 통해 가족문화를 형성하는 과정에서 가족보다 큰 조직의 문화를 이해하고 수용하는 능력의 습득, 즉 사회화가 이루어지며, 이는 그 사람이 어떤 의사결정, 어떤 행동양식을 취할 것인지를 정해 주는 하나의 틀로 작용한다는 점이다. 자녀의 성장에 따른 사회화는 가족생활을 통해서만 이루어지는 것은 아니다. 나이가 들어 어른이 되어서도 학교, 직장, 공식, 비공식 모임 등 그 어떤 곳에서도 사회화는 이루어진다. 그 중에서도 가족생활을 통한 사회화, 가족문화에 의해 이루어지는 사회화는 가장 중요하다. 가족생활을 통한 사회화는 그 어느 곳보다 가장 먼저, 가장 많은 시간 동안, 가장 친밀한 관계 속에서 이루어진다. 가족은 생애 처음으로 사회화가 시작되는 1차적인 사회화의 장이다. 특히 갓 태어난 아기에게 부모나 형제자매는 신체적 · 정서적 교감의 상대이며, 언어를 가장 잘 배울 수 있는 강력한 매체이다. 가족들의 일상적 생활방식은 자녀가 성장하면서 좋은 생활습관 형성에 도움을 줄 것이다. 가족들이 서로를 지지하고 긍정적으로 대화하는 것을 듣고 자라는 아이는 그 말투를 배울 것이며, 응원과 지지를 받을 것이다. 명절이나 생일 · 기념일에 가족들이 다 같이 모여서 밥을 먹고 축하해 주는 즐거운 분위기를 경험한 아이, 그리고 가족들이 함께 한 여행을 추억할 수 있는 아이는 어려운 일을 당해도 극복할 수 있는 회복탄력성을 지닐 것이다. 가족들의 생활과 그것이 만들어 내는 가족문화는 사회화의 장(場)으로 기능하며, 가족문화를 통해 습득한 좋은 성품과 강한 역량은 사회생활에서 타인과의 관계를 잘 조절하고 적응해 가며 살아갈 수 있는 능력으로 발휘된다.

가족문화가 가족원들의 행동양식에 미치는 구체적 과정은 클로테르 라파이유(김상철 역, 2007)의 설명으로 좀 더 잘 이해할 수 있다. 라파이유에 의하면, 사람들의 행동방식은 세 가지 독특한 구조를 갖고 있다. 첫째는 생물학적 구조인 유전자(DNA)이다. 다른 동물과 구분되는 인간으로서의 공통된 유전자가 있다. 둘째는 문화이다. 언어, 예술, 거주지, 역사 등의 문화 요소들이 특유의 방식대로 조직되고, 그것은 각 문화의 독특한 개성으로 드러난다. 마지막은 개체이다. 인간의 유전자 속에는 무한한 다양성이 있다. 각자는 저마다 자기 고유의 정신적 각본을 가지며, 동시에 부모, 형제, 가족과의 관계를 통해 독특한 정체성을 만들어 낸다. 가족을 통해 만들어지는 정체성은 가족과의 경험, 즉 가족생활이 결정적 역할을 한다. 여기서, 어떤 하나의 경험은 경험을 통해 생겨나는 감정과 결합되어 '각인'이 이루어지는데, 하나의 각인이 이루어지면, 이는 사고 과정을 강력하게 규정하고 그에 따른 미래의 행동이 만들어진다. 결국, 각인은 한 개인을 그답게 만들어 준다. 각각의 각인들은 결합되어 그가 어떤 사람인지를 '규정(define)'해 준다. 특히 이러한 과정은 대부분 감정을 통해 인생에서 사물의 의미를 배워 나가는 7세 이전의 어린아이에게 강력한 영향을 미친다. 가족과의 관계, 가정생활 방식에서의 다양한 경험은 사랑의 감정, 보호받고 있다는 느낌, 행복감과 같은 감정을 일으킬 수 있다. 가족 안에서의 긍정적 경험과 그에 따른 감정의 결합은 각인을 만들어 삶을 헤쳐 나가는 데 건강한 사고와 행동방식이 체득된 성인으로 성장시킬 수 있을 것이다.

3) 가족문화와 가정의 건강성

가족의 삶은 곧 가족문화가 된다. 어느 가정이나 일상생활을 유지하기에 가족문화는 보편성을 띠고 있다. 매일의 의식주생활, 가족돌봄, 가계관리가 이루어지는 것은 보편적 가족문화이다. 그렇지만 가족의 욕구충족을 위한 가족체계와 가정환경은 다르고, 가족이 환경과 상호작용하는 방식도 각기 다르다. 가족마다 가정생활에서의 가치나 목표가 다르고, 사용가능한 인적 · 물적 자원이 다르다. 계획 수립과 실행 과정도 상이하며, 동일한 최종 산출물에 대해 가족들이 느끼는 만족도도 같지 않다.

가족마다 고유한 가정체계를 지니며 가족 고유의 가족문화가 만들어지는 것이다. 고유한 가족문화는 가족의 분위기로 느껴지며, 이는 가족의 건강성으로 인식될 수 있다. 간편식과 외식이 당연한 요즈음 '집밥'은 대단한 것이 되고 있다. '집밥'은 단순히 집에서 먹는 밥 그 이상의 의미를 가진다. 집밥은 포근함, 쉼, 치유를 떠올리게 하지만, 한발 더 나아가 엄마와 가족을 연상시키며, 식탁에서 가족과의 수다나 가족들의 얼굴 표정과 몸짓을 기억하게 한다. 이것이 가족원들에게 힘이 되어 주는 가족문화, 건강함이 있는 가족문화라고 할 수 있다.

가족문화는 특유의 분위기를 통해 긍정적 정서를 만들어 낼 수 있다. 이러한 모든 것들은 가족원들이 가족생활에 만족감을 느끼며 행복하고 건강한 삶을 누리는데 매우 중요한 영향력을 미친다. 가족들이 만나면 항상 시끌벅적하고 대화가 끊이지 않으며 서로가 서로에게 위로를 주는 가족을 주변에서 보게 된다. 또한, 만나기만 하면 다투고 잔소리하고 서로를 비난하는 가족도 볼 수 있다. 가족, 일과 가정생활, 그리고 개인생활이 균형을 이루지 못하고 가족들이 여가시간을 함께 하지 않는 가족에게서 가족체계의 건강성을 찾아보기는 어려울 것이다.

그렇다면 건강한 가족문화는 어떻게 만들어질 수 있는가? 체계의 항상성을 유지할 수 있는 역량, 탄력성, 회복력이 있는 가족이 건강한 가족이며, 그러한 가족은 건강한 가족문화를 갖고 있다고 볼 수 있다. 구체적으로는 건강한 가정이 지니는 5가지 요소가 하나의 잣대가 될 수 있다. 기본적 물적 토대가 잘 유지되고, 평등하고 민주적인 가족관계, 가족의 주어진 역할 수행과 역할 공유, 지역사회와 소통하는 가족, 가족여가를 비롯해 문화생활의 영위 및 문화의 유지, 계승자로서의 역할을 잘 수행하는 가족은 건강한 가족문화를 만들어 낼 수 있는 것이다.

「건강가정기본법」에서 제시하는 가정생활문화의 방향은 '사회통합'과 '문화계승'이다. 가정생활문화 차원에서의 사회통합은 지역사회 공동체에 참여하고, 이웃하고 있는 가족들과 소통하는 가족생활을 통해 가능할 것이다. 건강가정기본법에서는 사회통합과 관련된 생활문화로 지역사회 공동체 문화, 가족단위 봉사활동을 꼽고 있다. 급격한 산업화 과정에서 효율과 생산성에 몰입하면서 가족은 개별화되고, 도구적 가족주의가 가족 이념으로 자리 잡았다. 그로 인해 약화된 공동체 문화는 역으로 가족의 삶의 질을 낮추고 있다. 가족 규모가 축소되고, 1인 가구를 비롯한 다양한 형태의 가족들이 보편적 가족구조가 되어 버리면서 공동체 문화가 더욱 요구되고 있다. 지역사회 안에서 적정한 거리의 느슨한 유대관계를 유지하며 상호교류하고 소통하는 가족의 삶은 건강한 가족문화, 나아가 갈등을 낮추는 사회통합에 기여할 수 있을 것이다.

가족은 기능을 수행하며, 바람직한 생활양식을 추구하는 과정에서 전통성이 강한 문화 또는 새롭게 등장하는 문화를 선택한다. 어떤 가족은 변화 지향식, 나든 가족은 안정 지향적 가정체계를 유지하며 환경과의 상호작용을 통해 문화 요소들을 선택한다. 중요한 것은 어떤 가치를 기준으로 하는가이다. 가족들은 가정경영의 출발점에서 가치와 철학을 정립하고, 그에 따른 목표를 설정하며, 목표 달성을 위한 계획 수립과 실행 과정을 거친다.

01 참고문헌

계선자 · 이연숙 · 이정우 · 양숙희 · 박미석 · 최재순 · 강기정 · 김연화 · 박남희 · 이미선 · 이영호 · 임춘희 · 차성란 · 최미경 (2012). **가족과 문화**. 서울: 신정.

이기숙 · 김영주 · 박해숙 · 방현주 · 석영미 (2011). **가족과 문화**. 서울: 창지사.

중앙건강가정지원센터 (2005). **건강가정사 양성 교육자료집**.

클로테르 라파이유, 김상철 역 (2007). **컬처코드: 세상의 모든 인간과 비즈니스를 여는 열쇠**. 서울: 리더스북.

Burant, R. J. (1989). The "Families" Focus of Families in Society. Editorial Notes. Social Casework: *The Journal of Contemporary Social Work*(November), 523–524.

Murdock, G. P. (1949). *Social Structure*. New York: Free Press.

국가법령정보센터 https://www.law.go.kr

국립국어원표준국어대사전 https://stdict.korean.go.kr

한국민족문화대백과사전 http://encykorea.aks.ac.kr

CHAPTER

02

가족문화, 변화의 기로에 서다

1. 가족이 변화한다
2. 생각이 다양해진다
3. 삶의 형태가 바뀐다

Chapter 02

가족문화, 변화의 기로에 서다

1. 가족이 변화한다

가족의 문화는 가족의 변화만큼이나 변화의 일로에 서 있다. 정치적 · 경제적 · 사회적 변화 등 가정 외부의 다양한 환경의 변화에 의해, 그리고 가족 내에서 구성원 간 끊임없는 상호작용 속에서 변화되고 있다. 특히 가족구성원의 수가 줄어들면서 가족의 구조와 모습이 변화하고 있고, 동시에 가족구성원들의 생각과 가치 또한 변화하고 있으며, 나아가 삶에 적응하고 생활하는 행동방식까지 변화하면서 가족이 함께 일상을 살아가는 모습인 가족의 문화가 변화되고 있다.

1) 변화하는 가족의 모습

오늘날 가족의 규모와 구조가 달라지면서 가족문화의 양상이 변하고 있다. 가족규모 면에서 가족의 크기와 세대구성이 작아지고 있다. 과거 오랫동안 전통적으로 농경사회였던 우리나라의 가족제도는 생물학적인 부모와 자녀들로 구성되고 조부모까지 2, 3세대가 한집에 어울려 살면서 의식주생활을 함께 해나가는 대가족 형태였다. 따라서 농경사회의 특성상 자녀가 가족 생산을 위한 노동력으로의 가치가 높아 부모 중심의 다자녀가족, 혹은 친인척까지 함께 생활하면서 농사와 목축, 수산 · 어업 등을 함께하는 노동집약적 가족 생산 단위를 형성하였으며, 한국의 절기문화와 세시풍속 역시 이러한 농경문화 및 대가족제도를 바탕으로 만들어지고 행해져 왔다. 따라서 전통적인 가족문화는 대가족제도를 기반으로, 남녀 성별 역할분업에 따른 남성 노동 중심의 가부장적 가족문화의 형태로 유지되었으며, 이는 전통적 관혼상제와 기타 가족의례 등에 강하게 남아 있다.

그러나 1970년대 이후 경제성장이 급격히 이루어지면서 산업화와 도시화 및 출산억제정책의 영향으로 가족구조는 부모자녀 중심의 2세대 핵가족 중심으로 변하였으며, 가족 규모 면에서도 평균 가구원 수가 1980년 4.5명에서 2000년 3.12명, 2010년 2.69명, 2020년과 2021년 각각 2.3명으로 점점 소가족화되고 있다(통계청, 2022). 직장과 학업 등을 이유로 가족구성원들이 떨어져 살게 되면서, 취사와 취침 등 생계를 같이하는 가구 내 평균 가구원 수는 계속 줄어들었다. 2000년대에 들어 핵가족화와 소가족화는 더욱 심화되었다. 반면 1인 가구의 수는 2000년 15.5%에서 2010년 23.9%, 그리고 2021년 33.4%로 계속 증가 추세이다.

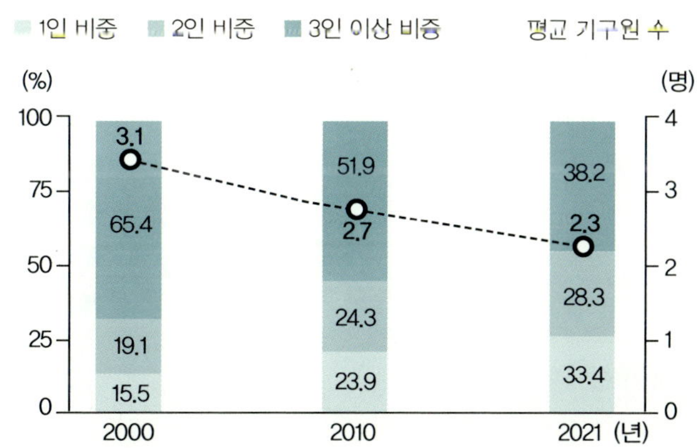

그림 2-1 평균 가구원 수 추이

자료: 통계청 (2023). 2022 한국의 사회지표.

이처럼 핵가족과 소가족, 1인 가구의 증가 등 가족 규모와 크기가 줄면서, 대규모 가족단위로 이루어지던 전통문화의 계승이 축소되고 있다. 설날과 추석과 같은 명절과 대보름과 동지, 단오, 김장 등의 세시풍속도 규모가 줄어 핵가족단위로 간단히 하거나 개인이 지역사회 및 마을 단위 명절 행사 프로그램에 참여하거나 반조리 재료나 주문식품을 구매하는 등 간소화되었으며, 심한 경우에는 이러한 전통문화 행사 자체를 거부하기도 한다. 일상생활 속에서도 전통가옥(한옥)은 이미 사라져 일부 보존지역에서만 가능하게 되었고, 전통 의복(한복)을 갖추어 입는 경우가 거의 없으며, 식생활도 반조리와 조리식품의 이용이 일반화되어 각 가정 고유의 특색이 사라지고 외국 음식과 재료의 이용이 매우 높아졌다.

이러한 가족구조와 규모 변화는 저출산과 고령화 현상을 가속화하였다. 동시에 저출산과 고령화로 가족의 소비생활 및 의식주생활 양식이 변화하여 가족의 일상생활과 가족문화에도 변화가 나타나고 있다.

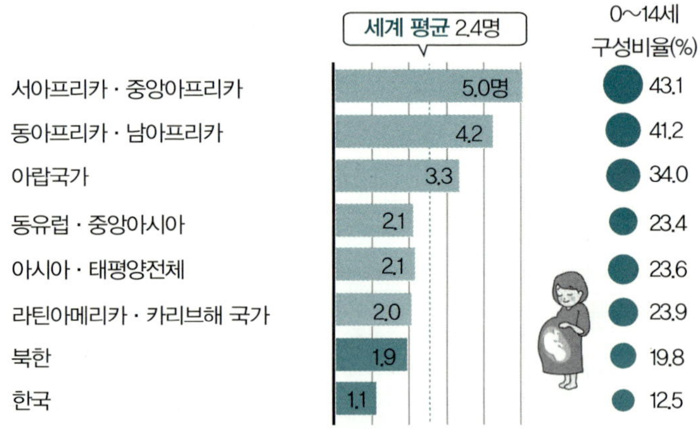

그림 2-2 각국의 합계출산율 추이

자료: 인구보건복지협회 (2020). 유엔인구기금(UNFPA) '2020 세계인구 현황보고서'.

우리나라의 저출산 · 고령화 현상은 세계에서 유래 없이 빠르고 심각하다. 먼저 저출산 현상은 결혼과 출산 기피 현상에서 기인한 것으로, 우리나라 출산율은 경제협력개발기구(OECD) 국가 중 최저이다. 평균 출산 연령이 33세를 넘으면서 우리나라의 합계출산율은 2023년 현재 0.7명으로, 가임여성 평균 출생아 수가 1명도 채 되지 않는다. 20대와 30대의 결혼 기피 현상은 만혼과 비혼의 선택으로 이어져, 집값 상승과 자녀교육비 부담 및 독신생활 유지 선호에 따른 1인 가구와 무자녀 부부가구(딩크족)의 증가 및 그로 인한 생활문화의 변화로 이어지고 있다. 즉 저출산과 독신가구의 증가는 가정 내 인적 자원을 감소시키고, 전통적으로 가정 내에서 인적 자원에 의해 이루어졌던 출산과 육아, 노인부양, 가사노동, 생활문화의 전달 등 가정 고유의 기능을 약화시키고 있다. 따라서 가족원에 의해 수행되던 가족문화가 빠른 속도로 축소되거나 사라지게 될 것이다. 예를 들어 독신가정의 경우, 자녀 출산 기능이 수행되지 않음으로써 인적 자원의 수가 대폭 줄어들어 가족원에 의해, 가족원을 위해 수행되어온 가족 행사(생일이나 기념일, 명절행사 등)나 가족 공동 의사결정(구매나 가사노동분담 등)이 축소되고, 가족구성원에 대한 유대감과 책임의식이 약화되며, 부모자녀 세대로 구성된 가족의 문화 행사(돌이나 백일, 성년례 등)가 사라질 것이다.

반면 젊은 독신가구는 빠르게 생활의 편리함이나 가사노동 수행을 돕는 정보화(인터넷)에 보다 잘 적응함으로써 다인(多人)가족에서 추구하는 '가사노동의 사회화' 경향, 즉 가정 외부의 사회서비스(주문 음식, 의류 세탁 및 관리, 청소 등 가사 대행서비스 등)로 수행되던 여러 가지 활동을 다시 가정 내로 끌어들일 수 있다. 원격제어(IOT)시스템에 의한 다양한 가전제품의 자동화(청소기나 세탁기의 원격관리)는 가사노동이나 에너지 관리에 필요한 시간과 노동력을 절약시킬 수 있고, 인터넷쇼핑이나 홈뱅킹 등을 이용하여 직접 구매를 위해 외출해야 하는 번거로움과 시 · 공간적 제약을 뛰어넘을 수 있다.

이러한 기술들은 건강상태가 좋지 않거나 교통수단에 제약이 있는 고령자나 독신자의 가사노동 부담을 줄여주고 시간과 장소의 제약을 해소시켜 줄 수 있으므로, 향후 가족생활은 가사노동으로부터 해방되어 좀 더 가족이 함께 시간을 공유하는 여가와 취미 등 가족문화 생활에 집중될 것이다. 이밖에도 온라인 콘텐츠의 활성화로 가정 내에서 교육과 문화활동이 가능해져, 가족기능 강화와 함께 가정이 다시 생활과 문화의 중심이 되는 긍정적인 효과를 가져올 것이다.

한편 저출산으로 인해 향후 30년간 우리나라는 인구의 고령화가 경제협력개발기구(OECD) 국가 중 가장 빠른 속도로 진행되어, 젊은 세대의 고령인구 부양 부담이 사회의 가장 심각한 문제가 될 것이다. 젊은 유년인구가 급격히 줄어들어 국가의 노동 생산성이 현저히 저하되고, 노동력 감소는 다시 경제성장의 둔화로 이어져, 궁극적으로는 국민 전체의 삶의 질이 저하될 것이다. 우리나라는 2016년 이후 2050년까지 경제협력개발기구(OECD) 회원국 중 고령인구부양비에 있어서 가장 부담률이 높은 국가일 것으로 예측된다.

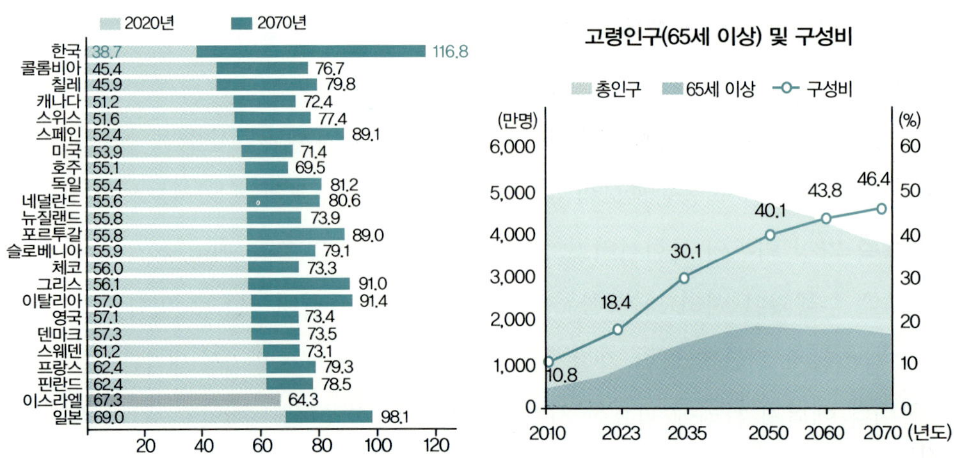

그림 2-3 주요 OECD 회원국의 고령인구부양비와 한국의 65세 이상 인구비중 추이

자료: 통계청 (2021). OECD 국가별 총 부양비 비교, 통계청. 장래인구추계: 2020~2070년.

결국 생산인구의 감소와 노인인구 증가는 가정생활 환경에도 영향을 미쳐 소비증대와 저축 감소를 초래하고, 사회에 대한 의존도가 높은 노인인구로 인해 노인복지 비용과 의료비 부담의 증가 및 국민연금 재정 부담의 증가로 이어지고 있다. 가족 단위에서는 노인부양 부담으로 인해 자녀와 동거 노인의 비율(23.7%)이 점차 감소하는 것에 비해(지난 2010년 이후 14.9%→14.7%) 노인 부부 단독세대(33.7%→35.3%)나 홀로 거주하는 독거노인, 즉 노인 1인 가구의 증가 경향(33.9%→36.3%)이 뚜렷하게 나타나고 있다(통계청, 2021). 또한 60대 이상의 노인가구에서 다른 연령층 대비 보건의료비와 주거비에 대한 지출이 증가하는 반면 다른 연령층에서 줄어든 식료품비 지출이 증가하여 기초생계와 건강관리 위주의 생활 패턴이 나타내고 있다.

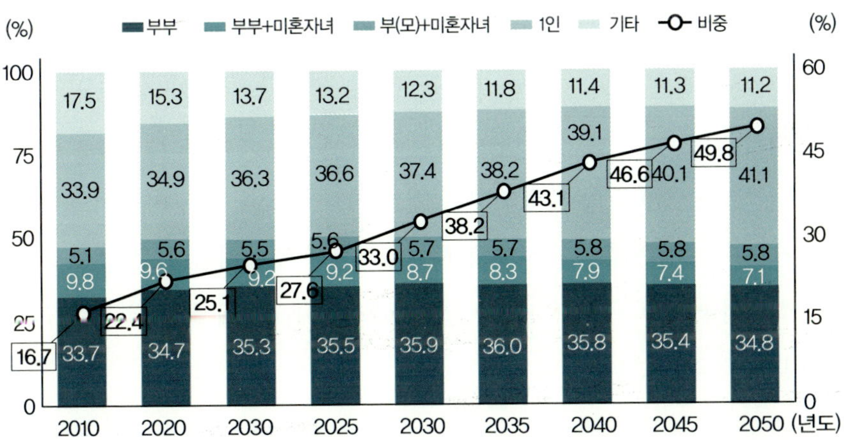

그림 2-4 고령자 가구 비중 및 가구 유형별 구성비

자료: 통계청. 장래인구추계: 2020~2050년.

우리나라는 이미 2017년 65세 이상의 노인인구가 14%를 넘으면서 고령사회에 진입하였고, 2025년(20.3%)에는 초고령사회에 진입할 것으로 예측된다. 길어진 노년기를 새로운 자기발견의 기회로 보고 적극적으로 생활하고 소비하려는 액티브 시니어(active senior), 적극적 노인층이 등장하고 있다. 이들은 경제활동에 계속 참여할 의지와 능력을 지니고 있고, 다양한 사회활동과 경험에 대한 욕구도 갖고 있다. 특히 연금이나 자산으로 소비력을 갖춘 젊은 노인 소비자, 신 블루슈머(新 Bluesumer)들은 더 이상 노인들이 사회에서 혜택을 받는 수혜자이며 복지의 대상이 아니라 개인적으로 사회를 구성하는 주체로서 새롭게 부상하는 연령집단으로 활동한다(이데일리, 2016.01.11). 이들은 백화점의 큰손으로 구매력을 과시하며 안마의자, 노화, 체취 및 탈모방지 등 고령친화 및 안티에이징 제품을 선호하고, 손자녀를 위한 물품을 구매하기보다 자기 자신을 위한 건강, 미용, 취미활동용 아웃도어 패션제품을 구매하고 있다. 이들로 인해 향후 우리나라의 실버산업은 2020년 125조원대로 성장할 것으로 예측된다(주간동아, 2015.01.05).

최근 액티브 시니어는 높은 구매력과 인구 증가에 힘입어 MZ세대를 밀어내고 주력 소비층으로 자리 잡기 시작했다. 2007년에 비해 25~39세 인구의 소비 금액이 25.8%에서 20.23%로 줄어든 반면, 55~69세는 12.8%에서 21.9%로 소비가 확대되었다. 실제 25~39세 청년과 비교할 때 액티브 시니어 인구비율이 2022년 1.1배에서 2057년 2.1배까지 꾸준히 성장해 더 거대한 소비집단이 될 것으로 전망되며, 전체 소비지출 규모도 2057년에는 25~39세의 1.7배에 이를 것으로 예측되고 있다(중앙일보, 2023.11.20).

2) 다양한 모습으로 사는 가족들

다양한 가족의 등장 역시 가족문화의 변화에 영향을 미치고 있다. 먼저 가족 형태면에서 가장 많았던 생물학적 부모와 그 자녀로 구성된 2세대 핵가족은 점점 줄어들고, 무자녀 부부가족, 한부모가족, 재혼가족, 1인 가정, 조손가족, 다문화가족, 공동체가족, 원격가족 등 다양한 가족의 형태가 계속 증가하고 있다(조흥식 외, 2020).

여성가족부의 '제4차 가족실태조사'(2021)에서는 '제2차 가족실태조사'(2011)와 비교할 때, 부부와 자녀로 구성된 2세대 핵가족이 가장 많았으나 48.4%에서 43.2%로 감소하였다. 반면 1세대 부부가족은 2010년 21.0%에서 16.6%로 감소하였으나 2020년 22.1%로 증가하였으며, 1인 가구는 15.8%에서 30.4%로 2배 가까이 증가하였다. 한부모가정은 7.3%에서 9.4%, 9.7%로 꾸준히 증가하고 있다. 1인 가구 중에서 결혼하지 않은 독신남녀와 노인 단독가구의 증가가 눈에 띈다. 혼자 살고 있는 노인 단독가구는 2010년 6.1%에서 2020년 35.2%로 전체 1인 가구 중 비율이 급격히 증가한 반면, 미혼 1인 가구는 2010년 43%에서 2020년 38.7%로 감소하였다.

이와 같이 다양한 가정의 유형이 출현하고 그 비중이 커지는 것을 볼 때, 과거와 같이 부모와 자녀로 구성된 핵가족 중심의 가족문화는 다양한 가정의 요구와 자원에 부응하여 점차 변화될 것이다. 1인 가구나 부부 단독가구의 증가 및 가구당 가족 수가 2.44명으로 규모가 줄어들면서 의식주생활과 소비생활에서의 소규모화가 빠르게 진행되고 있다. 상품의 소포장 단위가 많아지고, 냉설 과일을 낱개 포장으로 판매하거나 부피가 큰 수박이나 과일, 야채를 분절하여 반이나 작은 크기로 나누어 판매하고 있다. 의복관리도 세탁기와 건조기를 구매하기보다 집근처의 동전빨래방을 이용하고, 주거관리와 청소도 사물인터넷(IOT)을 이용하여 로봇청소기와 가전기기, 자동커튼 등 자동전원시스템을 이용하여 무인관리하는 경향이 증가하고 있다. 또한 교양 · 오락 · 스포츠 등 여가문화에서도 개인 핸드폰과 PC를 활용하여 홈트레이닝과 게임, 운동, 영화, 음악, TV 시청까지 각자 개인적으로 즐기는 경우가 늘고 있어, 가족여가와 문화를 표현하는 방식 역시 다원화되고 있다.

한편, 최근 우리나라에 체류하는 외국인의 수가 증가하고 그 국적도 다양해지면서 이제 생활 속에 다양한 국가의 문화가 함께 공존하고 있다. 우리나라에 체류하고 있는 외국인 수는 2009년 이후 꾸준히 증가하여 2019년에는 252만명(전 국민의 5%)이었으나 코로나-19 이후 사회적 거리두기의 여파로 급격히 감소하였으며, 2022년 1월 194만 4천여명까지 낮아졌으나 이후 빠르게 회복되어 2022년 5월 201만명 수준으로 늘어났다. 체류하는 외국인의 국적은 중국(조선족 포함), 태국, 베트남, 미국, 일본 순이며 점차 다양한 국적의 외국인들이 거주하고 있다. 따라서 다양한 국가의 사람들이 함께 거주하며 그들의 자국 문화를 즐기고 향유함으로써 다양한 생활문화들이 함께 어우러져 공존하고 있다. 미국식 햄버거와 스테이크, 일본 초밥, 중국 요리와 베트남 쌀국수, 태국 음식 등 다양한 음식과 복식, 서구식 주택과 인테리어 등이 이미 우리 가족의 생활문화 안에 들어와 있다. 올림픽과 세계스포츠선수권대회 등 세계적 스포츠 교류에 참여하면서 국경을 넘어 골프, 스키, 카약, 웨이크보드 등 다양한 스포츠와 게임도 함께 즐기고 있다.

이러한 다양한 세계문화가 우리 가족생활 속에 본격적으로 깊숙이 파고들기 시작한 것은 2005년 이후이며, 이때 증가한 국제결혼이주여성과 다문화가족의 증가가 큰 영향 요인이다. 이전 외국문화는 국내 특정 지역(안산, 이태원, 동두천 일대 등)

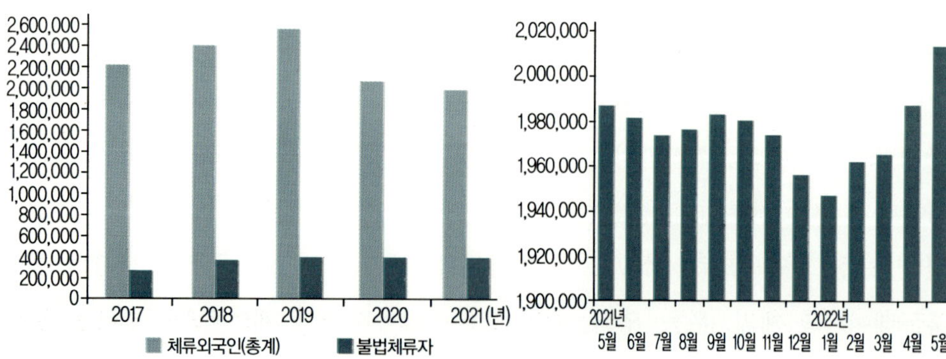

그림 2-5 국내 체류 외국인 수

자료: 통계청 (2022), 지표누리, 법무부 출입국외국인 정책 본부 통계연보(2022, 2023).

에 거주하는 일부 외국인들의 자국 문화 추구현상에 한정되었으나, 가족구성원 중 의식주생활문화의 가장 큰 주축이 되는 엄마이자 아내가 결혼이민을 통해 한 가족의 구성원이 되면서 가족 내 다양한 문화가 공존하기 시작하였다. 그 중에서도 식생활에서는 결혼이주여성들이 자국 음식을 매일 한국 음식과 함께 먹고 자녀들을 키우면서 다양한 음식문화가 가장 빠른 속도로 확산되었다.

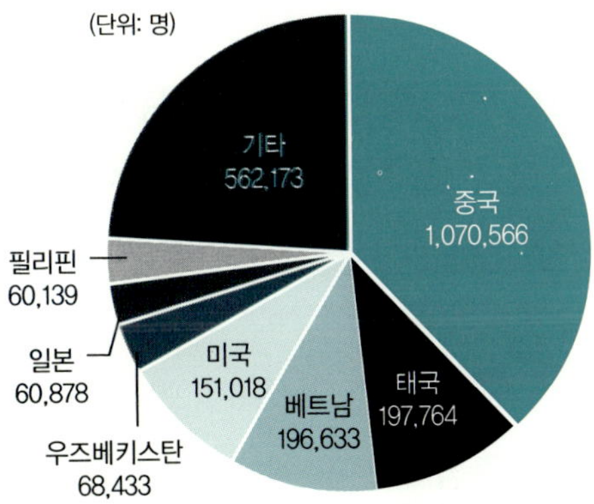

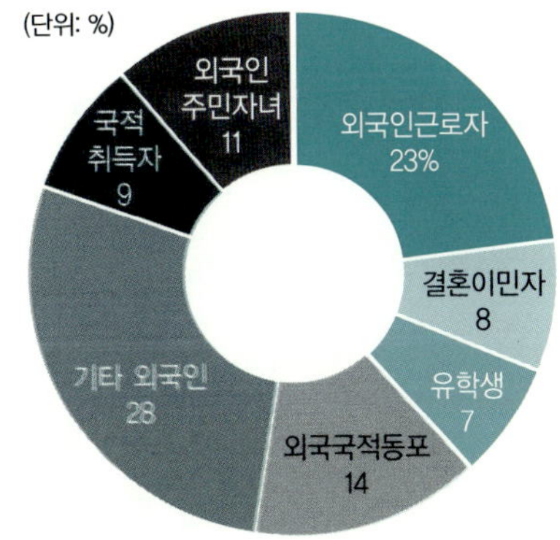

그림 2-6 체류 외국인 국적별 현황 및 외국인 주민 현황

자료: 통계청 (2019). e-나라지표, 국적별 체류 외국인 수, 통계청 (2020). 국가통계포털 KOSIS.

2. 생각이 다양해진다

1) 개인주의적 가치의 강화

과거 전통사회에서 우리나라의 가정은 유교사상을 근간으로 하는 집단적 가치관, 가족주의 가치관이 지배적이었다. 가정구성원 개인보다는 가정 집단의 안정과 번영을 우선시하고, 부모에 대한 효와 장남의 책임의식을 강조하는 서열과 성별이나 전통을 중심으로 하는 가치가 가정뿐 아니라 사회를 지배하는 가치였다. 즉 대가족 내에서 하나의 집단으로서 지위와 서열 및 공동생활을 우선시하는 집단주의와 공동체주의 가치가 강하였다.

그러나 산업화와 도시화의 과정에서 우리 사회와 가정은 대가족 가족중심주의 가치보다는 핵가족 개인의 삶과 인격을 우선시하는 개인주의적 가치관으로 변화하고 있다. 이러한 개인주의적 가치관은 가장 뚜렷하게 독신주의로 나타나기도 하며, 기혼여성의 경제활동 참여로 나타나기도 한다. 즉, 결혼에 대한 가치관이 달라지면서 독신과 만혼이 현저하게 증가하며, 결혼과 출산, 여성의 사회 진출이 개인의 선택 문제로 변화되었고, 어느 것도 필수적인 역할이 아니라 개인의 가치관에 따라 선택할 수 있는 문제가 된 것이다.

개인주의 가치는 무한한 개인의 자유를 장려하여 독립성, 프라이버시, 자아 각성, 목표, 경쟁심, 개성 등을 특징으로 한다. 집단주의와 달리 개인주의적 가치는 어렸을 때부터 독립적인 교육과 자기주도학습을 통해 스스로 알아서 행복할 수 있는 문화생활과 행동을 추구한다. 자아정체성과 개성을 가지고 창의적인 일에 스스로 목표를 두고 활동하여 좋은 성과를 올리는 것을 중요시한다.

이러한 개인주의 가치로의 전환은 스마트 정보 시대, 즉 컴퓨터와 인터넷, 핸드폰, 소셜 네트워크 시스템(SNS) 등이 빠르게 발달하면서 더욱 가속화되고 있다. 함께 조직의 성패가 좌우되던 공동체 생활과 달리, 개인과 이익, 편안함을 추구하는 개인주의적 가치관은 친구나 동료를 굳이 안 사귀어도 게임이나 핸드폰을 통해 인관관계가 유지될 수 있기 때문이다. 따라서 혼밥 · 혼술와 같이 혼자 즐기는 문화나 혼자 사는 생활방식이 증가하고 있다. 남들 신경 안 쓰고 식당에서 혼자서 밥을 먹고, 혼자서 술을 마시고, 혼자 취미를 즐기며 싱글 라이프를 즐기는 것이다.

개인의 성장이 곧 사회의 성장으로 여겨지는 강력한 개인중심주의가 등장하면서 가족과 이웃이 함께 하는 공동체문화가 약화되고, 모든 선택에서 개인의 가치가 우선시되고 있다. 즉 집단으로서 가족중심주의의 요소인 관계성, 조화, 의무감, 소속감, 융통성, 조직화, 집단의식 등이 점점 약해지고 있다. 이로 인해 가정생활에서 가족 전체 회식이나 가족 기념일(돌, 환갑, 칠순 등)과 명절 같은 가족행사가 간소화되거나 줄어들고 있다. 또한 개인이 우선되고 가족과의 관계가 소원해지면서 가족에 대한 의무감과 책임감, 그리고 다 같이 함께 해야 한다는 생각이 심리적 부담으로 느껴지고, 가족 간의 조화를 다시 시도하기보다 참견하지 않고 자기 할 일만 하거나 분리된 생활을 희망하게 된다(허준규, 2019). 따라서 이처럼 소속집단이나 가족으로부터 떨어져 자기 할 일만 하다 보면 눈치를 보지 않게 되어 융통성이 줄어들고 사람 사이의 관계 역시 느슨해져서 소속감마저 희미해진다.

따라서 최근 개인주의 삶에서 다시 가족공동체적 삶으로 회귀하는 경우가 나타나고 있다. 개인주의와 공동체가 결합한 현실주의적인 새로운 주거형태인 '세뮤니티족(semmunity族)'이다. 세뮤니티는 분리(separation)와 공동체(community)의 합성어로, 개인주의적 삶을 가장 중요시하지만 누군가의 도움이 효율적일 때는 선택적으로 공동체적 삶의 방식을 사는 사람들을 말한다. 혼자도 결혼도 아닌 주거형태로 조립식 가족의 형태이며, 보다 넓은 공간을 원하는 1인 세대주들 간의 결합이다. 즉 공간의 분리와 공동체 혹은 가족의 도움을 동시에 필요로 하는 이 형태는 공유가족, 공유주거, 공유경제의 개념에 가까운 형태로 부모 또는 지인으로부터 도움을 받아 개인주의적 생활의 부족한 부분을 채우기 위한 목적에서 형성되었다. 자신의 공간에서 개인적인 사생활은 보호받고, 동시에 타인들과 공동체를 형성해 공유경제의 경제적 효용은 최대화하는 새로운 형태의 삶과 주거문화로 향후 점차 확대될 것으로 예측된다(안성민, 2020).

2) 가족 가치의 변화

사회의 변화와 함께 가족 가치의 변화 양상은 다양한 분야에서 나타나고 있다. 결혼과 임신 · 출산, 자녀양육과 부모돌봄, 성 평등성과 관련된 다양한 분야에서 가족원의 가치가 변화함으로써 생활 속에서 표현되는 가족문화 양상도 변화되고 있다.

우선 결혼과 임신 · 출산과 관련된 가치가 변화함으로써 가족의 생활문화가 변화되고 있다. 과거 노동력을 중시하던 농경사회 대가족제도에서는 결혼하여 자녀를 낳고 기르는 것이 가족의 생산력과 직결되기 때문에, 피치 못할 사정이 있지 않은 한 대부분 결혼하고 가정을 꾸려 함께 농사를 지으며 생산활동에 참여함으로써 자급자족하여 왔다. 그러나 오늘날 결혼과 임신 · 출산에 대한 가치가 변화되어 개인의 선택 문제가 되었다. 따라서 임신 · 출산과 관련된 다양한 전통적 가족문화들이 축소되거나 변형되거나 사라지고 있다. 가례와 신행, 태교, 백일이나 돌 등의 전통문화는 오늘날 서구화된 방식과 결합되어 변형되거나 간략히 축소되고 있다.

한편 기혼여성이 경제활동에 참여하면서 가정 내에서 여성이 자녀를 양육하고 가족원을 돌보고 부양하는 기능이 급격히 줄어들고 있다. 즉 전통적인 가정에서 남편은 수입원의 역할을, 아내는 출산과 육아, 가사노동을 전담하는 성별분업을 바탕으로 가정생활문화가 영위되었으나 현대의 가정에서는 아내 역시 경제활동에 참여하여 맞벌이를 함으로써 과거에 전담하였던 가족부양과 가사노동의 역할에 전념할 수 없게 되었다. 여성들이 가정 내에서 일상생활관리와 자녀양육 및 돌봄을 수행하면서 동시에 가정 밖에서도 경제활동에 참여하여야 하는 이중노동에 시달리게 되었기 때문이다. 이러한 여성의 역할 변화는 전통사회에서 여성을 중심으로 수행되었던 가정의 기능을 축소, 또는 변화시켰다. 즉 여성들이 이중노동의 고통을 해소하고, 경력단절의 문제와 사회생활에서의 능력 실현을 위해 점차 결혼과 출산을 기피하여 만혼이나 비혼(非婚)을 선택하고, 결혼하는 경우에도 자녀를 적게 낳거나(저출산) 무자녀를 자발적으로 선택하는 경향이 높아지고 있다. 특히 자녀양육에서도 어린이집이나 베이비시터, 유치원 등을 이용함으로써 양육과 돌봄의 사회화가 빠르게 이루어지고 있다.

고령화 경향이 심화되면서 노부모를 직접 부양하면서 생활하기보다 따로 살면서 상호 교류하는 방식으로 부양 방식과 생활문화가 변화하고 있다. 즉 각 세대의 사생활을 보호하면서 일정한 지리적 거리를 두고 각각 생활문화를 유지하는 가운데 상호 교류할 수 있도록, 용돈이나 생활비로 노부모를 경제적 보조하고 정서적 지원을 하는 것이다. 또한 고령화로 기대수명이 증가하고 노부부 둘만의 황혼기가 증가하면서, 한쪽 배우자의 사망 이후에도 자녀와 다시 합쳐 생활하기보다 홀로 살아가는 독거노인가구의 수가 증가하고 있다. 이제 '노부모의 돌봄은 부모 스스로'라고 생각하는 사람들이 늘어나고 있다. 이러한 경향을 반영하여 중장년의 노후생활 대비 및 노인층을 위한 '자기돌봄' 프로그램이 최근 증가하고 있다.

저출산과 남아선호사상이 줄어들면서 과거의 가정 내 가부장적 위계구조, 즉 부모세대와 특히 아버지를 중심으로 한 구조에서 자녀세대 중심의 남녀평등한 구조를 지향하는 가치관으로 변화하고 있다. 또한 핵가족의 자녀 중심 가족관계에서 부부 중심 가족관계로 이동하고 있으며, 저출산으로 인해 자녀의 독립 후 기대수명의 증가와 함께 노부부 중심의 빈둥지 기간이 상대적으로 길어지고 있다. 그러므로 고령화와 함께 부부 중심의 노인 단독가구에서는 부부 상호 간 헌신도와 관계의 밀도가 보다 높고 대등하게 유지되고 있다(김유진, 2015; 박은아 · 이정우, 2005).

3) 행복 기준의 다양화

행복을 느끼는 것은 지극히 주관적이어서 그 기준 역시 사람마다 다르다. 행복한지 아닌지의 여부는 자기 자신이 판단하는 것이지, 다른 사람이 대신 판단해줄 수 없기 때문이다. 그러나 오랫동안 획일화되고 몰개성적인 집단주의 가치가 강하게 자리 잡아온 한국 사회에서는 다수의 행복의 기준에 부합하지 않는 소수의 행복을 부정하는 경향이 심하다. 사회적 성공과 부가 행복의 기준으로 많이 회자되기는 하지만, 성공하고 부자여도 모두 행복한 것은 아니기 때문에 필요충분조건이 되지 못하는 것이다. 결국 행복은 남들이 평가하는 게 아니고 스스로 느끼는 것이다.

행복하다는 건 자신이 원하는 대로, 감당할 수 있는 대로 감정을 느끼는 상태가 된다는 것이다. 행복을 주관적 안녕감(SWB: subjective well-being)의 개념으로 연구하는 긍정심리학에서는 행복하기 위해서는 자신이 좋아하는 일을 하면서(몰입), 사랑하고 아끼는 사람들과의 지속적인 관계를 유지하여야 함(사회적 지지)을 강조한다(이정원 · 이영선, 2022). 이때 안녕(安寧)이란 평안하다는 의미로, 즐거움이라기보다는 오히려 특별한 사건이 없는 편안한 상태를 말한다. 따라서 직장, 건강, 가족 등 다양한 분야에서 자기 삶에 대한 만족도가 중요하다. 즉 행복은 '만족과 즐거움을 자신이 느끼는 상태'이다.

한편 행복에 대한 일부 연구자들은 사람의 행복과 불행을 결정하는 주요 변수가 유전이라고 본다. 30년간의 행복에 관한 연구의 분석결과(Diener et al., 1999)에 따르면, 돈, 건강, 종교, 학력, 지능, 성별, 나이 등 환경적 변수들은 모두 합쳐도 개인 간의 행복의 차이를 15%밖에 설명하지 못하며, 반면에 유전이나 성격은 전체의 50%를 설명하였다. 우리나라에서도 유사한 결과가 나타났으며(구재선 · 서은국, 2011), 디너와 샐리그만(Diener & Seligman, 2002)의 연구에서도 성격이 행복의 50%를 결정하며 그 외 사회적 관계의 빈도와 만족도가 중요한 환경적 요인으로 제시되었다. 즉 여러 요인들이 서로 상승작용을 일으키면서 행복에 영향을 미치는 것이다.

지금보다 더 행복해지기 위해 필요한 것에 대해 많은 사람들이 나라와 계층에 관계없이 돈이라고 대답한다. 그러나 생각과 달리 돈은 행복 그 자체를 만들어 주기보다는 불안함을 없애 줌으로써 행복한 삶을 도와준다. 부(富)가 행복을 가져다주지는 못하지만 가난은 불행을 가져다준다. 따라서 최소한의 경제적인 조건이 필요하지만, 먹고사는 수준(물질이 행복에 영향을 주지 못하게 되는 평균치인 국내총생산(GDP)이 연간 8,000달러 정도)을 넘어서면, 대체로 부가 행복의 수준을 높이는 절대적 조건은 아니다(최현석, 2011).

선진국이고 사회복지가 잘 되어 있으며 중산층이 두터워 사회가 안정적인 국가일수록 행복지수가 높은 편이다. 세계연합(UN)에서는 1인당 국내총생산(GDP), 사회복지 예산, 건강, 기대수명, 선택의 자유, 부정부패, 사회의 관용 등으로 국가별 행복의 기준을 평가한다. 물론 주관적인 행복에 대한 관념(체감지수)도 고려되어 우리나라는 2019년 기준 54위로 행복지수가 다소 낮다(존 헬리웰 외, 2020).

최근 일본 청년들에게서 더 이상 나아질 가망이 없으니 행복하다는 생각, 즉 절망을 대신한 행복의 개념이 나타나고 있다(후루이치 노리토시, 2015). 오늘날 일본 청년들은 기성세대에 비해 힘들고 나아질 기미도 별로 없지만, 대신 게임기(PSP나 Wii 등)를 사용하여 현실로부터 어느 정도 이탈이 가능하고, 욕심을 줄이면 먹고사는 문제에 별 지장이 없어 자신들의 삶이 행복하다고 여기는 현상이다. 실제로 일본 청년층은 정규직 취업을 기피하고 시간제 노동만으로 생활을 영위하려 하는데, 청소년기부터 아르바이트를 하며 성장해온 2000년대 이후 우리나라 청년들에게도 이러한 현상이 나타나고 있다. 1997년 IMF 구제금융 사태와 2008년 금융위기 등의 경제적 타격을 경험하며 성장한 청년세대들은 연애 · 결혼 · 출산 및 취업과 주택까지 포기하는 '5포 세대'라 불린다.

중산층을 분류하는 기준으로 우리나라는 월급, 중형 아파트, 중형차, 예금 잔고와 같은 물질적 기준이 대부분인 반면, 프랑스는 외국어, 직접 즐기는 스포츠, 다룰 줄 아는 악기, 맛 낼 수 있는 요리 하나 이상, 약자를 돕고 꾸준한 봉사활동이 행복한 삶을 유지하는 기준이 된다. 이는 남의 시선보다 '나의 기준'을 중시하는 프랑스인들의 태도가 반영된 것으로, 연애와 결혼, 가족을 포기(3포)하고 보다 개인주의적 행복과 자기만족에 가치를 두는 우리나라 2030세대 젊은이들에게도 점차 중시되고 있다(박대진, 2014).

4) 시간 가치의 변화

시간은 누구에게나 공평하고 되돌릴 수도 저축하거나 빌릴 수도 없는 소중한 자원이며, 우리의 생활은 시간과 떼어 놓고 생각할 수 없다. 크게 생리적 시간, 노동시간, 여가시간, 가사노동시간 등 네 영역으로 구분된다. 그러나 하루가 24시간으로 누구나 똑같이 제한되어 있다 보니, 각 개인이 시간에 대한 가치를 어디에 높이 두느냐에 따라 네 영역의 생활시간을 분배하는 방식에 차이가 생긴다.

생리적 생활시간은 누구나 기초적인 생활 유지를 위한 필요한 식사, 세수, 수면 등에 소요되는 시간이고, 노동시간은 직업과 역할에 따라 일 또는 학습에 소요되는 시간이다. 우리나라는 근로자들의 경제활동을 위한 직업 노동시간과 학생들의 학업시간이 많은 나라에 속한다. 따라서 한정되어 있는 하루 24시간 속에서 우리나라 사람들은 노동시간에 너무 많이 소비함으로써, 상대적으로 음악 감상, 운동, 여행, 미술관 관람 등 취미나 문화활동을 위한 여가시간이 상대적으로 적게 나타난다.

그러나 이러한 과다한 노동시간은 2004년 이후 주 5일 근무시간제와 2018년 주

52시간 근무제의 도입과 함께 꾸준히 줄어들어 2018년 처음 연평균 2,000시간 이하로 낮아졌으며, 2020년 기준 OECD 5위 수준이다. 이러한 근로시간 제한에 대한 논의는 2024년 현재 주4일 근무제 도입을 시도하거나 검토하는 기업이 늘어나기에 이른다. 근로자들은 상대적으로 늘어난 자유시간을 일-생활 균형(워라벨, WLB: Work and Life Balance)을 찾기 위해 사용하고 있다. 정부 역시 고용노동부의 일생활균형재단이나 여성가족부의 가족친화지원센터의 일-가정 양립지원을 통해 국민의 삶의 질 및 행복 제고를 위한 측면에서 노동시간을 줄이고 생활의 균형을 찾도록 지원하고 있다.

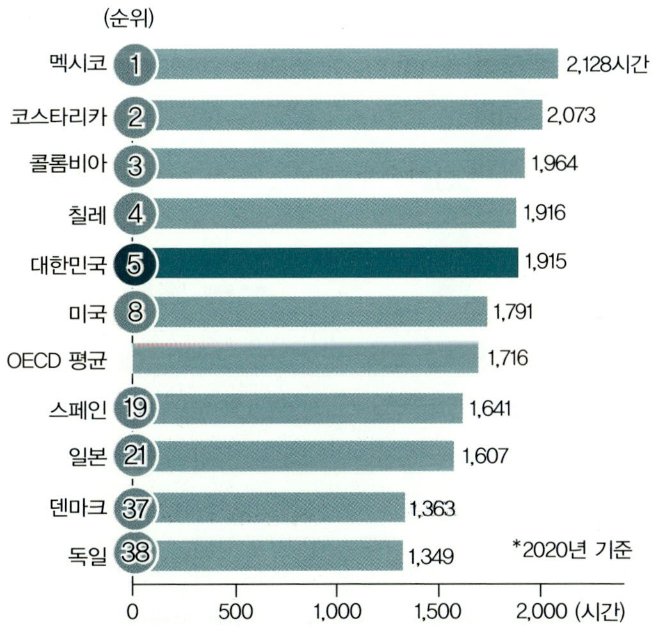

그림 2-7 주요국 연평균 근로시간 순위

자료: 연합뉴스 (2022.11.14).

요즘 2030 청년세대들은 개인 생활의 만족을 추구하는 경향이 높아, 줄어든 노동시간을 개인적인 취미와 여가활동, 자기계발만이 아니라 가족활동시간 등에 사용하는 경향이 높다. 즉 과거 경력단절이나 승진 제한이 두려워 육아휴직을 제대로 활용하지 못하던 경향이 줄어들고, 육아기 근로시간 단축 역시 당당히 권리로 사용하기 시작하면서 빠르게 증가하고 있다. 특히 남성의 가족과 자녀양육에 대한 가치가 높아짐에 따라 남성 육아휴직 역시 증가하고 있으며, 최근 육아와 가사를 남성이 전담하는 경우도 전체 연령대에서 빠르게 증가하고 있다(서울경제, 2021.03.10).

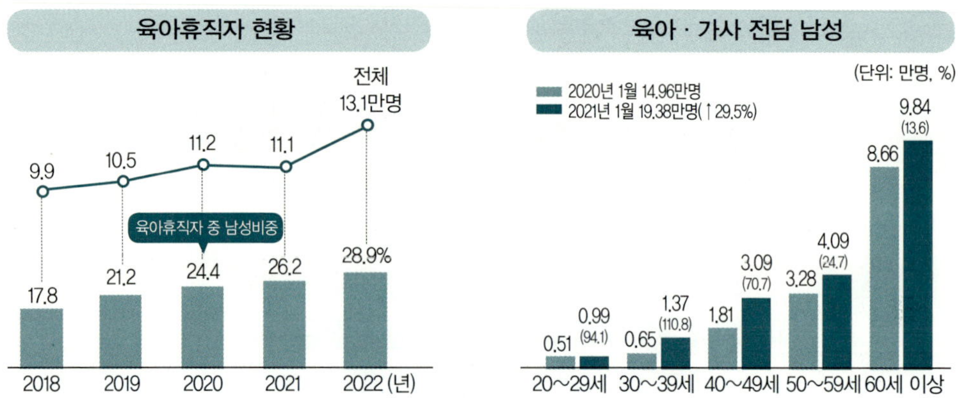

그림 2-8 남성 육아휴직자 현황 및 육아 · 가사 전담 남성 비율

자료: 고용노동부 (2023). 육아휴직자 현황, 통계청 (2022). 마이크로 데이터분석.

또한 가족을 위한 취사, 재봉, 청소 및 육아와 돌봄 등의 가사노동 시간도 그 가치에 따라 변화하고 있다. 가사노동의 총 시간은 지난 5년간 4시간 11분에서 4시간 9분으로 큰 차이가 없었다(통계청, 2020). 그러나 성별에 따라서는 여성의 가사노동시간이 평균 12분 줄어든 것에 비해 남성의 가사노동시간이 평균 10분 증가되어 남녀 간 가사노동시간의 격차가 약 22분 정도 감소되었다. 이는 맞벌이 증가와 여성의 경제활동 참가로 인해 여성의 직업노동에서의 시간가치가 증가한 반면, 가사노동에서의 시간 가치가 줄어들었기 때문으로 평가된다.

일과 가정생활 우선에 있어서도 변화가 생기고 있다. 과거에는 '일이 우선'(42.1%)의 비율이 높았으나 2017년을 기점으로 '일과 가정생활, 둘 다 비슷'(44.2%)의 비율이 더 높아졌으며, '가정이 우선'인 비율이 2015년 11.9%에서 2019년 13.7%로 증가한 것으로 나타났다. 이와 같이 일과 가정생활 우선에 대한 인식이 변화하면서, 가족이 함께 하는 시간과 공유 활동이 증가할 것으로 기대된다(통계청, 2020).

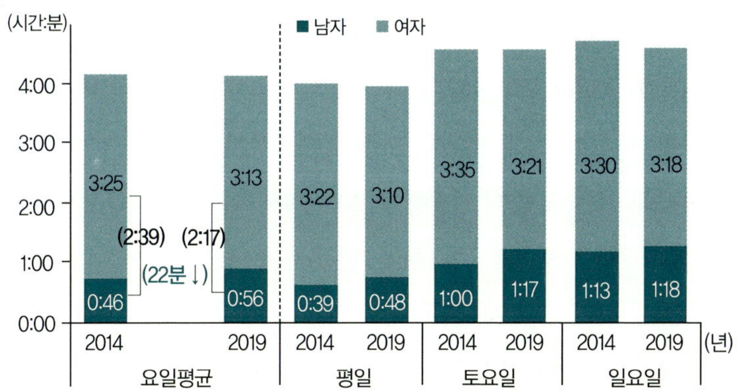

그림 2-9 성별 가사노동시간

자료: 통계청 (2020). 2019년 생활시간조사.

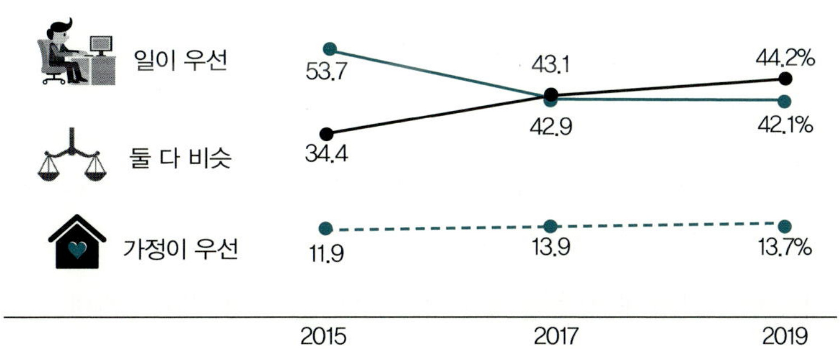

그림 2-10 일과 가정생활 우선도(19세 이상)

자료: 통계청 (2020). 2019년 사회조사.

5) 소비 지향적 가치

우리나라는 1988년 서울올림픽대회를 계기로 1980년 중반 이후 해외여행이 자율화되면서 세계로 문호가 개방되었고, 올림픽을 성공적으로 치루면서 정치 · 경제적으로 한 단계 도약하고 사회문화 전반에 걸쳐 민주적이고 자유주의적인 사고가 확산되었다. 1990년대 이후 우리나라에도 이미 서구사회에 만연하였던 탈중심화, 탈장르 현상인 포스트모더니즘(post-modernism)의 영향으로 소비지향적 가치가 뚜렷한 신세대가 등장하였다. 이들은 밀레니얼세대(Millennia, Millennials), Y세대, 에코-붐세대(eco-boomers)로 불린다. 1980년대 초부터 2000년대 초에 태어난 이들로, 디지털 기기에 친숙하고 2008년 글로벌 금융위기를 겪으며 최초로 '부모세대보다 가난한 세대'이기도 하다. 연령상 20~39세에 해당하는 20대와 30대로 구성되며, 현재 총 인구의 28.3%, 즉 1/4을 넘는다(하나금융연구소, 2020). 이중 30대는 청소년기에 IMF 구제금융 사태를 겪어 성장과 성취에 많은 관심을 보이며, 20대는 2008년 금융위기 이후 계속되는 경기침체로 연애 · 결혼 · 출산을 포기한 '3포세대'로 불린다. 이런 이유로 밀레니얼세대는 자식에게 재산을 물려주기보다 재산으로 자신이 좋아하는 것, 하고 싶은 것에 투자하는 '나를 위한 소비'를 추구하는 경향이 강하다. 즉 내 집 마련과 결혼자금 등을 위한 저축보다 콘서트, 전시, 스포츠경기 관람 등의 문화생활과 여행 등과 같은 자기계발이나 경험에 대한 소비를 추구하는 경향이 있다.

신세대는 그들이 나타내는 독특한 행동방식에 따라 다양한 명칭으로 불리고 있다. 컴퓨터의 보급이 일반화되었던 컴퓨터 세대('X세대') 이후의 사이버세대인 'C세대'이며, 네트워크를 통해 정보를 교환하고 여론을 형성하는 'Y세대', 젊고 푸르른(green) 세계화의(global) 감각을 지닌 'G세대'이다. 또한 MAIN(mobile anytime anywhere internet network)세대로 끊임없이 이동하며 커뮤니케이션 하고(mobile,

M세대), 시간과 장소에 구애받지 않고 의사소통을 하며(anytime anywhere), 능수능란한 인터넷 활용 능력을 가지고(internet, I세대), 소규모 집단 활동에 치중하는(network, N세대) 특징을 지닌다. 독립(independence)적인 '인디세대'로 협력(network)과 다양성, 재미 등을 중시하며, 'X세대'와 'Y세대'를 넘어 이후 유행에 더욱 민감한 'Z세대'와 월드컵에서 붉은 악마로 대두되는 'W세대', 그리고 사회 전반에 적극적으로 참여(participation)하며 열정(passion)과 힘(potential Power)을 바탕으로 사회에 변화를 일으키는 'P세대'(paradigm-shifter)이기도 하다(정성호, 2006).

이들은 우리나라가 빈곤국에서 벗어난 시기에 태어나 절대적 궁핍을 모르며 물질적 풍요로움을 구가하고, 자유로운 개성과 강렬한 자기표현, 서구 · 왜색문화와 쾌락 지향적인 특징을 지니는 감성세대의 중요한 소비자층이다. 신세대 소비문화의 특성은 상품구매에 있어서 일단 양과 질이 아닌 상품 자체보다 정보와 이미지, 기호 등 패션과 부가적인 서비스가 중요한 구매기준이 된다.

신세대의 소비의식은 다음과 같은 특징을 반영하고 있다. 첫째, 풍요의 세대인 이들은 생활의 주관적 만족을 충족하기 위해 양을 중시하던 과거의 수준에서 벗어나 외양과 디자인 등 패션을 선택의 기준으로 삼는 경향이 강하다. 이는 상품이 발산하는 상징적 이미지를 자신의 이미지에 부합시키려는 욕구에서 비롯된 것이다. 따라서 신세대들은 상품 구매 시 기업의 이미지를 중요하게 생각하여, 실제로 인터넷에서 기업의 사회공헌활동과 고용실태 및 투명한 경영활동 등을 살펴보고 이를 고려하여 소비하고 있다. 실례로 오뚜기라면은 11년간 라면 가격을 인상하지 않아 갓뚜기(GOD+오뚜기)로 불리며, 네티즌에게 최고경영자(CEO)의 사회공헌과 투명한 승계 등에 의해 '착한 기업'으로 인식되면서 판매량과 시장점유율이 증가하였다.

둘째, 소유를 통한 만족보다는 사용함으로써 가치를 얻고 만족을 추구하는 소프트한 측면을 강조하는 경향을 보인다. 즉 소비자의 의식이 물적 재화 중심의 사고에서 서비스를 우선시하는 사고로 변화되었다. 비싼 물건을 소유하기보다는 자주 사용할 수 있는 제품을 선호한다. 따라서 자주 사용하지 않는 값비싼 물건을 직접 사서 소유하기보다는 필요 시 대여상품 이용을 선호한다. 자동차, 세탁기와 청소기, 자전거 등 다양한 상품에서 이용되고 있다.

셋째, 감성적인 성향이 강하다. 상품 선택에서 '자신의 감성에 맞는가' 여부가 핵심적인 기준이 된다. 이들은 '좋다, 싫다'라는 감성적 기준에 의해서 상품을 선택하는 특성을 보인다. 신세대들은 독도지킴이 팔찌나 유관순 배지 등과 같이 기획 의도와 기업의 이미지를 중요시하는 '착한 소비'를 지향한다. 환경보호 및 사회공헌과 기부 및 봉사활동에 참여하는 착한 기업의 제품을 구매하고 자율적으로 직접 인증샷과 소셜 네트워크 시스템(SNS) 홍보에 나서는 반면, 나쁜 기업에는 '불매운동'으로 적극 맞선다.

특히 신세대는 미래보다는 현재, 남보다는 자신을 우선으로 생각하며 자기주도적인 삶을 추구한다. 소셜 네트워크 시스템(SNS)을 통해 자신을 표현하면서, 자신이 좋아하는 것을 추구하는, 높은 자기 만족도를 추구하는 '가치소비'를 실천한다. 반면, 신세대의 소비 지향적 가치는 부정적인 측면도 있다. 자극적인 광고와 TV, 드라마 등에서 흥미 위주의 소비적이고 즉흥적인 측면만 강조되기도 한다.

3. 삶의 형태가 바뀐다

1) 일하는 방식이 영향을 준다

교통과 통신의 발달과 함께 세계 최강의 정보기술(IT: Internet Technology) 국가인 우리나라의 근무환경, 즉 일하는 방식에 변화가 생기고 있다. 과거 오랫동안 유지되어 왔던 9시 출근, 6시 퇴근의 1일 8시간 근무제와 함께 초과근무가 열심히 일하는 것으로 평가받던 '노동시간 계산방식'에서 좀 더 '단위시간당 생산성을 강조하는 방식'으로 노동환경이 다양하게 바뀌고 있다.

우리나라는 서울과 수도권을 중심으로 인구집중(약 52%)이 가속화되면서, 거대도시의 교통체증은 심각한 상황이 되었고, 해외무역 중심의 산업과 경제활동에 의한 글로벌기업의 증가는 시차 극복을 위해 오전 9시에서 오후 6시로 고정된 근무시간체계에 변화를 가져왔다. 조금 일찍 출근하고 일찍 퇴근하거나 조금 늦게 출근하고 늦게 퇴근하는 유연근무제도가 업종에 따라 다양하게 나타나기 시작하였으며, 주당 40시간 안에서 탄력적으로 근무하며 '가족사랑의 날', 단축근무를 수용하는 기업들이 증가하고 있다. 또한, 노동안전과 근로환경이 개선되는 방향으로 「근로기준법」이 개정되면서 반도체산업과 같이 24시간 기계를 멈출 수 없는 경우와 생활시설 근무자, 수출로 인해 집중근로기간이 필요한 기업, 12시간을 초과하는 장시간 서비스업의 경우에는 8시간씩 조를 편성하여 1일 2~3교대 방식으로 근무하는 교대근무가 일반화되고 있다.

재택근무는 컴퓨터와 팩스, 인터넷 등의 사무자동화(OA)와 정보화를 통해 시간과 공간을 초월하여 의사소통이 가능해지고 업무를 수행할 수 있는 환경이 구축되면서 활성화되고 있다. 특히 2020년 '코로나 팬데믹'으로 사회적 거리두기가 불가

피해지면서 대비면 화상회의와 교육(재택학습)이 촉진되어 더욱 빠르게 우리의 생활문화 속에 자리 잡고 있다. 코로나-19가 장기화되면서 우리의 삶은 더 이상 코로나 이전의 대면 중심의 인간관계와 생활방식으로 돌아가기 어렵다는 이야기가 회자되는 것도 이 때문이다. 그러나 재택근무나 재택학습은 타인과의 접촉이나 사회생활의 기회를 감소시키고, 정보화 기기를 가정구성원이 공유하기보다는 개인용 PC나 휴대폰 등과 같이 개인화되는 경향이 있으며, 정보의 홍수 속에서 가정구성원 간에 공유되는 정보가 매우 제한적이므로, 가족원 간 대화와 응집의 기회를 감소시키는 문제를 초래하고 있다. 즉, 고도의 정보화 및 정보의 범람 속에서 필요한 정보를 가정 내에서, 또는 주변 사람으로부터 얻기보다 정보화 기기에 의존하게 되므로, 가정구성원의 관계 및 인간관계가 약화되고 그 가운데에서 인간소외의 경향이 증가할 수 있다는 우려가 제기되고 있다.

한편, 교통과 통신기술의 발달과 함께 시간과 장소를 극복할 수 있는 정보화 기기가 구축되면서 가족원 중 일부가 직장과 교육을 위해 따로 살게 되는 분리가족이 증가하고 있다. 일부 맞벌이가족이나 대학생들은 원거리 직장이나 대학생활을 위해 주말부부나 주말가족을 유지하고 있고, 또 다른 가족들은 글로벌기업 근무나 유학생활을 위해 가족과 떨어져 해외에서 장기간 생활하는 원격가족들이 증가하고 있다. 또한 결혼이주여성들과 외국인 노동자들도 물리적 거리를 좁히고 출신국 원가족과의 관계를 유지하기 위해 화상통화나 인터넷 만남을 통해 원격가족을 유지한다. 그러나 이러한 가족관계 유지 방식은 매체를 통한 장시간 의사소통이므로 감정이나 정서를 전달하는 데 한계가 있고, 수신자의 선택에 따라 언제든지 단절될 수 있기 때문에, 인간관계와 가족생활이 일시적이고 단편적으로 흐르기 쉽다.

2) 기술과 미디어가 영향을 준다

우리나라는 IMF 구제금융 사태 이후 국가경쟁력을 정보화에 맞추고 1999년부터 종합적이고 체계적인 정보 인프라 구축을 빠른 속도로 추진해온 결과, 일반 가정에도 초고속통신망이 빠르게 보급되어 다양한 생활정보를 실시간 이용할 수 있게 되었다. 실제로 우리나라의 초고속 인터넷서비스 이용가구는 세계적으로 인구대비 가장 높은 이용률을 나타내고 있다. 인터넷 이용률은 해마다 증가해 10가구 중 7가구(71.5%)가 PC를 보유하고 있고(정보통신정책연구원, 2020), 10명 중 9명 이상(91.8%)이 인터넷을 이용하고 있으며, 국민의 81.2%가 전 연령층에서 동영상서비스를 일상에서 이용하고 있다(과학기술정보통신부, 2020).

이와 같은 정보통신기술 발전의 기반에는 반도체산업과 전자제품의 기술력이 뒷받침되었다. 인터넷과 컴퓨터, 핸드폰 등 정보통신기술의 발전은 우리의 가정생활을 더욱 쾌적하고 편리하게 하였으며, 주거관리, 소비생활과 직업 및 학습활동까지 바꾸어 놓았다. 초고속 인터넷을 통해 홈뱅킹, 홈쇼핑, 원격진료 등 각종 가정생활업무를 신속하고 편리하게 처리하게 되었으며, 사이버 원격 교육과정(초 · 중 · 고 및 대학)을 통한 재택학습으로 사교육비 및 재교육 비용의 절감과 평생교육이 가능하게 되었다. 또한 아파트 단지 내 인트라넷을 통해 공공주택단지를 관리 · 제어하는 기능을 통합시키고, 공동구매나 사이버 반상회 등 주민자치를 활성화시킬 수 있게 되었다. 뿐만 아니라 재택근무와 소호(SOHO: Small Office/Home Office)가 확산되고 게임, 음악, 애니메이션 등 각종 문화서비스가 인터넷을 통해 가정에 제공됨으로써 홈트레이닝, 홈시어터, 온라인 디지털 박물관과 미술관, 온라인 연극 및 음악제 등 가정 중심의 재택 문화생활이 가능한 환경이 만들어졌다.

한편, 정보화는 우리의 여가생활과 인간관계의 형성과 유지에도 매우 많은 변화를 가져왔다. 작게는 의사소통 방식과 놀이문화에서부터 시작하여 사람들의 의식과 가치관에 영향을 미쳤으며, 인간관계나 새로운 온라인 디지털 문화 조류를 형성시키기도 하였다. 종전에는 같은 장소와 같은 시간에 직접 대면하여 이루어져야 했던 상호작용 방식이 컴퓨터 네트워크를 통해 시간적 · 공간적 제약을 받지 않고 전 세계에서 인터넷을 통해 무료로 가능하게 되었다(카카오의 보이스톡, 페이스북의 페이스톡 등). 또한 화상 미팅 시스템(Zoom, Ezview, Webex 등)을 통해 모르는 사람들 간에도 100명, 200명 이상의 다수의 사람들이 공통된 가치관과 관심사에 대해 온라인상에서 얼마든지 소통과 정보교환 및 화상회의(의사결정)까지 할 수 있고, 지속적인 정서적 교류를 통해 신개념 인간관계의 형성이 가능하게 되었다. 동시에 오프라인에서도 직접 대면활동을 병행할 수도 있다.

기술발달의 또 한 예로 핸드폰의 카메라와 저장용량 및 전송기술이 빨라지면서 핸드폰이나 촬영 장비로 사진과 영상을 촬영하고 편집하여 소셜 네트워크 시스템(SNS)에서 공유하는 활동이 증가되고 있다. 취미나 체험활동 등의 다양한 생활의 경험과 주제들을 정기적으로 팔로워(follower)들과 쌍방향 소통하고 공유하며, 지지와 협찬 활동을 하는 유튜버(Youtuber)들이 증가하고 있으며, 각종 영상 공유 플랫폼(유튜브, 트위치 등)을 통해 정기적으로 방송하는 1인 방송시스템도 확산되고 있다. 이러한 영상과 자료는 전 세계적으로 공유되어 온라인상에서 하나의 문화권으로 실시간으로 빠르게 공유되고 있다. 특히 코로나 시대에 집에 갇혀 집콕 생활을 하면서 전 세계의 많은 사람들이 유튜브를 통해 영상을 전송하고 공유하고 전문지식을 쌓기도 한다. 플랫폼에서 공유되는 영상자료는 일반상식에서부터 전문지식까지 매우 다양하다.

02 참고문헌

과학기술정보통신부 (2020). 2019 인터넷이용실태조사 결과보고서.

구재선 · 서은국 (2011). 한국인, 누가 언제 행복한가?. 한국심리학회지: 사회 및 성격, 25(2), 143-166.

김유진 (2015). 부부단독가구노인의 가사분담, 평등감, 의사소통이 부부관계만족도에 미치는 영향-의사소통의 조절효과를 중심으로. 한국지역사회생활과학회지, 26(2), 361-374.

박대진 (2014). 눈치 보며 살기엔 인생이 너무 짧다 : 삶이 자유로워지는 일곱 가지 조금 다른 생각들. 서울: 센추리원.

박은아 · 이정우 (2005). 부부단독가구 노인의 부부간 의사소통 및 관련 변인 연구. 한국가정관리학회지, 23(2), 23-36.

법무부 출입국외국인 정책본부 (2020). 통계월보 2020.

보건복지부 (2018). 노인생활실태조사 결과보고서.

안성민 (2020). 포스트코로나시대 마이크로 트랜드. 서울: 정한책방.

어울림경영연구소 (2020). 밀레니얼 세대의 결혼과 가족. 서울: 시그마프레스.

여성가족부 (2011). 제2차 가족실태조사 보고서.

여성가족부 (2021). 제4차 가족실태조사 보고서.

이기숙 · 김영주 · 박해숙 · 방현주 · 석영미 · 이미란 · 이선순 (2020). 가족과 문화(제 2판). 서울: 창지사.

이정원 · 이영선 (2022). 정신건강론(제2판). 서울: 신정.

인구보건복지협회: 유엔인구기금(UNFPA). 2020 세계인구 현황보고서.

정보통신정책연구원 (2020). 미디어통계포털 가구당 컴퓨터 보급률.

정성호 (2006). 20대의 정체성. 서울: 살림지식총서.

조흥식 · 김인숙 · 김혜란 · 김혜련 · 신은주 (2020). 가족복지학(제5판). 서울: 학지사.

존 헬리웰, 리처드 레이워드, 제프리 D. 삭스 (2020). UN 세계 행복보고서 2019. 우성대 역. 서울: 간디서원.

최현석 (2011). 인간의 모든 감정. 서울: 서해문집.

통계청 (2020). 2019년 일 · 가정 양립지표.

통계청 (2020). 2019년 사회조사.

통계청 (2020). 2019년 생활시간조사 결과보고서.

통계청 (2021). OECD 국가별 총 부양비 비교.

통계청 (2021). 장래인구추계: 2020~207년.

통계청 (2023). 2022 한국의 사회지표.

하나금융연구소 (2020). 밀레니얼 세대의 특성을 알아보자.

허준규 (2019). 가족관계의 소원에 관한 연구. 고려대학교 대학원 박사학위논문.

후루이치 노리토시 (2015). 절망의 나라의 행복한 젊은이들 어려운 시대에 안주하는 사토리 세대의 정체. 이언숙 역. 서울: 민음사.

Diener, E., & Seligman, M. E. (2002). Very happy people. *Psychological science*, 13(1), 81-84.

Diener, E., Suh, E. M., Lucas, R. E., & Smith, H. L. (1999). Subjective well-being: Three decades of progress. *Psychological bulletin*, 125(2), 276-298.

통계청 (2019). e-나라지표 https://index.go.kr

통계청 (2020). 국가통계포털 https://kosis.kr.

고용노동부 (2020.08.13). 세상을 바꾸는 정책-[2020년 상반기 남성 육아휴직] 맞돌봄 당연하지! 아빠의 육아휴직. https://blog.naver.com/molab_suda/222059539647

동아일보 (2019.06.18). 고령화 빠르면 경제가 나빠질까요?.

서울경제 (2021.03.10). 육아 전업주부 남성 20만명 육박. 전년보다 30%나 늘어.

여성가족부 (2020.09.02). 정책 뉴스 2020 통계로 보는 여성의 삶.

오피니언뉴스 (2019.04.18). 韓, 고령화속도 OECD 최고. 노인기준정년제도 바꿔야.

이데일리 (2016.01.11). 한국, 젊은 노인 新 블루 슈머의 등장.

주간동아 (2015.01.05). 5년 뒤 소비 주역은 젊은 노인층.

중앙일보 (2023.11.20). 나는 돈 있다, 고로 쓴다. MS '짠테크'떼 지갑 여는 이 어른들.

통계청 (2019.04.04). 일상과 통하다, 지금의 나를 위해 YOLO 하자! 밀레니얼 세대의 소비 성향.

KBS (2019.04.20). 한국근로자, OECD평균보다 한 달 반 더 일하는데. OECD국가 연평균 노동시간(2017).

02

PART

새로운 가족문화와 생활 따라가기

CHAPTER 03

따로 또 같이 살기

1. 가족이 늘 같이 살진 않는다
2. 옆집은 비슷한 듯 다르게 산다
3. 서로 다름을 수용하기

Chapter 03

따로 또 같이 살기

1. 가족이 늘 같이 살진 않는다

1) 가끔은 함께, 가끔은 따로 산다

가족은 함께 살기도, 떨어져 살기도 한다. 그러나 가족의 범위는 그들이 어떻게 살아왔는지, 그리고 어떻게 생각하는지에 따라 다양하다. 대한민국 「민법」 제779조 제1항에 의하면, "본인을 기준으로 당연히 가족에 포함되는 자는 배우자, 직계혈족 및 형제자매"이다. 여기서 직계혈족의 배우자, 배우자의 직계혈족 및 배우자의 형제자매도 생계를 같이 하는 경우에 가족으로 편입된다. 가족정책 기본법인 「건강가정기본법」에서는 "가족을 혼인, 혈연, 입양으로 이루어진 사회의 기본단위"라고 정의하고 있다. 과거에는 미성년 자녀와 부모, 그리고 조부모 등 당연가족과 생계가족이 한 공간에 거주하는 경우가 많았으나, 현대 사회에는 미성년 자녀가 성년이 되기 전부터 동거를 하지 않는 경우도 많아지고 있다.

우리 역사 속에서 가족은 공간적 범위와 밀접하게 연결된다. 농업, 어업 등 2차 산업시대에 가정은 일터이자 가족들이 함께 생활하는 공간이었다. 이 시대의 가족은 3세대가 함께 사는 대가족을 이루고 살았을 뿐 아니라, 성씨가 모여 마을을 이루고 살 정도로 친인척이 모여 사는 경우도 많았다. 땅이 자산이자 일터인 경우, 이 땅이 자손들에게 상속으로 분배되고 그 땅을 일구어 생산을 하는 과정이 계속되는 한, 땅을 중심으로 가족들이 모이게 되기 때문이었다.

그러나 3차 산업시대에 접어들며 가족은 핵가족화, 도시화라는 큰 변화에 맞춰 움직인다. 즉 교통과 통신이 발달하면서 공장을 중심으로 한 산업이 발달하고, 분업과 자동화라는 공장은 대규모 상품 생산이 가능하게 된다. 공장이 있는 곳으로 일자리를 찾아 사람들이 모여 들면서 가족들은 부모와 자녀로만 이루어진 핵가족 형태로 살아가게 되고, 가족의 수도 점점 줄어들게 되었다. 이후 남녀 모두 교육수준이 높아지고, 여성의 취업이 늘고, 맞벌이가 빠르게 증가하는 특징을 나타낸다. 이것은 혈연, 혼인, 입양에 의한 당연가족도 떨어져 살 가능성을 증가시켰다. 사촌이나 당숙은 생계를 같이 하지 않는 한 만나기 어려워졌고, 가족관계가 느슨해졌다.

4차 정보화 사회는 또 다른 가족의 변화를 만들어 내고 있다. 이제 떨어져 사는 거리도 더 멀어지고 있다. 기술의 발달로 도시와 도시, 나라와 나라 간 왕복 시간은 점점 빨라지고 있다. 국외에서도 전화로 소통하고 화상통화를 하는 게 일상이 되었다. 떨어져 살면서 가졌던 불편함과 어려움이 사라지고, 잦은 해외여행, 어린 시절부터의 해외방문 경험이나 거주 경험은 국외 교육과 이주에 대한 낯설음과 거리감을 사라지게 만들었다. 기술의 발달은 떨어져 사는 가족들의 관계를 밀접하게 유지시키는 데 기여한다.

이제 지능화 사회가 시작되고 있다. 빅데이터와 사물인터넷, 인공지능이 생활 속에 스며들면서, 식당에서 음식 서빙을 하는 로봇, 공항에서 청소하는 로봇을 만나게 된다. 가정 내 가전제품은 목소리로 작동이 가능해진다. 내가 좋아하는 음악을 말하면, 알아듣고 틀어준다. 잠들기 전 침대에서 소등을 명령할 수도 있다. 가정 내 부착된 센서는 사람의 동작도 감지하여 위급 시 긴급전화를 걸기도 한다. 이러한 기술의 발달은 가족들의 생활에 변화를 가져온다. 이제 가족들은 필요에 의해, 또는 선택에 의해 함께 살기와 분가 · 별거를 반복하고, 다양한 기술을 활용하여 물리적 거리와 상관없이 가족들과 만나게 된다.

2020년 '코로나 팬데믹'은 또 다른 변화를 가져왔다. 코로나-19 상황은 사회적 거리두기 단계에 따라서 해외는 물론 국내에서도 자유로운 이동을 제한하며, 기념일이나 휴일에 가족이 만나고 모이는 것도 자제해야 하는 경험을 겪게 했다. 결과적으로 코로나-19 확산 이전 시대에 비해 코로나 시대에는 근거리 가족조차 함께 할 기회가 최소화되면서, 가족과의 비대면 소통과 교류를 증가시켰다. 그리고 한 집에 거주하는 가족들은 이전에 경험했던 것에 비해 상대적으로 긴 시간 함께 거주하는 경험을 하게 되며 새로운 생활패턴이 만들어졌고, 이러한 경험 중 일부는 일상에 녹아들었다. 과거에 비해 재택근무가 일상화되었고, 온라인 쇼핑과 비대면 배송도 증가되었다. 사람과 사람이 직접 대면하기보다 비대면의 소통, 통화보다는 문사가 더 익숙해진 사람들도 늘어났다. 가족은 감염병과 질병에 의한 새로운 변화를 받아들이고 있다.

한편, 가족들의 형태나 사는 모습은 더욱 다양해지고 있다. 가족원의 유학, 근무지와 근무형태, 가족원의 국적, 부모나 자녀의 이혼과 재혼, 출생과 입양, 가족원의 죽음 등 다양한 원인이 영향을 준다. 이러한 원인이 장단기 영향을 주거나 반복되기도 하지만, 제주도 한 달 살이, 외국 6개월 여행하기 등 단기적이고 자발적인 경험을 위해 새로운 생활양식으로 살아가는 사람들도 늘어나고 있다. 다양한 선택이 가능한 만큼 가족이 함께 살고 떨어져 사는 주기나 방식은 더욱 다양해질 것이다.

2) 일과 생활이 만드는 따로 또 같이

(1) 주말부부

일하는 동안 떨어졌다가 휴무일인 주말에 만나는 생활 유형을 갖는 부부를 일컫는 말이다. 맞벌이부부가 늘어나면서 부부의 일터가 같은 지역이 아니라 거주지의 외지로 발령이 나는 경우 집을 두고 외지에서 생활하고 주말에만 집으로 돌아오는 경우가 만들어낸 용어이다.

대표적으로 군인, 검사, 판사 등 전국 배치 발령이 잦은 직업의 가족을 들 수 있다. 결혼 후 아이가 어릴 때는 발령 난 지역으로 가족들이 함께 이사를 하며 다니는 경우가 많다. 그러나 자녀가 학교에 들어갈 연령이 될 때, 또는 중학교에 진학할 경우, 가족이 함께 이사 다니기보다 주말부부의 생활 형태로 바뀌기도 한다. 또한, 여군이나 여검사, 여판사 등의 경우 자녀 취학 이전에도 돌봄 전담자가 있는 지역을 중심으로 주말부부가 되기도 한다. 이럴 경우 부부가 서로 다른 지역에서 일하다가 주말에 자녀가 있는 곳으로 모일 수도 있다.

특히 군인들의 경우 부대의 위치가 가족이 함께 거주하기 어려운 장소에 있고, 5년 단위로 자대를 옮겨 다니는(실제로는 1~2년 단위로 옮겨 다니는) 직업적 특성이 가족의 삶의 방식에 영향을 미친다. 교도소나 구치소 또한 주민이 많이 사는 지역의 혐오시설에 해당되는 님비시설이기 때문에 교도관들의 일터는 주거지와 매우 멀어서 강제적으로 주말부부가 되는 편이다.

주말부부의 경우 떨어져 살다 보니 서로 갈등이나 싸움을 할 요소가 줄어들기도 하지만, 냉각기가 오래 갈 수 있다는 단점도 있다. 또한 각자 자유로운 사생활을 챙길 수 있는 반면, 주중에 각자 맡은 역할의 일을 충실히 하다가 주말에 만나 서로 배려받길 원하거나, 서로 방해 받는 문제로 다투는 일도 생겨날 수 있다.

(2) 기러기가족

직장과 학업 등의 사정 때문에 비교적 장기간 떨어져 지내는 가족을 가리키는 말이다. 부모 중 한쪽이 자녀와 동행하는 조기유학이 대표적인 기러기가족의 사례이나, 한쪽 부모의 직장 때문에, 그리고 나머지 가족과 부부가 떨어져 지내는 사례도 여기에 속한다. 이와 비슷한 말로는 '기러기아빠'(한국민족문화대백과사전)가 있는데, 이는 '자녀 교육을 위하여 배우자와 자녀를 외국으로 떠나 보내고 홀로 국내에 남아 뒷바라지하는 아버지'를 말한다.

기러기가족은 1990년대 중반부터 중산층 이상의 가족에서 나타난 현상으로 처음에는 특수 계층에서 시작되어 점차 범위가 확장되었다. 한국에서 자녀를 일찍 유학 보내는 조기유학에서 생겨난 현상으로, 부부 중 1인이 한국에서 돈을 벌어 외국에 있는 가족을 뒷바라지하고 일 년에 한두 번씩 가족을 만나러 외국으로 날아가는 모습이 철새인 기러기와 비슷하다고 해서 나온 말이다. 초등학교 전후의 조기유학은 우리 한국 사회에서만 나타났던 세계에서 유례가 없는 독특한 가족 형태로, 아이를 데리고 외국에 가 있는 엄마를 '기러기엄마'라 칭하기도 한다.

기러기가족은 부부가 오랜 시간 떨어져 서로 다른 나라에 사는 기간이 길어지다 보니 상호 이해 부족, 부부관계의 소홀로 인해 이혼으로 이어지기도 한다. 또한 외국에서 교육받은 자녀와 한국에 있던 부모와의 문화적 차이는 가족 간 갈등을 낳는 원인이 되기도 한다. 또한 너무 긴 기간 가족의 생활비와 자녀교육비를 감당하면서, 기러기아빠들은 스스로 돈 버는 기계와 같은 자괴감이나 외로움, 경제적 중압감과 같은 문제를 호소하기도 한다.

(3) 근무 유형별 형태

가족원의 근무시간대와 근무시간량은 가족원이 함께 거주하는 시간에 영향을 미친다. 장시간 연속작업이 필요한 업무에서는 근로자가 일정 시간마다 번갈아가며 근무하는 형태를 교대근무라 한다. 특히 경호나 방호업무, 간호사나 의사, 경찰, 긴급 콜센터 등 야간이나 24시간 서비스가 제공되는 업종, 그리고 야간시간대 업무가 이루어지는 직업의 경우, 일반적인 근무 형태와 달라 가족들이 함께하거나 휴일을 함께하는 데 영향을 미친다.

야간근무의 경우, 아이들이 학교에 간 다음 귀가한 부모는 잠을 자고 아이들이 잠들 때 출근하는 생활을 하게 되므로, 특별히 가족들의 행사를 함께 하기 위한 시간 맞추기 계획이 필요하다. 반면 교대근무는 격일제(2조 1교대), 3조 3교대제, 그리고 4조 2교대 등 업무 특성에 따라 다양하다. 교대근무는 근로자의 생체리듬을 깨뜨려 수면장애와 스트레스를 유발하고 소화기장애 등 건강에 부정적인 영향을 미치는 것으로 알려져 있다. 뿐만 아니라 가족원 중 누군가가 자고 있을 때 다른 가족원들은 조심스럽게 생활하고, 낮인데도 암막을 유지하는 등 가정이라는 공간의 공유는 이루어지나 서로 소통하거나 활동을 공유하긴 어렵기 때문에 일-가정 양립을 위한 보다 세심한 관리가 필요하다.

3) 자녀의 생활에 맞춘 따로 또 같이

최근 자율형 사립고등학교, 대안학교가 등장하면서, 학교가 거주지에서 멀리 떨어져 있을 경우 자녀가 학교 내 기숙사 또는 학교 근처에 집을 얻어 가족들과 떨어져 사는 경우가 늘어나고 있다. 자녀의 기숙학교를 중심으로 가족들의 주말 활동이 맞춰지는 경우가 빈번하거나, 자녀의 학업시간이나 학원 수업시간에 맞춰 가족 여행이나 휴가, 가족모임이 이루어지는 경우가 많다. 과거에 비해 자녀들이 부모와 함께 머물 수 있는 시간이 실질적으로 매우 줄어들고 있다.

또한 우리나라는 대한민국 「헌법」 제39조에 의하면 “모든 국민은 법률이 정하는 바에 의하여 국방의 의무"를 지니게 되어 있다. 특히 대한민국 「병역법」 제3조에서는 "대한민국 국민인 남성은 헌법과 이 법에서 정하는 바에 따라 병역의무를 성실히 수행하여야 한다"고 정하고 있다. 이 법에 준거하여 우리나라는 1951년부터 18세 이상 남성 국민에게 국방의 의무가 부여되었다. 이러한 남성들의 의무복무는 우리나라만의 특별한 가족문화를 만들게 된다. 군복무를 하는 자녀의 근무지가 어디인가, 그리고 첫 번째 휴가는 언제인가 등은 다른 가족원들의 휴가나 생활환경 등에 영향을 미치게 된다.

4) 부부의 혼인 유지에 맞춘 따로 또 같이

2022년 통계청 '사회조사' 결과에 의하면, 결혼을 해야 한다고 생각하는 사람의 비중은 50.0%로 2년 전보다 1.2%p 감소하였다. 그리고 남자가 여자보다 결혼을 해야 한다고 생각하는 비중이 11.5%p 더 높은데, 특히 미혼 남녀의 경우 견해 차이가 14.8%p로 더 크게 벌어진 것으로 나타났다. 이혼에 대한 견해도 바뀌고 있어, 이혼을 할 수도 있고 하지 않을 수도 있다고 생각하는 사람의 비중은 49.2%로 증가하는 추세인 반면, 하지 말아야 한다고 생각하는 비중은 2018년 33.2%에서 2020년 30.2%, 그리고 2022년 27.1%로 감소하는 추세이다. 재혼에 대해서는 해도 좋고 하지 않아도 좋다는 의견이 67.5%로 2년 전보다 2.6%p 상승하였으며, 남녀 모두 중립적인 의견이 가장 높으나 재혼을 해야 한다고 생각하는 비중은 남자가 여자보다 3.9%p 더 높게 나타났다. 재혼은 2020년 하지 말아야 한다가 다소 상승했었으나 2022년 다시 2018년 수준(14.9%)으로 나타났다.

표 3-1 결혼, 이혼, 재혼에 대한 견해

(단위: %)

구분	계[1]	결혼			이혼			재혼		
		해야 한다[2]	해도 좋고 하지 않아도 좋다	하지 말아야 한다[3]	해서는 안 된다[4]	할 수도 있고 하지 않을 수도 있다	이유가 있으면 하는 것이 좋다	해야 한다[2]	해도 좋고 하지 않아도 좋다	하지 말아야 한다[3]
2018년	100.0	48.1	46.6	3.0	33.2	46.3	16.7	12.4	64.6	14.9
2020년	100.0	51.2	41.4	4.4	30.2	48.4	16.8	8.4	64.9	17.3
2022년	100.0	50.0	43.2	3.6	27.1	49.2	18.7	8.1	67.5	14.9
남자	100.0	55.8	37.7	2.8	31.0	47.2	16.1	10.0	68.0	11.5
여자	100.0	44.3	48.7	4.4	23.4	51.1	21.3	6.1	66.9	18.1
미혼남자	100.0	36.9	51.3	4.4	13.8	52.7	25.1	4.7	73.6	7.6
미혼여자		22.1	64.5	8.1						
배우자 있음	100.0	–	–	–	33.2	48.9	14.6	9.4	66.0	17.2
사별	100.0	–	–	–	48.7	32.2	13.3	11.3	51.9	26.3
이혼	100.0	–	–	–	13.1	51.7	32.5	8.6	66.8	16.8
13~19세	100.0	29.1	56.8	4.9	14.7	51.2	20.7	3.6	67.2	8.8
20~29세	100.0	35.1	53.5	6.4	13.5	54.3	25.3	4.5	76.8	7.0
30~39세	100.0	40.6	52.8	3.5	19.1	56.0	20.6	5.0	75.9	9.5
40~49세	100.0	42.3	50.6	4.5	21.3	55.8	19.5	6.0	71.2	14.9
50~59세	100.0	52.8	42.6	2.8	26.4	51.9	18.2	9.0	66.4	17.3
60세 이상	100.0	71.6	24.7	1.8	46.2	36.1	13.5	13.5	56.3	21.8

주: 1) 각 항목별로 '잘 모르겠다' 포함
2) '반드시 해야 한다'와 '하는 것이 좋다'를 합한 수치
3) '하지 않는 것이 좋다'와 '하지 말아야 한다'를 합한 수치
4) '어떤 이유라도 이혼해서는 안 된다'와 '이유가 있더라도 가급적 이혼해서는 안 된다'를 합한 수치
자료: 통계청 (2022). 사회조사 결과.

이혼한 남녀는 대체적으로 우울, 분노, 죄의식 등 부정적인 감정에 시달리며, 자녀양육을 맡은 경우 홀로 자녀를 양육하면서 어려움을 겪기도 한다. 또한, 이혼한

가정의 자녀는 이혼한 부모 사이에서 심리적인 갈등을 겪으며, 상실감이나 분노를 느끼기도 한다. 또한 함께 거주하는 부모와 만나지 못하는 부모를 둔 한부모가족으로 생활하거나, 또는 부모 중 한 명을 때때로 따로 만나는 생활을 하게 된다. 한부모가족은 사망, 이혼, 별거 등의 이유로 부모 중 한 사람과 자녀로 구성된 가족이다. 한부모가족의 수는 지속적으로 증가하고 있으며, 최근에는 이혼으로 인한 한부모가족의 수가 증가하는 추세이다.

부모의 감정적 대립이나 이혼 후 경제력 감소는 자녀의 생활을 크게 달라지게 할 수 있으며, 부모 또한 과중한 가사노동과 돌봄의 문제를 가질 수 있어 이혼 후 부모와 자녀 모두 새로운 생활양식과 역할 조정이 필요하다. 또한, 이혼이나 한부모가족에 대한 부정적인 사회적 편견에 맞서거나, 사회적으로 고립될 가능성을 극복해야 한다.

이혼 한부모가족에서 19세 미만 돌봄이 필요한 자녀가 있을 경우, 자녀는 양육자와 거주하게 되며 비양육자와 정기적 또는 간헐적 만남을 하게 된다. 자녀가 2인 이상인 경우 양육책임을 부모가 자녀별로 나누는 경우도 있어, 서로 떨어져 사는 자녀와 부모와의 만남 방법과 방식에 대한 논의가 필요하다. 그러나 이혼은 부부간의 선택과 결정이기에, 아이들의 생활과 만남에 대한 의논이 이혼과 동시에 빠르게 진행되지 않아 자녀들은 가족이 따로 생활하는 이유도 모른 채 떨어져 살기도 한다. 특히 다문화가족이 이혼을 하게 될 경우, 자녀들은 부모의 거주국에서 헤어져 살기도 한다. 이로 인해 결혼이민자가 본국에서 낳은 자녀를 한국에서 양육하는 중도입국자녀로 양육되기도 하고, 결혼이민 후 한국에서 출산한 결혼이민자가 이혼 후 아이만 본국으로 보내 양육하여 한국의 의무교육과 문화에서 멀어지는 경우도 발생하고 있다. 자녀들의 연령이 어릴수록 자녀들은 부모의 이혼과 분거를 이해하기 어렵기 때문에, 이혼 후 자녀양육에 대한 부모간의 협의와 대화가 매우 중요하다. 또한 부모의 재혼으로 다른 가족관계가 생겼을 경우, 가족관계의 유지와 적응에 대한 논의를 긴밀히 해야 한다. 이혼한 부모가 자녀양육을 위한 대화나 관계에 어려움이 있을 경우는 전문가의 상담이나 면접교섭을 지원하는 정책을 이용하는 것도 도움이 된다.

5) 여기저기 살아보기

2000년대 이후 시작된 '제주도 한 달 살기'는 고유명사처럼 익숙하게 사람들에게 회자될 만큼, 개인 블로그나 여행 소개 책자에서 많이 사용된다. 지금은 전국 어디서나 한 달 살기 숙소를 구할 수 있을 만큼 일반화되었으며, 경상남도나 전라남도의 경우 지자체에서 한 달 살기 여행 지원금을 제공하기도 하는 정도로 한 달 살기는 지자체에서 지역 소개 또는 지역 인구 유입을 위해 관심을 갖는 생활 패턴이다.

한 달 살기는 거주지를 임시로 일정기간을 정해서, 가족 모두 또는 일부가 서로 다른 지역에 2개의 거주지를 마련하는 생활형태의 대표적인 예이다. 이러한 형태의 '한 달 살기'는 짧은 기간 동안 목표한 바를 달성하기 위해 계획부터 꼼꼼히 체크할 게 많으므로, 단기간의 경우는 여행사를 통해 상품으로 판매가 되기도 한다.

이러한 '한 달 살기'의 성공적인 경험이 인터넷이나 방송에 소개되면서, 이제는 제주도를 넘어 국내 다른 지역이나 외국까지 확대되고, 기간도 길어지는 등 각자의 다양한 선택 결과가 나타나고 있다. '한 달 살기' 문화에 대한 선호가 높아지는 이유는 조용하고 여유로운 '쉼'을 갖기 위해서이며, 이는 부모나 자녀 모두에게 해당된다. 특히 자녀의 학습과 경험을 위해 '한 달 살기'를 계획하는 사례도 많다. 이 형태가 계속해서 다른 지역으로 이어지면, 이것은 가족이 함께 거주지나 숙소를 옮겨가며, 여행을 하는 또 다른 형태의 생활방식을 만들어낸다.

2. 옆집은 비슷한 듯 다르게 산다

1) 글로벌 가족문화가 익숙해지는 이유

우리는 단일민족이라는 말을 오래 동안 사용해왔다. 따라서 한국인은 모두 하나의 인종이라 생각했다. 그리고 우리가 '한국적인 것'이라고 말해온 한국문화에 익숙해져 있고, 다른 사람도 한국에서는 다 비슷하게 살 거라 생각해왔다. 그러나 이제 '세계화'가 '한국적'인 것이 되고 있다. 이에 따라 각 개인들 또한 특정 국가를 넘어 세계의 시민으로 살아가게 된다. 이것은 한국 또한 예외가 아니며, 특히 2020년 전 세계가 동시에 직면해야 했던 코로나-19의 영향은 이를 실시간으로 확인하게 해주었다. 우리나라에서도 이제 세계 시민의 삶을, 그리고 외국을 더 잘 이해할 수 있는 환경이 만들어지고 있다. 바로 국제결혼의 증가로 인해 한국에서 살고 있는 이웃들의 삶을 쉽게 접하게 되기 때문이다.

국제결혼은 2000년대 들어서서 갑작스럽게 나타난 것은 아니다. 한국에서 국제결혼이 이루어진 역사는 약 2000년 전부터 찾을 수 있다. 삼국유사의 가락국기에 내려오는 이야기를 살펴보면, 본래 인도 아유타국(월지국)의 공주였던 허왕옥은 가야국 김수로 왕과 결혼하여 10명의 자식을 낳았으며, 그 중에 2명은 허씨 성을 쓰게 김수로 왕에게 부탁을 한 것이 김해 허씨의 유래라는 기록이 있다. 또한 우리나라 초대 대통령이었던 이승만 대통령의 영부인은 오스트리아 출신의 프란체스카 여사이다. 그리고 우리나라 국가인 '애국가'를 만든 작곡가 안익태 선생의 부인은 스페인 출신 로리타 안이었다(다누리배움터).

1990년대 초 중국과 수교 이후 한국인과의 의사소통이 수월했던 조선족 여성들이 대거 한국인과 결혼하며, 국제결혼으로 이루어진 가족이 늘어나기 시작한다.

그 이후 일본과 필리핀, 중국 한족 등이 특정 종교의 신도로, 또는 더 나은 삶의 조건을 찾아 한국 남성과 결혼을 하며 국제결혼이 증가하였고, 이어 2000년대 이후에는 필리핀, 베트남을 중심으로 동남아 여성들이 사설 결혼 중개업체를 통한 이주가 증가하며(설동훈 · 한건수, 2005), 태국, 몽골, 우즈베키스탄, 러시아 등 다변화하는 경향을 나타내고 있다(주은선 등, 2012). 이 시기 아시아 여성들과 결혼한 사람들은 한국에서는 주로 혼인 적령기를 놓친 농촌 지역의 남성(이현주, 2013)이었기에, 초기 결혼이주여성은 농촌지역에 거주하는 경향이 높았다.

오늘날 국제적으로 다양한 교류와 기회의 확대는 국제결혼을 급격히 증가시켜, 이제 우리나라는 실제 결혼하는 열 쌍 중에 한 쌍이 외국인과 결혼하고 있을 만큼 국제결혼이 증가하였다. 따라서 정부에서도 2008년 「다문화가족지원법」을 제정하면서, 국제결혼 이후 한국에 사는 가족에 대한 정책적 지원 근거를 마련하였고, 이때부터 다문화가족이라는 용어를 사용하고 있다.

우리 옆집에서, 그리고 학교에서, 피부색이나 생김새가 다른 한국인을 만나는 것은 더 이상 낯선 일이 아니다. 더욱이 출신국이 중국이나 일본일 경우 외모에서는 차이점을 발견하기 어렵다. 특히 한국말을 유창하게 할 경우 내국인과 전혀 차이를 느끼지 못하기도 한다.

또한 북한에서 살다가 남한에 정착한 북한이탈주민들도 점점 늘어나면서, 이들의 숫자도 2002년 1,000명 선에서 2019년에는 3만3천명을 초과하는 등 매년 누적 인원이 증가하고 있다(남북하나재단, 2020). 2022년 12월 기준 국내 입국 탈북민 수는 누적 인원 33,882명으로 파악되고 있다. 2019년 이전 입국 인원은 매해 1,000명을 넘었으나, 2020년 229명, 2021년 67명, 2022년 63명으로 코로나-19에 따른 북 · 중 국경 통제, 제3국에서의 이동 제한 등으로 탈북민 입국자 수는 큰 폭으로 감소한 상태가 유지되고 있다(관계부처 합동, 2023년도 북한이탈주민 정착지원 시행계획).

이와 같이 국제결혼을 통해 한국에 거주하고 있는 여성 결혼이민자나 북한이탈주민들은 출신 문화에서 익숙해진 생활습관과 사고방식을 갖고 있어, 간혹 오해를 받거나 신기하게 여기는 한국의 내국인들을 만나게 된다. 이 여성들은 결혼을 통해 자신이 성장한 국가가 아닌 다른 국가에서 생활하기 때문에 결혼생활에 대한 적응뿐 아니라 서로 다른 문화에 대한 적응이라는 과제를 갖게 된다(임은미 등, 2010).

나라별로 다양한 풍습과 문화들이 있다. 새해 첫날을 맞이하는 설날 하루의 문화도 나라마다 다르므로, 나머지 364일을 보내는 문화도 많이 다르다. 그리고 각 문화권마다 믿는 가치와 지키는 풍습과 규칙도 다르다. 그리고 때로는 각각의 문화들이 만나 또 다른 모습의 새로운 문화가 만들어지기도 한다.

2) 옆집은 나와 다른 언어도 사용한다

한국에는 새해가 두 번 있다. 매해 1월 1일, 그리고 설날이다. 가정마다 1월 1일 떡국을 먹어야 한다고 하기도 하고, 설날(음력 1월 1일)에 떡국을 먹기도 한다. 떡국은 천지만물이 새로 시작되는 설날, 엄숙하고 청결해야 한다는 뜻에서 우리 조상님들은 깨끗한 흰 떡국을 끓여 먹는 풍습이라는 상징성이 강하다. 가정마다 끓이는 방법도 다르지만 기념일로 정하고 먹는 날도 다를 수 있다. 또한 한반도의 남쪽으로 내려갈수록 떡국을 먹지만, 북쪽에서는 만둣국을 먹는다. 그래서 북쪽과 남쪽 음식문화를 섞어서 떡만둣국을 먹기도 한다. 물론 취향이 우선이다. 이렇듯 한국에서도 설을 지내는 방식과 풍습이 가정마다 다르다.

일본도 한국처럼 설날 떡국을 먹지만 우리가 먹는 떡국과는 재료도 모습도 조금 다르다. 일본된장(미소)을 끓인 물에 구운 찹쌀떡을 넣는 떡국으로 오조니(お雑煮)라고 부른다. 일본의 오조니는 된장국을 마시고, 젓가락으로 떡을 집는다. 그리고

일본에서는 밥그릇을 들고 밥을 먹지만, 한국에서는 밥을 먹을 때 밥그릇을 들지 않는다. 일본의 밥그릇은 플라스틱이고 밥을 식혀서 먹는 경우가 많지만, 한국에서는 밥을 뚜껑까지 덮어 온기를 최대한 유지하며, 바로 지은 밥을 좋아한다. 문화의 차이로 밥을 먹는 방식도 달라진다. 한국인은 국을 숟가락으로 떠먹지만, 일본에서는 국을 그릇째 들고 마시고, 두 사람이 젓가락으로 음식을 함께 옮기지 않는다는 것도 문화적 특징이다.

설날 중국은 '자오쯔'라는 만두를 먹는다. 중국의 자오쯔에는 돼지고기를 비롯해 다양한 소를 넣지만, 한국의 만두와 비교해 기름이 많다. 한국은 만두를 국으로 먹지만, 중국은 만두를 국으로 먹지 않는다. 따라서 중국인들은 한국에 와서 만두를 국에 넣어 만둣국으로 먹는 것을 보고 놀라워한다. 반면, 한국인들은 중국인이 만두소를 만들 때 들어가는 기름 양을 보고 놀라지만, 만두를 씹을 때의 부드러움이 기름을 넣어서라는 걸 알게 된다.

몽골의 설날은 중국처럼 만두를 먹는다. 몽골의 만두 '보즈'는 모양은 중국의 만두 '자오쯔'를 닮았지만 양고기와 양파 등 단 두 종류의 소만 들어간다는 특징이 있다.

미국은 새해 첫날을 상징하는 음식은 없다. 그러나 할로윈 데이와 부활절 에그헌팅이 아이들의 놀이문화이다. 한국에서는 추석에 송편을 먹는 풍습이 있어 추석 때 시장에는 색색의 송편이 종류별로 등장한다. 그러나 미국은 추수감사절에 칠면조 요리를 먹는 문화가 있어 마트마다 다양한 칠면조 구이와 재료가 등장한다.

베트남 사람들은 더운 날씨 탓에, 점심시간 이후에 잠을 자는 게 건강에 좋다고 생각한다. 따라서 낮잠을 자는 습관은 게으른 것이 아니다. 한국에서는 소풍을 갈 때 김밥을 싸주지만, 베트남은 월남쌈을 간단히 들고 나와 먹길 좋아하며, 특히 아침식사를 거리에서 사먹는 문화가 일상적이다.

태국 사람들은 머리에 신이 머무른다고 생각하기에 절대로 다른 사람의 머리를 만지는 일이 없다. 우리나라에서는 어른이 칭찬과 기특함의 의미로 아이의 머리를 쓰다듬는 것은 아주 자연스러운 행동이지만, 태국 사람들에게는 정말 낯선 행동이다.

이렇듯 나라마다 음식, 생각, 행동은 그 나라의 풍습과 생각에 따라 달라졌고, 어디에서 오래 생활했느냐에 따라 익숙한 행동과 생활 패턴은 말과 음식, 가족의 생활에서 다양하게 나타나게 된다. 우리나라에서 보내는 오늘 하루는 문화의 익숙함을 더해가는 행동이기는 하나, 내 이웃의 다른 가족은 그들이 익숙한 문화에 맞춘 방식으로 나와 다르게 살고 있다는 것 또한 당연한 것이다.

3) 외국에서도 김치를 먹는다

외국에 살아도 한국에서와 비슷한 생활을 하기도 한다. 대표적인 사례가 코리아타운을 중심으로 살아가는 한국 교포들의 생활이다. 한국 교포들은 자녀교육에 대한 생각, 한국 명절음식이나 의례의 계승, 음식문화와 습관 등이 우리와 매우 비슷하다. 그리고 한국 교포가 거주하는 그 나라 문화 역시 그 가족의 문화에 스며들어 비슷한 듯 다른 가족생활문화를 보여준다.

(1) 외국에서 김치 찾는 한국인

여행 또는 사업과 경제활동, 일자리 및 결혼으로 한국에 사는 외국인들이 많은 것만큼, 반대로 외국에 거주하며 살아가는 한국인들도 점점 늘어나고 있다. 1960~1970년대 8천명이 넘는 광부들이 한국에서 독일로 건너가 일을 하게 되었다. 그리고 뒤이어 1만명이 넘는 한국인 간호사들이 독일의 병원으로 가서 일하면서 그 중 많은 광부와 간호사들은 독일에서 결혼하고 아이를 낳고 정착해서 교포로 살아가고 있다.

최근에는 공부 또는 '워킹 홀리데이', 여행 등 해외에 나가는 다양한 이유만큼 다양한 방식으로 해외에 정착하는 한국인들이 증가하고 있다. 이 교포들의 생활은 외국에 거주하는 동안, 한국의 다문화가족들처럼, 외국에서는 그들과 다른 문화를 가진 이방인으로 새로운 적응 생활을 하게 된다. 그러나 거주국에서 태어난 자녀들은 출생부터 부모와 다른 국적을 갖게 되거나, 국적이 부모와 같을지라도 서로 다른 문화를 경험하며 살아가게 된다. 특히 그 사회 문화를 적응하도록 설계된 공적 교육체계에 들어갈 경우, 자녀들과 부모들의 가치와 정서는 서로 달라지고 이로 인해 문화적 갈등을 경험하기도 한다.

미국의 코리아타운은 한국의 포장마차 거리, 한국식자재 판매처, 한국식당 등이 있어 이곳을 통해 한국적인 것들이 미국 내에서 전파된다. 한국인 이외에 다른 나라 사람들도 그 거리를 이용하면서, 한국의 문화를 경험할 수 있다. 동양장 또는 한국장이라는 곳에 가면 한국 마트의 모든 식자재와 김치를 구매할 수 있다. 생활하는 지역은 타국이지만, 가정에서 생활하는 모습은 밥과 국을 먹고 한국말을 하며 한국 드라마를 보는 한국 내 생활과 다를 바 없다. 그러나 외국에서 학교를 다니며, 학교 급식을 먹는 아이들의 식습관과 문화는 양국의 문화를 받아들여 부모와 아이가 한 식탁에서 서로 다른 음식을 먹기도 한다. 이것은 마치 푸드코트에서 각자 원하는 것을 사다 놓고 한 식탁에 마주 앉아 먹는 모습과 유사하다.

(2) 한국 김치 즐겨 찾는 외국인

최근 K-pop, K-drama와 한국영화를 보고 한국을 궁금해 하는 사람도 많아지고, 한국이 여행하기에 가장 안전한 나라로 평가받으면서, 한국의 일상에서 외국인을 마주치는 건 아주 흔한 일이 되었다. 반대로 유학, 결혼, 경제활동의 이유로 외국에서 살아가는 한국인도 늘어나고, K-pop, K-drama의 위력을 가장 실감하며 살아가는 사람들도 해외에 거주하는 한국인들이다. 이들은 K-pop 가사의 의미를 묻는 사람들에게 한글을 알려주거나, 드라마에 나오는 음식 이름이나 요리 방법을 알려주기도 한다. 또 여행이나 출장 등으로 방문해서 먹은 한국의 음식을 본국으로 돌아가 만들어 먹기도 한다. 소셜 네트워크 서비스(SNS)나 유튜브(youtube) 영상을 통해 한국문화를 접할 기회가 많아지는 것도 큰 역할을 한다.

예를 들어, 콩나물과 깻잎은 한국인만 먹던 음식이었지만, 한국 관광객이 많이 방문하는 중국 지역은 콩나물을 재배하고 삼겹살과 함께 먹기도 한다. 김밥이 냉동되어 수출되기 시작하면서, 미국 마트에서 외국인들이 줄을 서서 김밥을 사간다는 소식이 뉴스로 나오기도 한다. 한국에서 개발된 포도(샤인머스켓)가 외국 마트에서 없어서 못 파는 과일이 되기도 하며, 한국 배를 맛본 외국인들이 세계에서 가장 맛있는 배는 한국 배라고 치켜세우기도 한다. 외국에 김치공장이 세워지는 곳이 늘어나고 있으며, 코로나-19 이후 외국에서 김치에 대한 관심과 수요가 급증하고 김치를 직접 담는 영상을 업로드하는 외국인 유튜버도 등장하였다. 프랑스의 한 연구팀이 '한국에서 코로나-19로 인한 사망자가 상대적으로 적게 나온 비결이 김치 때문'이라는 결과를 발표하면서 김치 수출 또한 늘어나고 있다. 김치의 맛을 아는 외국인이 늘어났다는 의미이다. 세계적으로 채식주의자가 늘어나면서 채소를 많이 먹을 수 있는 음식으로 한국의 음식이 소개되어 해외로 전파되고 있다.

3. 서로 다름을 수용하기

1) 편견 깨기

다양한 배경의 사람들이 함께 살아가고 있는 우리 사회에서 정형화된 가족, 정형화된 생활이란 있을 수 없다. 그러나 과거에 갖고 있던 정형화된 고정관념, 특히 가족과 관련된 고정관념은 인식의 차이일 뿐이지만, 실제로 일부 가족들에게는 편견을 갖게 한다. 많은 사람들이 어느 개인이나 한 사람을 바라볼 때, 선입견과 편견, 그리고 고정관념을 갖는 것은 그만큼 다양성을 이해하는 범위를 좁게 만든다.

따라서 세계시민으로 성장하고 살아가야 하는 우리는 가정에서부터 편견 없이 다양성을 존중하는 법을 배워야 한다. 특히, 다문화사회로 접어들면서, 인간은 서로가 다른 사람들과 관계를 맺고 영향을 주고받기 때문에, 피부색이 다르다는 이유로, 또는 부모의 일상 언어나 음식 등이 나와 다르다는 이유로 '틀렸다', '잘못되었다'고 말하는 실수를 줄여갈 필요가 있다. 이를 위해 특히 정부에서는 2000년대 이후 다문화가족에 대한 수용성을 높이는 교육을 시작했고, 2020년부터는 이 내용을 더 확대하여 가족의 편견을 모두 정확히 바라보기 위한 '다양한 가족 포용성'을 높이는 교육으로 확대해 나가고 있다. 여기서 중요한 것은 '그럴 것이다'가 아니라 '어떨까', '나와 다른 이유가 뭘까'를 알아보려고 하는 것이며, 이것은 더 많은 환경적 · 문화적 배경들을 함께 생각하고 이해하게 하는 동력이 된다.

2011년 10월 24일 어느 방송국의 뉴스 기사 중 '외국인은 회원으로 받지 않는다', '외국인은 AIDS 우려로 대중목욕탕을 출입할 수 없다'라는 내용이 있었다. 바로 우즈베키스탄 출신 여성이지만 국제결혼으로 인해 귀화한 한국인의 이야기이다. 이 일은 우리나라에서도 인종차별이 사회적 문제로 나타나고 있음을 생각하게 한다.

한국 사회가 다문화사회로 이행하는 과정은 오랜 이민의 역사와 경험의 축적 과정이 없이 비교적 짧은 기간 내에 압축적으로 이루어진 양상을 띤다(여성가족부, 2015). 이러한 탓에 한국 사회는 외국인에 대한 사회적 거리감이 클 뿐 아니라, 외국인을 동료나 친구, 이웃으로 받아들이는 것과 비교해 혈연이나 가족관계로 받아들이는 데 소극적인 특성을 보인다(황정미 등, 2007).

그러나 10년이 지난 후 2020년 한 방송국에서는 '어서와 한국은 처음이지'라는 프로그램을 통해 외국인들이 한국의 찜질방을 방문해 경험하고, 즐거워하는 모습을 볼 수 있었다. 편견을 버리고 함께 찜질방 문화를 즐기는 모습이 낯설지 않고, 오히려 뿌듯하고, 한국의 식혜와 구운 계란을 접해 보길 응원하게 된다. 편견을 버리고 보니 함께 어울리며 나누게 된 것이다.

이러한 편견 해소는 다문화가족을 넘어 한부모가족에게도 적용할 수 있다. 한부모가족은 다문화가족처럼 외양에서 구별되지 않는다. 그러나 혼자서도 당당한 부

그림 3-1 가족관련 인식 개선 캠페인 포스터

자료: 한국건강가정진흥원 홈페이지(www.kihf.or.kr).

모 되기 등 한부모가족에 대한 잘못된 고정관념을 바꾸기 위한 다양한 정책적 지원이 이루어지고 있다. 대표적으로, 이혼 후 비양육자들의 양육비 미지급이 잘못된 것임을 알리는 캠페인과 양육비이행서비스가 있다.

또한, 2015년 이후 여성가족부는 가족정책전달체계인 건강가정지원센터와 다문화가족지원센터를 본격적으로 통합하여 하나의 전달체계로 만들고, 2021년부터는 모두 '가족센터'로 통칭하고 있다. 이러한 가족서비스 전달체계의 통합은 향후 가족서비스가 가족 유형별 지원이 아닌 통합적 지원임을 선언한 것이다. 센터의 서비스가 다문화가족이나 한부모가족 등 특별한 요구에 맞추어 제공되는 서비스도 있지만, 여러 가족들이 함께 어울리고 서로에 대한 이해를 높일 수 있도록 하는 통합서비스가 우선 제공된다. 특히 가족과 함께하는 지역공동체 사업영역에 '인식개선 및 공동체의식' 사업을 사업영역에 포함시키고 있음을 주목할 필요가 있다. 통합서비스 운영 시 다문화가족과 비(非)다문화가족을 함께 소통하고 활동할 수 있게 하는 사업이 구체적으로 명시되고 있다. 또한, 가족센터에서는 다문화에 대한 것뿐 아니라 한부모, 조손, 북한이탈가족 등 다양한 가족의 특성을 이해하고 편견을 해소하는 서비스를 제공함으로써, 가족의 다양성에 대한 상호 이해를 높여가고 있으며, 나아가 1인 가구 생활이 늘어나면서 1인 가구의 생활지원까지 포괄한 서비스를 제공하고 있다(여성가족부, 2023 가족사업안내).

2) 다름을 인정받고 인정하기

2023년 교육부는 다문화 밀집학교가 2019년 대비 2022년 2배로 증가하였으며, 전교 1~6명인 분교 중 10곳은 100% 다문화라고 발표하였다(뉴시스, 2023.09.26). 이제 우리나라는 다문화사회를 지나 '다민족' 사회로 진입하였다고 볼 만큼 국내

거주 외국인들도 다양해졌다. 전교생 30%가 다문화인 '다민족학교'는 전국 71곳에 달한다. 종로구 혜화동 로터리에는 매주 일요일이면 필리핀 마켓이 열리며 생소한 따갈로어가 들린다. 과거 미국 LA 한인타운에서 한국말만 알아도 살 수 있다고 말할 정도로 미국에 한국 문화가 있었다면, 이제 한국에서 필리핀 문화를 경험할 수 있는 곳이 생겨난 것이다. 서울 창신동 네팔 음식거리에서는 커리, 양고기, 쌀국수 등의 음식을 다양하게 맛볼 수 있다. 한국 체류 외국인의 수는 이미 2016년 200만 명을 넘어섰으며, 행정안전부의 '2022년 지방자치단체 외국인주민현황'에 따르면, 2022년 11월 기준 3개월 초과 국내 장기거주 외국인주민 수는 총 225만 8,248명으로 전체 인구의 4.4%에 이르고 있는 것으로 나타났다.

이제 우리나라에서도 경기도의 한 초등학교에서는 문화 차이로 돼지고기를 먹지 않는 이슬람권, 그리고 쇠고기를 먹지 않는 인도권 학생들을 위해서 급식시간에 '대체 반찬'을 공급하고 있다. 이것은 긍정적인 배려와 준비이다. 함께 공존하고 생활하기 위해 이웃의 문화 차이를 존중하고 이해하며, '차이를 차별이 아닌 다양함으로 받아들여야' 가능한 활동이다.

따라서 차별을 제거하기 위한 노력은 보다 적극적으로 다름을 알리는 데서 시작한다. 다름을 알리기 위해서는 상대방의 이해를 높이기 위해서 본인이 채식주의자임을, 또는 이슬람교도임을 적극적으로 알리고 주변인들의 오해를 사라지게 만드는 것도 필요하다. 그리고 다문화가족의 경우 언어적으로 어렵다면, 13개 언어로 정보가 제공되는 다누리포털(www.liveinkorea.kr)을 활용할 수 있다. 가족정책을 13개 언어로 제공하는 다누리포털의 시작 페이지는 다른 포털과 달리 〈그림 3-2〉와 같이 해당하는 언어를 선택해 들어갈 수 있다.

또한 24시간 운영되고 있는 상담전화(1577-1366)에서는 결혼이민자를 상담원으로 두고 13개 언어로 서비스를 제공하고 있다. 이는 우리나라가 다문화사회로 이전하면서 다문화가족들에게 필요한 서비스를 정확하게 제공하고자 하는 정부의 노력이기도 하지만 결혼이민자들이 참여할 수 있는 새로운 일자리가 되기도 한다. 이렇듯 다문화가족들의 적극적인 참여와 정책의 활용은 한국 내에서 자신들의 입지를 찾는 데도 도움이 되지만, 새로운 한국인의 일자리와 서비스를 만들어 가고 있다.

그림 3-2 13개 언어로 소개되는 가족정보제공 홈페이지 '다누리'

자료: 다누리 홈페이지(www.liveinkorea.kr).

03 참고문헌

관계부처 합동 (2023). 2023년도 북한이탈주민 정착지원 시행계획.

국립국어원 (2002). 2002년 신어 보고서.

김태홍 · 안상수 · 박선영 · 김남주 (2011). **국격제고를 위한 차별 없는 사회 기반 구축**. 한국여성정책연구원 보고서.

남북하나재단 (2020). 2019 북한이탈주민 정착실태조사.

박주현 · 임상록 (2009). **건강가정정책론**. 서울: 파란마음.

설동훈 · 김윤태 · 김현매 · 윤홍식 · 이혜경 · 임경택 · 정기선 · 주영수 · 한건수 (2005). **국제결혼 이주여성 실태조사 및 보건복지 지원정책방안**. 보건복지부 연구보고서.

여성가족부 (2012). 2012년 전국다문화가족 실태조사.

여성가족부 (2015). 국민 다문화수용성 조사연구.

여성가족부 (2023). 2023년 가족사업안내.

이현주 (2013). 한부모 이주여성의 자녀양육과 삶에 대한 연구. **여성학연구**, 23(1), 171-214.

임은미 · 정성진 · 이수지 (2010). 여성 결혼이민자의 문화적응 유형과 문화적응 스트레스. **상담학연구**, 11(3), 957-973.

조은 (2004). **세계화의 최첨단에 선 한국의 가족-원정유학 모자녀 가족 사례 연구**. 학술진흥재단연구보고서.

주은선 · 조병주 · 이현정 (2012). 결혼이주여성의 상담 체험에 관한 질적 연구. **한국심리학회지 일반**, 31(1), 45-76.

최양숙 (2005). **조기유학, 가족 그리고 기러기 아빠**. 경기: 한국학술정보.

통계청 (2020). 2020년 사회조사.

통계청 (2022). 2022년 사회조사.

황정미 · 김이선 · 이명진 · 최현 · 이동주 (2007). **한국 사회의 다민족, 다문화 지향성에 대한 조사연구**. 한국여성정책연구원 보고서.

국가법령정보센터 https://www.law.go.kr

다누리 https//www.liveinkorea.kr

다누리배움터 https://www.danurischool.kr
한국건강가정진흥원 https//www.kihf.or.kr

뉴시스 (2023.09.26). '다민족 학교' 시대 성큼, '전교생 30%가 다문화' 71곳.
문화일보 (2022.11.04). 총인구의 4%가 외국인, '다문화 사회' 넘어 다민족 국가.

CHAPTER

04

혼자 살기

Chapter 04

혼자 살기

1. 혼자 사는 사람들

1) 혼자 사는 사람들이 늘어나다

한국 사회는 최근 1인 가구의 수가 급증하고 있다. 1980년까지만 해도 한국의 1인 가구는 전체 가구 중 4.8%를 차지했는데, 2015년 이후 가구원수를 기준으로 분류한 가족 유형에서 가장 급격한 증가를 보이고 있다.

통계청(2022)이 발표한 '장래가구 추계(2020~2050)'에 따르면, 2020년 전체 가구 중 1인 가구 비중은 31.2%(647만 7천가구)에서 2050년 39.6%(905만 4천가구)로 8.4%p(257만 7천가구) 증가할 전망이다. 그동안 가장 많은 가구 유형이었던 '부부+자녀' 유형이 2019년에 29.6%로 1인 가구 29.8%보다 적게 나타난 이후, 계속해서 1인 가구가 가장 많은 가구 유형으로 나타나고 있으며, 그 비율도 계속 증가하고 있다. 즉, 2050년까지 1인 가구와 부부가구의 비중은 가장 크게 늘고, 부부+자녀 가구 비중은 가장 많이 감소할 것으로 전망된다.

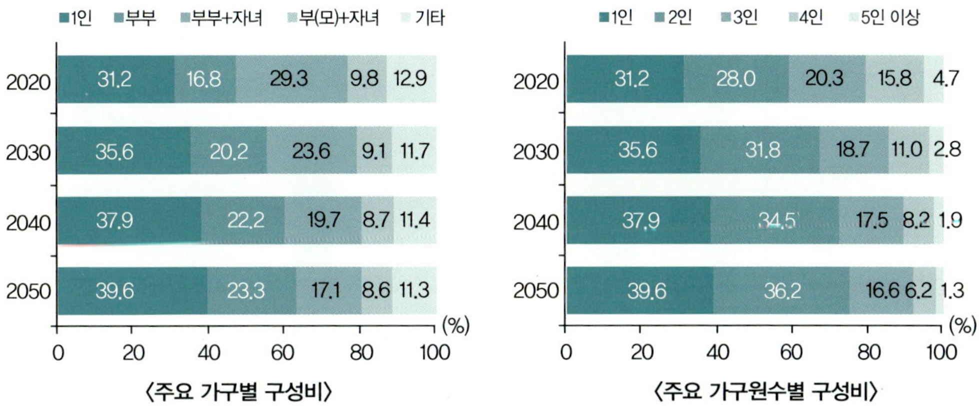

그림 4-1 주요 가구 유형별, 구성별 추계(2020~2050)

자료: 통계청 (2022). 장래가구 추계(2020~2050).

그리고 2020년 1인 가구 중 30대 이하의 비중이 36.7%(237만 6천가구)로 가장 높으나, 2050년에는 70대 이상이 42.9%(388만 가구)로 가장 많은 비중을 차지할 전망이다. 2050년에는 1인 가구 중 70대가 18.4%로 가장 많은 비중을 차지할 전망이며, 남자 1인 가구 비중은 49.6%로 감소하는 반면, 여자 1인 가구 비중은 50.4%로 증가할 전망이다.

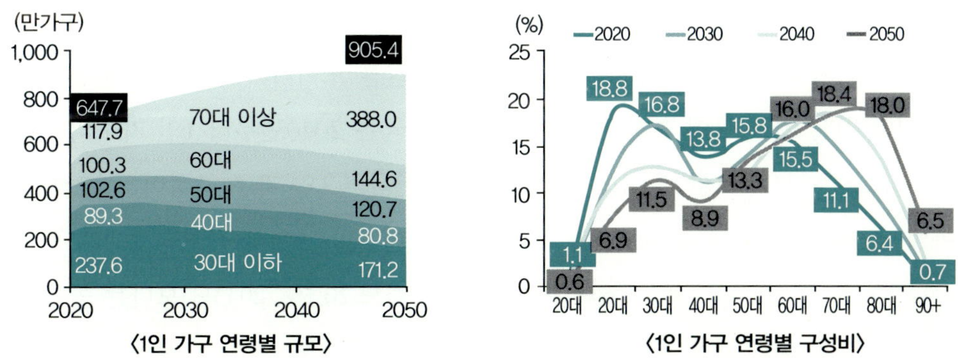

그림 4-2 1인 가구의 연령별 규모 및 구성비 추계(2020~2050)

자료: 통계청 (2022). 장래가구 추계(2020~2050).

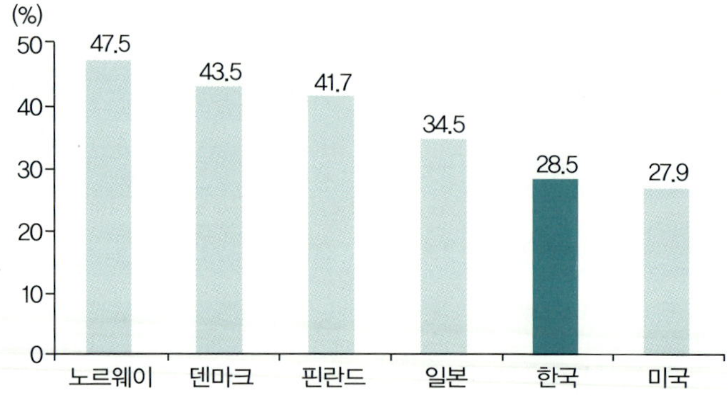

그림 4-3 각국의 1인 가구 비율(2017 기준)

주: 1인 가구 비율은 해당 국가 전체 일반가구 중 1인 가구가 차지하는 비율임
자료: 변미리 (2019). p.79에서 재인용.

이러한 1인 가구의 증가는 전 세계적인 현상으로 세계 각국에서 1인 가구가 급증하는 현상은 갈수록 심화되고 있다. 1인 가구 비중이 가장 높은 국가는 북유럽 국가들로 2017년 기준 노르웨이, 덴마크, 핀란드 등의 1인 가구 비중은 각각 47.5%, 43.5%, 41.7%에 달한다. 일본의 경우도 34.5%에 달하며, 미국은 우리와 비슷한 27.9% 수준이다. 한편, 전 세계적으로 1인 가구의 증가 추세가 가장 빠른 나라로 한국을 꼽는다.

한편, 각국의 1인 가구 증가율은 일정한 성장률을 보이다가 둔화세를 보일 것으로 전망된다. 예를 들어 일본은 2024년부터, 한국은 2040년부터 1인 가구의 증가율이 감소할 것으로 예측되며, 따라서 2040년 한국의 1인 가구 구성비는 37.9%로 독일(45.3%, 2040년), 일본(39.3%, 2040년)보다는 낮고, 영국(32.8%, 2040년), 캐나다(30.2%, 2036년), 호주(26.6%, 2040년), 뉴질랜드(20.5%, 2043년)보다는 높은 수준으로 전망된다(통계청, 2022).

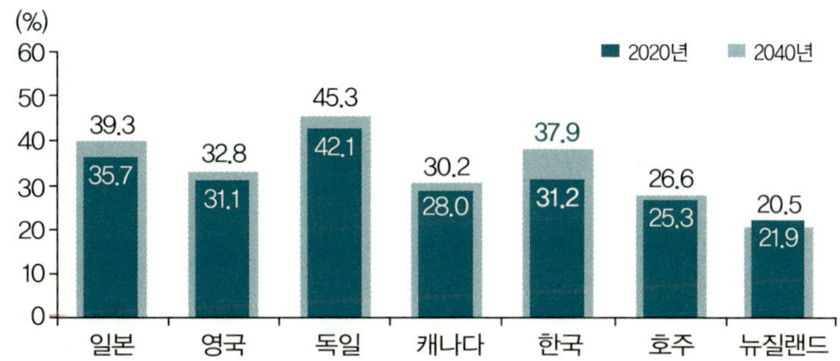

그림 4-4 국가별 1인 가구 구성비 추계(2020년과 2040년 비교)

자료: 통계청 (2022). 장래가구 추계(2020~2050).

통계적으로 언급된 1인 가구는 '독립된 공간에서 의식주의 일상생활을 혼자 영위하는 사람들'로 정의된다. 즉 물리적 · 공간적으로 혼자 사는 사람들을 일컫는 말이 1인 가구이다. 그러나 최근에는 1인 가구를 단순히 혼자 사는 사람만을 가리키는 것이 아니라, 심리적 · 정신적으로 '나 홀로 라이프 스타일'을 즐기는 사람까지 포함하여 새로운 트렌드로 인식한다.

이러한 나 홀로 라이프 스타일을 포함하는 일상적인 용어로는 '싱글족', '독신' 또는 '독신주의자' 등이 있다. 그러나 과거에 이러한 용어들은 혼자 사는 생활이 결혼생활을 선제로 결혼을 하지 않은 사람들의 생활을 일컫는 경우가 보편적이었다. 따라서 상대적으로 결혼을 한 사람들과 비교해서 특이점에 부족한 경향이 있었다.

그러나 1인 가구의 수가 증가하고 혼자서 사는 삶을 즐기려는 문화가 확산되면서, 지금은 혼자 사는 삶은 선택이며 취향의 문제로 접근하고 있다. 그 자체로 1인 가구의 생활과 그들의 생활문화를 이해하려는 노력이 강하다. 이러한 나 홀로 라이프 스타일을 이해하려는 경향은 새로운 용어가 등장하면서 다양하게 일컬어진다.

2007년 영국의 '더 타임스'에서 '나 홀로 경험을 고집하는 여자들(Women who Insist on Single Experience)'의 머리글자를 따서 '와이즈(WISE)족'이라는 용어가 등장하였다. 이들은 홀로 식당을 예약해 밥을 먹고, 혼자 영화를 보고, 혼자 짐을 싸서 여행을 떠나는 여자들을 말하는 것이다. 이와 같이 1인 가구의 삶이 단순히 혼자서 사는 사람들의 생활이 아니라, '나'를 중심으로 생각하고 행동하길 좋아하며, 독특한 라이프 스타일을 즐기는 문화를 확산하는 주체로 떠오르게 되었다. 이와 비슷하게 공간적으로 혼자 살거나 독립하지는 않았지만 혼자서 사는 삶을 즐기는, 독립적인 생활을 즐기는 사람들을 일컫는 신조어도 나타났다.

예를 들어 '패러싱글족(parasite+single)'은 독립할 나이가 되었지만 경제적인 이유로 부모에게 얹혀살면서 자신만의 독립적인 생활을 즐기는 사람들을 말하며, 패러싱글족의 또 다른 표현인 '기생독신'은 1990년대 장기불황에 빠진 일본에서 취업난과 집값 상승으로 부모에게 얹혀사는 캥거루족이지만 1인 가구의 라이프 스타일을 유지하고자 하는 형태를 말한다. 새로운 형태의 독신문화인 '네오싱글족'은 결혼을 못해 주변의 시선을 의식하던 이전의 독신자와는 달리 탄탄한 경제력, 디지털 활용 능력을 갖추고 자신만의 독신문화를 만끽하는, 대표적으로 골드미스나 골드미스터 등으로 불리는 사람들을 말한다. 과거 '외톨이족'이나 '나홀로족'은 혼자만의 자유로운 공간과 시간을 가지면서 건강한 고독을 즐긴다는 측면에서 '글루미 제너레이션(gloomy generation)'으로 불리기도 했는데, 이들에게는 혼자만의 일, 여행, 취미활동을 통해 일상에서의 우울감을 적극적으로 극복하는 특성이 발견되었다.

2) 그 이유는 다르다

혼자 사는 사람들이 급격하게 늘어나는 이유는 결혼시기가 늦어지고 이혼율이 높아지며 독신가구가 늘어나는 현상과 관련된다. 특히 30~40대 연령층에서 1인 가구가 많이 늘어나고 있다. 통계청(2018)의 '인구주택총조사'에 따르면 2018년 현재 1인 가구의 연령별 분포에서 30~40대 1인 가구가 전체 1인 가구의 31.8%를 차지해 가장 큰 비중을 차지하고 있다.

2000년대 초반 1인 가구의 증가는 20~30대가 주도했던 것에 비해, 최근에는 중장년층 비중이 늘어나는 추세이다. 이러한 경향은 남성과 여성에 따라 약간의 차이가 있다. 예를 들어 남성의 경우 2000년에는 20~30대의 비중이 58.6%에 이를 정도로 높았으나, 2018년에는 20~30대의 비중이 줄어든 반면 40대부터 60대 초반의 중장년층 비중이 늘어났다. 여성의 경우 2000년에는 60~70대 고령층과 20대 청년층 비중이 높았는데, 2018년에는 60~70대 비중이 줄고 40대 후반과 50대의 중장년층과 75세 이상 초고령층의 비중이 늘어났다.

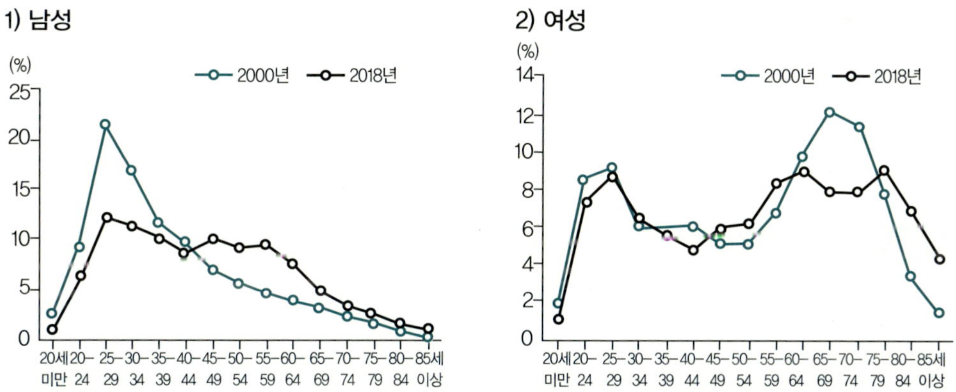

그림 4-5 1인 가구의 성 및 연령별 분포(2000년과 2018년 비교)

자료: 통계청 (2000, 2018). 인구주택총조사.

1인 가구는 과거와 비교해 남녀 모두 중장년층의 비중이 늘어났다. 이러한 증가는 중장년층의 상대적으로 높은 이혼율, 가족의 해체, 기러기가족으로 대표되는 교육적 요인 등이 복합적으로 작용한 결과로 보인다. 1인 가구 중에서 이혼가구의 비율이 44세 이하는 감소하고 45세 이상은 증가하는 현상이 이를 뒷받침한다.

특히 1인 가구의 이유가 이혼인 경우는 55~64세의 중장년층에서 가장 많다. 예를 들어 2015년 이혼가구 비중이 가장 큰 연령집단은 55~64세로 35.2%가 이혼가구이며, 45~54세의 34.1%, 65~74세의 16.2%, 35~44세의 12.1%가 이혼가구이다. 2000년에 65~74세에서 이혼가구는 3.0%에 불과했다. 이렇듯 혼인상태의 변화, 즉 가족 형성의 지체나 비혼, 이혼 등의 이유가 고령화 요인과 함께 영향을 미치면서 1인 가구가 증가한 것으로 분석되었다.

1) 혼인상태별 구성비율

2) 연령집단별 미혼 및 이혼가구 비율

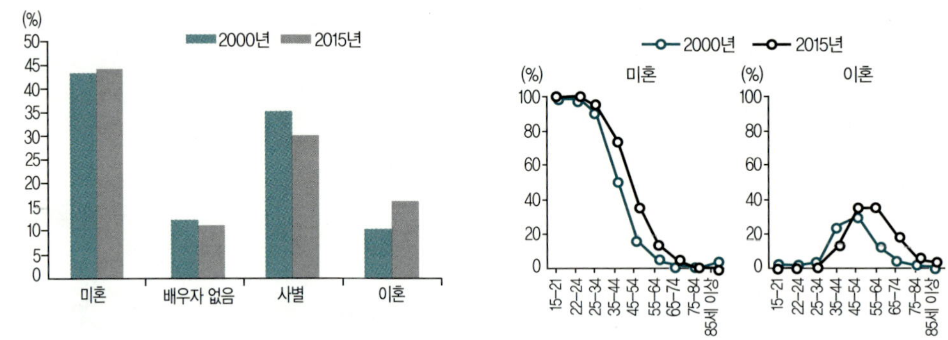

그림 4-6 1인 가구의 혼인상태 분포(2000년과 2015년 비교)

주: 2000년 자료는 미상 제외, 2015년 자료는 20% 표본자료임.
자료: 통계청 (2018). 인구주택총조사에 나타난 1인 가구의 현황 및 특성, 변미리 (2019). 자료 재인용.

한편, 1인 가구의 원인이 미혼인 가구는 20~30대 연령층이 가장 많으나, 점차 40~50대 연령층에서도 미혼으로 인한 1인 가구가 증가하고 있다. 이는 우리 사회에서 결혼을 늦게 하는 만혼(晩婚)이나 결혼을 하지 않는 비혼(非婚)으로 인해 1인 가구가 증가했음을 알 수 있다. 예를 들어 2015년 현재 25~34세 1인 가구 중 94.7%, 35~44세 1인 가구 중 74.4%, 그리고 45~54세 1인 가구 중 36.3%가 미혼가구인데, 특히 2000년대 35~44세 1인 가구 중 48.3%, 그리고 45~54세 1인 가구 중 15.5%가 미혼가구였던 점을 감안하면 그 증가폭이 매우 빠르다는 사실을 알 수 있다.

3) 각자 어려움을 겪고 있다

혼자 살기를 원하는 삶을 선택하고 선호하는 사람들이 많다고 하지만, 그들도 역시 어려움을 겪고 있다. 예를 들어 혼자 사는 사람들은 일반적으로 사회적 고립, 연결망, 참여 등 사회적 관계가 취약한 것으로 알려져 있다. 오히려 사회경제적으로 더 유리한 남성과 자발적으로 혼자 사는 여성들이 여럿이 사는 사람들에 비해 사회적 참여 수준이 높다는 반론도 존재한다(Klinenberg, 2012). 하지만 일반적으로는 혼자 사는 사람들이 취약한 사회적 연결망으로 인해 사회적 고립의 위험성이 높고 안녕감이 낮은(House et al., 1988; Hughes & Gove, 1981; Hughes & Waite, 2002) 것으로 나타나며, 이는 이들의 정신적 · 신체적 건강을 위협하고 동시에 부정적 사고로 연결될 수 있어 적극적인 사회적 지원이 요구된다(송지선 · 경정아, 2021)고 한다.

1인 가구는 대부분의 일상생활을 스스로 해결해야 하는 특성상 불안정성과 미래에 대한 불안감도 호소한다. 전반적으로 1인 가구는 나홀로 생계를 꾸려가는 특성으로 인해 가구소득의 대부분이 본인의 근로소득으로 구성되며, 은퇴, 실업, 고령 등의 생애주기에 따른 근로소득의 감소에 직면할 때 다른 가구원의 소득으로 보충될 수 없다는 불안과 불확실성이 존재한다(김석호 외, 2018). 또한 여성가족부(2020)의 '2020년 가족실태조사'에 의하면, 1인 가구가 갖는 어려움은 정서적인 어려움, 개인 역량과 관련된 어려움, 지지체계의 부족, 불안, 사회적으로 부정적인 인식 등으로 나타났다. 이와 같이 1인 가구는 가족과 함께 할 때와 달리 스스로 돌보고, 스스로 생활을 책임지고 관리할 수 있는 역량 부족으로 인한 어려움과 불안함, 아프거나 위급할 때 대처의 어려움과 지지체계 부재로 인한 불안함, 그리고 고립과 외로움의 문제가 가족기능적인 어려움으로 확인된다(조성은, 2022).

또한, 1인 가구는 사회경제적 특성, 계층적 위치에 따라 거주지가 상이하며, 이로 인해 1인 가구의 거주지역은 공간적 이질성을 보이기도 한다. 지역의 주거환경, 교통환경, 사회적 연결망 등이 지역성과 밀접히 관련되어 1인 가구 공간적 분포의 특징이 나타나기도 한다(변미리, 2015). 농어촌 지역은 고령화로 인해 노인 1인 가구의 비율이 높으며, 대학 등 교육시설, 일자리 등이 많은 수도권, 대도시 지역은 청년 1인 가구의 비율이 높게 나타나고 있다.

한편, 1인 가구는 가치관, 경제환경, 사회문화적 영향 등이 상이한 집단으로 계층적 위치, 형성 배경, 어려움이 처한 상황 등에서 일정한 차이가 발생한다. 예를 들어 청년 1인 가구의 경우에는 결혼을 기준으로 미혼의 싱글이라는 시선이 가장 많다. 이런 시선은 1인 가구란 결혼이라는 관문으로 가기 전 잠시 거쳐 가는 일시적인 상태로 인식되어, "결혼은 언제 할 것인가?"와 같은 질문을 자주 받게 된다. 단순히 결혼하지 못한 미혼남녀도 있지만, 자발적으로 미혼을 선택한 사람도 있고, 결혼했다가 혼자가 된 사람도 있다. 이러한 다양한 삶을 인정하지 않거나 개인의 선택적인 문제로 인식되지 않는 데서 오는 관계적인 갈등도 존재할 수 있다. 이들이 설날이나 추석과 같은 명절에 원가족들과 원만하게 지내는 데 어려움을 겪는 사례는 흔히 볼 수 있다.

청년 1인 가구의 특징 중 하나는 개인주의 성향과 생활 편의성 추구이다. 학업이나 취업 등으로 일과 관련된 시간 사용이 길어지고 불안정한 미래에 대한 계획을 위해 현재 자신의 삶에 집중하는 경향이 늘어나고 있다. 1인 가구를 겨냥한 상품과 서비스에 의존하고 자신이 집중하고 싶은 일에 몰두하고, 자신을 가꾸거나 즐거움을 주는 여가생활을 즐기려는 경향이 크다. 그러나 1인 가구로 살아가는 데 따르는 심리적 불안감이나 외로움, 일상생활 처리의 문제, 아플 때 간호해 줄 사람이 없는 문제 등을 호소하기도 한다. 청년 1인 가구의 가장 큰 걱정거리는 생계비 마련이나 주택 구입 등 경제적 준비이며, 그 다음으로는 결혼, 가족에 대한 염려, 노후준비, 건강 등이다.

중년 1인 가구는 이혼이나 가족과의 분거로 인해 생겨나는 경우가 많다. 물론 청년기부터 계속 1인 가구로 살아가는 경우도 많지만, 중년기 1인 가구는 원가족과의 관계를 유지하다가 갑자기 1인 가구로 변화되는 경우가 많다. 따라서 이러한 가족 형태의 변화에 따른 삶의 방식의 변화를 어떻게 받아들이는가의 문제가 발생한다. 더욱이 중년기는 생애주기의 노년기로 접어들기 전 단계로 나이 듦에 대한 자연스러운 수용이 필요하며, 자신의 경제적인 상황이나 신체적인 건강상태 등의 전환기를 맞이할 수 있기 때문에 이러한 다양한 변화에 대해 대처하는 문제가 가장 중요하다. 생애전환기의 변화에 대한 적응과 함께 1인 가구로 새로운 삶의 설계를 해야 하는 문제, 그리고 경제적 · 심리적 · 사회적 자원의 변화 문제를 받아들이고 적응하는 방식이 필요한 시기이다.

노년 1인 가구는 중년기 이후 더 급속해진 생애전환과 자원의 변화를 겪게 된다. 더욱이 이혼이나 사별로 인해 1인 가구로 혼자 남겨지게 되면서, 가장 경제적으로 취약한 집단이 되기 쉽다. 노년기 1인 가구의 경우, 혼자 생활할 때 느끼는 어려움에 대해 남성 노인은 식사 등을 포함한 일상생활의 문제가 많은 반면, 여성 노인은 심리적 불안감과 외로움을 느끼는 경우가 높게 나타났다(심애리 · 박성신, 2017). 물론 청년이나 중년 1인 가구도 남성과 여성의 생활상의 문제가 다르다고 하지만, 노년 1인 가구의 경우에는 남녀 생활상의 차이와 이로 인한 생활 문제의 차이가 두드러지는 것으로 나타났다.

이 밖에도 1인 가구는 미혼 또는 기혼에 따라서도 생활상의 차이를 나타낸다. 예를 들어 미혼 1인 가구는 기혼 1인 가구보다 주된 경제적 노후준비와 부수적 경제적 노후준비를 더 많이 하고, 삶의 만족도 역시 전반적으로 높게 느끼는 것으로 밝혀졌다(서명희 · 김영희 · 이현옥, 2017). 또한 여성과 남성에 따라서도 생활상의 어려움의 내용은 다르다. 예를 들어 여성 1인 가구는 낮은 소득, 불안정한 고용, 주거안전, 건강과 우울 등에 직면하는 경향을 보이며(장임숙, 2020), 혼자 살고 있다는 것 자체로 범죄의 대상으로 여겨질까 두려워하는데, 특히 성범죄에 대한 공포와 불안감을 가지기도 한다(김석호 외, 2018).

이와 같이 1인 가구는 응급이나 위험에 대처할 수 있는 자원이 현저히 낮고, 경제적인 문제나 외로움, 그리고 미래에 대한 불안감이 높다는 공통된 특징이 있으나, 실제 개인이 1인 가구가 된 원인이나 생애주기, 그리고 개인특성에 따라 상이한 어려움에 처하게 됨을 알 수 있다. 따라서 1인 가구에 대한 접근은 개인의 특성과 어려운 상황에 대한 정확한 인식에서부터 시작되어야 한다.

2. 개인의 시대와 개인주의 가치관

1) 혼자 하는 일상생활

1인 가구가 늘어나면서 혼자 사는 삶에 대한 다양한 관심이 늘어나고 있다. 2020년 현재 TV 프로그램으로 방영되는 '나 혼자 산다'나 '미운우리새끼'의 주요 내용은 1인 가구로 사는 유명인의 삶을 예능으로 보여주는 프로그램이다. 이들은 혼자서 사는 공간에서 자신의 취향과 기호에 맞게 집을 꾸미고, 혼자 밥 먹기에서부터 혼자서 캠핑하기, 혼자 여행하기 등의 일상생활을 공개한다. 물론 이들이 키우는 반려견이나 반려묘, 친구나 지인들과의 모임, 이성과의 만남 등 다른 사람이나 동물과의 관계에 대해서도 소개하고 있지만, 대부분은 혼자 하는 일상생활에 집중한다.

이러한 혼자 하는 일상생활의 공유는 다른 이들도 모두 비슷한 삶을 살아간다는 공감대뿐만 아니라 혼자서도 행복하게 잘 살 수 있다는 확신을 주게 한다. 요리학원에 가서 요리를 배워 집에서 안주 삼아 혼술 하는 남자 가수, 베란다에 텐트 치고 혼자 캠핑하면서 하루를 다양하게 보내는 여자 배우, 필라테스나 수영 등을 배우고 자신의 심신을 다지는 남자 배우 등의 모습을 보면서 혼자서도 하루를 알차고 건강하게 보낼 수 있다는 사례를 남긴다. 이는 혼자서의 삶이 외롭고 쓸쓸하며, 자기 자신을 제대로 돌보지 못하는 문제들에 대해 해결할 수 있는 방법을 공유하는 차원도 된다. 혼자 하는 식사도 간단한 조리법으로 원하는 음식을 즐겨 하고, 유튜브(youtube) 등 소셜 네트워크 시스템(SNS)을 활용하여 정보를 얻어서 자신만의 요리를 해보며, 편의점 음식도 남들과 차별화된 조리법으로 원하는 음식으로 재탄생시키는 것을 보면서 혼자 사는 많은 1인 가구들이 따라 하고 공유하게 된다. 일본에서는 만화 '고독한 미식가'가 인기를 얻으며 TV로도 방영되어 큰 인기를 얻은 바 있다. 우리나라에서도 2016년에 아마추어 카툰 작가인 '카광'이 혼밥 캐릭터를 만들고 티셔츠를 제작해 크라우드 펀딩으로 판매하여 큰 성공을 거두기도 했다. 싱글라이프 TV 프로그램으로 '혼술남녀'가 방영되어 큰 인기를 얻기도 하였다.

혼자 사는 사람들이 늘어난다는 것은 거주하는 공간에 대한 요구나 수요가 증가했다는 것과 같다. 좋든 싫든 혼자서 산다는 것은 거주공간의 독립이 필요하다는 것이고, 이러한 주거비와 주택 구입에 대한 비용 부담이 가장 큰 문제로 인식될 수 있다. 또한 기존의 혼자서 사는 집은 자취방에 불과했으나, 이제 혼자 사는 기간이 길어지면서 주거공간을 자기만의 취향대로 꾸미려는 욕구가 커지고 있다. 1인 가구를 위한 주택설계는 작은 공간을 효율적으로 사용하는 것이 무엇보다 중요한데, 예를 들어 마이크로 하우징(micro housing)이 그것이다. 1인 가구가 많이 사는 미국 뉴욕 맨해튼에서는 마이크로 유닛 하우징 프로젝트가 시도되었다. 초소형 규모의 스튜디오 아파트에 조립식이나 접이식 가구를 배치하고 기본적인 주방기기와 소형 욕실만을 갖춰 공간 효율을 극대화한 것이다. 이러한 마이크로 하우징은 도심권에서 필요한 편의시설을 모두 이용할 수 있으면서 저렴한 비용으로 생활이 가능하기 때문에 인기가 있다. 서울이나 뉴욕 중심가에서 혼자 사는 사람들에게 반드시 필요한 식당, 영화관, 쇼핑몰을 마음껏 이용하면서 합리적인 비용으로 살 수 있다는 점에서 관심이 크다.

한편, 1인 가구 중 2곳 이상에 거처를 두거나 잦은 여행과 출장으로 집을 오래 비우는 사람들을 가리켜 0.5(점오)인 가구라고 지칭한다. 직장 근처에 방을 얻어 살지만, 주말에는 부모님 댁에서 시간을 보내거나 여행을 다니면서 집을 자주 비우는 사람들을 말한다. 이들은 작고 간소한 공간이나 용품을 선호한다. 이와 같은 초소용 제품이나 간소한 제품은 또 다른 소비시장으로 각광받고 있다.

1인 가구가 혼자만의 시간과 공간, 물건 등을 적극적으로 소비하는 트렌드를 '나홀로 라운징'(alone with lounging)이라 한다. 원래 라운지는 호텔이나 극장, 공항 같은 공공장소에서의 휴식 또는 만남의 장소를 의미하는데, 여기에 '-ing'를 붙인 라운징은 혼자만의 시간과 공간 속에서 치유하며 재충전하는 행위를 뜻하는 것이다. 대표적으로 향과 색을 통해 마음을 치료하는 컬러 테라피와 아로마 테라피 같은 것들이 있다(이준영, 2017).

2023년 『시대예보』(송길영, 2023)라는 책에서 저자는 '핵개인화' 개념을 사용하였다. 그동안 우리 사회의 구성단위를 핵가족으로 보던 시각에서 더 나아가 사회의 구성단위가 가장 기본단위인 개인 중심으로 쪼개지기 시작한 것을 파악하여, '핵개인의 시대'라는 용어를 소개한 것이다. 여기서 개인은 스스로 움직이는 사람의 단위로 핵개인이 중요하며, 관습적 행위를 되풀이하는 것이 아닌 스스로 고민과 행동을 옮기는 것이 중요하다. 이러한 핵개인의 시대에는 가족에 대한 의무적 죄책감도 내려놓고 전적으로 나의 선택과 의지로 살아간다는 것이 중요하다.

이러한 개인을 강조하고 개인적 가치관을 우선시하는 현상은 젊은 세대일수록 더욱 그러하다. 〈뉴시안〉이 여론조사 전문기관 리얼미터와 함께 2022년 시행한 설문조사에서 MZ세대의 가장 대표적인 특징으로 '개인주의'(61.8%)가 선정되었는데, 이는 타인의 평가와 영향력에서 벗어나 나로서 온전히 살아가고 싶다는 의미이다(김난도 외, 2023). 나노사회와 나노시장으로부터 시작된 개인화 경향은 가족에서조차 나노가족을 등장시켰고, 개인주의 가치관이 지배적인 것으로 나타났다. 결국 혼자 사는 가구가 증가하고, 가구원 수가 점차 감소하며, 함께 산다고 해도 서로의 라이프 스타일을 공유하지 않는 나노가족이 한국 사회에서 매우 빠르게 증가하고 있다.

2) 혼자여서 함께한다

새로운 반려동물 문화가 등장하였다. 예전에는 집에서 기르는 강아지나 고양이를 애완동물이라고 불렀는데, 이는 기르는 사람의 입장에서 장난감처럼 데리고 놀다가 싫증나면 버리는 물건처럼 취급한다는 의미가 포함되었다. 지금은 사람과 더불어 가족과 같이 대우한다는 의미에서 반려동물이라고 부른다.

원래 반려동물은 어린아이가 졸라서 생일선물로 받거나 나이든 노부부가 적적함을 달래기 위해 맞이하는 게 보통이었다. 그런데 요즘은 배우자와 아이가 없이 혼자서 사는 삶을 즐기는 1인 가구나 젊은 독신자들이 반려동물을 새로운 식구로 인정하기 시작하였다. 혼자 사는 1인 가구가 자기중심적이고 돌봄을 소홀히 할 것 같지만, 이들은 마치 부모나 형제자매에게 하듯이 반려동물을 보살피고 같이 살아간다. 반려동물에게 먹이는 동물용 식품을 유기농 제품으로 고른다거나 비타민제나 영양제를 구입하고, 동물병원이나 이 · 미용 손질에 드는 엄청난 비용도 기꺼이 지불한다. 이와 같은 반려동물 시장이 성장한다는 것은 1인 가구가 그만큼 정서적으로 외롭다는 것을 의미한다. 혼자 놀고 혼자 밥을 먹어도 빈집에 홀로 돌아오면 느껴지는 외로움을 달랠 누군가가 필요하기 때문이다.

반려동물과 상호반응을 통해 정신건강에 도움을 받고 외로움을 달랬던 경우, 반려동물을 잃고 나서 심각한 우울감과 상실감을 겪는 경우도 많아지고 있다. 즉 펫로스증후군(pet loss syndrome)이다. 반려동물을 잃은 후 주변 사람들의 도움을 통해 상실감을 극복할 수 있으며, 치유모임 등을 통해 새로운 관계를 만들어 가는 것을 권장하기도 한다.

최근에는 반려식물이라는 개념도 생겨나고 있다. 혼자서 살면서 오랜 시간 밖에서 생활하거나 손이 많이 가는 반려동물을 키우는 대신, 키우기 쉽고 성장하는 모습을 통해 안정감과 공감대를 형성할 수 있다는 측면에서 반려식물을 키우는 1인 가구도 늘어나고 있다. 식물을 애써 가꾸고 성장하는 모습을 통해 뿌듯해하며 꽃이 피는 모습을 보며 행복해하는 심리적인 만족이 크다고 볼 수 있다. 식물에게 물을 주며 이야기를 건네고 음악을 틀어주며 성장하는 모습에 공감하는 등의 심리적인 치유 효과 차원에서 반려식물을 선호하는 것이다.

이와 같이 반려동물이나 반려식물을 찾고 애써 돌보는 행동은 1인 가구의 정서적인 문제를 극복하기 위한 자구책으로 볼 수 있다. 혼자이지만 함께하고 싶은 욕구를 주변인과 그리고 동물이나 식물과 함께하면서 정신과 심리적인 건강을 얻고자 하는 노력에서 나온 것이다.

혼자여서 함께하는 방식은 사람들과의 관계에서도 짧은 만남을 지속하거나 가벼운 모임들에 참여하는 등의 관계 속에서도 발견된다. 청년 1인 가구들을 중심으로 취미동아리 활동을 활발하게 참여하거나, 온라인상에서 취미활동에 대한 강습이나 교제를 목적으로 사람들이 모이는 경우가 많아지고 있다. 전혀 모르는 사람들이 동일한 취미나 관심사로 인해 모여서 함께 시간을 보내고, 그런 목적이 없어지면 미련 없이 헤어지는 현상이 나타나고 있다. 여행지에 가서 그 주변에 있는 사람들끼리 소셜 네트워크 시스템(SNS)으로 연결되어 잠시 만나서 함께 식사를 하거나 여행지를 함께 다니는 경우도 있다. 이와 같이 1인 가구로 살아가면서 새로운 사람들과의 관계를 지속적으로 늘려가거나 취미생활이나 공동의 관심사를 공유하고자 하는 경우가 늘어나고 있다. 한편, 노인 1인 가구들의 혼자 사는 삶을 함께하는 대상으로 로봇 친구가 새롭게 등장하고 있다. 2020년 우리 정부는 음성과 터치 방식으로 작동되는 돌봄 로봇 '효돌이와 효순이'를 독거노인이나 치매 환자들을 위해 지원하고 있다. '효돌이와 효순이'는 치매나 우울증 예방을 위한 식사 · 약 복용 · 체조 알람 등의 건강생활관리, 어르신 움직임 감지를 통한 안전관리, 활기찬 안부 인사 · 노래 · 말벗 등의 정서관리 서비스를 제공한다. 애교와 잔소리를 넘나들며 이용자와 교감하는 '효돌이와 효순이'는 부착된 센서를 통해 머리를 쓰다듬거나 손을 잡으면 마치 사람처럼 말을 하거나 안아달라고 애교를 부리기도 한다. 이와 같은 AI 음성인식 플랫폼이나 로봇친구가 1인 가구의 외로움을 내신해줄 친구로 등장하여 일상에 자리 잡고 있다.

3) 혼자 덕후생활

1인 가구는 자신을 위한 투자나 취미생활에 대한 투자를 아끼지 않는다. 자신이 관심 있는 분야나 좋아하는 물건이나 아이템에 집중적으로 투자하고 소비하는 성향이 강하다. 평일에는 일에 집중하다가 휴일이나 휴가 동안 자신을 위한 투자나 여행을 하곤 한다. 2019년 우리나라 가구당 월평균 소비 지출액이 1인 가구의 경우 136만원이었는데, 2인 가구는 1인당 월평균 소비 지출액이 99만원에 불과했다(통계청, 2019).

1인 가구의 자신에 대한 투자나 소비 지향을 '포미족(for me)'으로 특징을 짓기도 한다. 포미족이란 자신을 위한 선물, 자신을 위한 작은 사치를 마다하지 않는 대상을 의미한다. 생활용품이나 생필품은 가능한 저렴하고 소형의 제품을 구매하지만 자신이 관심 있거나 좋아하는 상품에는 고가에도 불구하고 아낌없이 투자하는 사람들을 말한다. 이들은 제품이 주는 편익보다는 소비행위를 통해 얻는 성취감, 쾌감, 재미 등의 즐거움을 얻고자 한다. 즉 이들의 소비는 가치소비에 집중하는 경향이 있다. 남에게 과시하기 위한 소비나 제품의 기능에만 집중하는 소비, 또는 가격에 비해 성능이 좋은, 가성비가 좋은 소비와 달리, 지극히 개인적이며 자기만족의 성향이 강하다. 시장에서는 이미 1인 가구를 위한 H.E.A.T. 상품이 출시되고 있으며, 관련 산업도 증기하는 추세이다. 즉 헬스 케어 · 취미(Health care, Hobby), 엔터테인먼트(Entertainment), 액세서리(Accessory), 여행(Tour) 관련 상품과 서비스가 그것이다. 1인 가구가 자신의 건강을 위해 노력하고, 적극적으로 취미생활을 즐기며, 여행처럼 특별한 체험에 대한 열망이 크며, 혼자서도 시간을 잘 보내고 즐거움을 경험하려는 소비가 강하다는 측면이 그대로 반영된 것이다.

1인 가구들이 자신의 취미를 표현하고 즐거운 감정의 경험을 추구하는 '덕후' 소비문화도 특징으로 나타난다. 여기서 일컫는 '덕후'라는 용어는 일본어의 '오타쿠'에서 유래된다. 일본에서는 1983년 한 칼럼리스트가 쓴 "오타쿠 연구"에서 처음 단어를 사용한 이래, 집 안에서 만화나 애니메이션, 게임, 비디오 등 특정 대중문화에 몰입하는 취미를 가진 사람을 일컫는 말로 사용되었다. 우리나라에서는 오덕후로 부르다가 여기서 덕후로 바뀌어 사용된 것이다. 현재는 원래 의미와 달리 학위 없는 전문가, 좋아하는 분야에 열정과 전문성을 갖춘 사람 등 능력자나 몰입이 강한 사람이라는 뜻까지 내포되어, 마니아보다 훨씬 더 깊이 빠져든 사람을 일컬을 때 사용한다.

이러한 덕후 문화가 증가하는 경향에 대해, 1인 가구가 혼자 있는 시간에 위로와 위안을 받을 수 있는 장난감, 피규어(figure), 캐릭터 등에 몰입하기 때문이라는 해석이 많다. 자신이 무언가에 애정을 쏟고 싶을 때 애완동물과는 달리 속박 받고 싶지 않은 사람일수록 덕후 문화를 즐기는 경향도 보고되고 있다.

1인 가구 중에는 하루 종일 집에 있거나, 집에서 나갈 필요 없이, 또는 밖으로 나갈 필요성을 못 느끼는 '집돌이'들이 많다. 그렇기 때문에 이들에게는 집이라는 공간이 거주공간이면서 운동을 하는 헬스클럽이 되기도 하고, 쇼핑을 하는 복합 쇼핑몰이 되기도 하며, 영화를 관람하는 영화관이기도 하다. 이를 위해 홈퍼니싱, 홈트레이닝, 수제맥주 제조기와 커피머신, 홈시어터와 음향기기 등을 구비해 놓고 집에 있는 시간을 자꾸 늘려가게 된다. 더욱이 코로나-19 상황에서 집밖에서 즐기는 오프라인 활동이나 교제가 제한적이 되면서 이들의 온라인에 기반한 생활과 취미생활, 그리고 소비활동은 급격히 증가하고 있다. 이와 같은 집콕문화가 1인 가구인 일부 덕후나 집돌이들을 중심으로 이루어졌지만, 코로나-19 사태 이후에는 집에서 하는 운동(홈트), 온라인 여행(랜선 여행), 온라인 공연 관람(비대면 공연 관람), 온라인 쇼핑 등이 많은 사람들에게 일반화되기 시작했다.

3. 혼자 사는 어려움 극복하기

1) 혼자 삶의 안전장치

혼자 사는 삶이 선택적이고 다양한 가족형태 중 하나라는 인식은 증가하고 있지만, 여전히 1인 가구로 살아가는 어려움은 문제가 되고 있다. 청년 1인 가구는 고용 및 소득이 불안정하여 미래에 대한 불안과 현재 당장 혼자만이 살아가는 주거를 마련해야 하는 곤란함도 크다. 이들은 의사결정에 도움을 받길 원하며, 일상을 공유하고 싶은 사회적 네트워크에 대한 욕구가 높다. 한편 중장년 1인 가구는 이전의 생활에서 경제적 노후준비를 철저히 하지 못해서 현재 노인 1인 가구가 겪고 있는 문제를 답습할 수 있다. 청년들보다 일이나 생계문제로 인해 사회적 네트워크를 형성하지 못하는 경우가 상당히 많다. 노년 1인 가구는 경제적 빈곤과 함께 질병에 대한 위험이 상대적으로 높고 고독감에서 비롯된 상대적 박탈감과 우울, 고독사가 우려된다. 성별로 볼 때 상대적으로 여성 1인 가구는 보안이나 방범 등 주거 안전에 대한 욕구가 높으며, 성범죄에 대한 공포와 불안감을 호소하는 경우가 많다.

이와 같이 혼자 살아가는 삶이 녹녹치 못한 상황에서 현실적으로 겪는 문제들을 스스로 헤쳐 나가는 것은 어려울 수 있다. 이에 혼자 사는 삶에 대한 안전장치를 정책적으로 보호해야 하는 필요성이 제기된다.

현재 1인 가구의 수가 증가하는 현상과 그들의 생활상의 어려움으로 인한 정책적인 대응은 시급성을 인정하여 적극적으로 이루어지고 있는 상황이다. 예를 들어 2020년 1월 17일 기획재정부 제1차관을 팀장으로 하는 관계부처 합동의 1인 가구 정책 TF가 출범하였고, 관련된 종합정책과 정책과제들이 논의되었다.

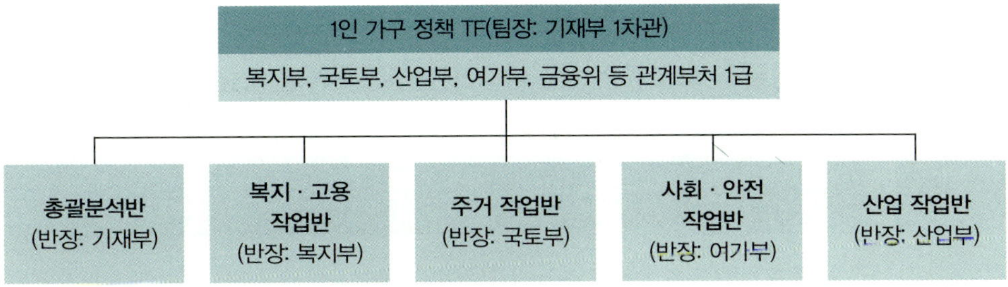

※ 각 작업반별로 관계부처 및 관련 국책연구기관 포함

그림 4-7 관계부처 합동 1인 가구 TF 추진체계

자료: 산업연구원 (2020). 1인 가구의 증가와 정책대응. 산업경제 2월호(정책과 이슈).

그 결과, 1인 가구 중장기 정책 방향과 대응 방안이 도출되었다. 1인 가구의 증가는 세계 주요 국가의 일반적 현상으로 더 이상 억제 또는 시혜 대상으로 인식되기 보다는 소외되지 않고 함께 살아갈 수 있는 대상으로 인식해야 하며, 이러한 여건을 조성하는 것이 필요하다는 인식 변화가 필요하다. 그러한 인식에서 출발하여, 1인 가구의 성별 및 연령별 특성에 따라 차별화된 정책 방향이 마련되었다. 이와 같이 1인 가구 증가는 인구 · 가구 등 구조적 변화에 기인한 과제로서, 1회성 대책을 통해 단시일 내 해결하기 어렵기 때문에 관계부처 및 민간 전문가들과 함께 발생 가능한 제반 이슈 등에 대응하기 위한 정책적인 노력이 지속되어야 한다. 특히 이러한 지원과 대응은 1인 가구에만 한정하지 않고 인구 · 가구구조의 전반적 변화에 대해 정책 대응 차원에서 통합적인 접근이 필요하다는 인식이 중요하다. 5대 분야 생활기반별 주요 정책과제는 〈그림 4-8〉과 같다.

한편, 여성가족부에서는 제4차 건강가정기본계획에 근거하여 가족정책에서 1인 가구를 대상으로 사회적 관계망 형성지원을 위한 시범사업을 운영 중이다. 2022년에는 16개소 가족센터에서 시범운영하던 것에서 2024년에는 전국 가족센터에서 1인 가구 대상 서비스가 시행된다. 1인 가구 사회적 관계망 사업의 목표는 1인 가구의 일상생활 유지와 사회참여 증진을 통해 1인 가구의 고독과 고립을 방지하고 안전하고 건강한 생활을 도모하는 것이다. 이는 생애주기별 접근을 통한 청년, 중

정책 목표

- 1인 가구 증가로 인한 경제 · 사회적 변화에 선제적 대응
- 취약 1인 가구의 빈곤, 사회적 고립감 등 삶의 질 개선

5대 분야 생활 기반별 정책 과제

❶ 소득 · 돌봄

- 기초생활보장제도 개편
- 자산형성지원사업 재구조화(5→2개)
- 24시간 돌봄서비스 추진
- 정신건강, 치매검진 등 돌봄 강화

❷ 주거

- 청년 · 고령층 맞춤형 지원
- 공유주택 활성화 기반 마련
- 공공임대주택 유형 통합 후 가구 수요에 맞게 공급
- 별도 거주 청년 주거급여 분리지원 검토

❸ 안전

- 사전 예방체계 확충
  - 빅데이터 등을 활용한 예방체계 고도화
  - 여성 1인 가구 밀집지역 집중관제, 신상정보 공유 등 밀착 관리
- 즉각 대응시스템 구축
  - 신속 · 민감대응시스템 전국 확산
  - 스마트시티 통합플랫폼 활용

❹ 사회적 관계망

- 생애주기별 사회적 관계망 형성 지원 프로그램 다양화 · 확대
- 고독사 예방 노력 강화

❺ 소비(solo economy)

- 간편식품산업
  - 시장 활성화 기반을 위한 제도기반 구축 및 지원 확대
- 외식업
  - 1인 가구 메뉴 개발 등 컨설팅 지원
- 생활소비재 · 스마트홈 산업
  - 디자인 등 맞춤형 상품 개발 유도
- 온라인 판매 산업
  - 중소 · 소상공인 온라인시장 진출 및 수출 지원 강화
- 로봇 산업
  - 돌봄로봇 등 관련 상품 공급 활성화

실태 조사

1인 가구 정확한 현황, 정책수요 파악 위한 실태조사 강화
– 상세분석자료 발표, 기존 조사체계 내실화 등

그림 4-8 1인 가구 중장기 정책의 기본방향

자료: 관계부처 합동 (2020.06.25). 1인 가구 중장기 정책 방향 및 대응 방안(1). 발표자료.

장년, 노년 대상 발달주기와 연령별 과업에 따른 맞춤형 지원을 통해, 원가족과의 심리적 · 물리적 거리에 의한 관계 유지와 회복, 1인 가구가 거주하는 지역 내 이웃 관계망 유지와 형성을 지원하여 해결하고자 하는 것이다(조성은, 2022).

이와 같이 1인 가구의 증가에 따라 국가와 지자체가 이미 1인 가구의 유대감 강화나 안전 등을 위한 구체적이고 다양한 프로그램을 추진 중이다. 예를 들어 서울시는 사회적 관계망 형성 과제 등을 담은 1인 가구 지원 기본계획을 발표(서울시, 2019.10.)한 바 있으며, 1인 가구를 위한 프로그램은 가족센터 또는 1인 가구 지원센터에서 진행되고 있다.

표 4-2 지자체별 1인 가구 지원정책 대표사례

서울	서울	1차 1인 가구 지원 기본계획('19~'23) 발표('19.10) – 3대 목표, 17개 사업	• 1인 가구 지원조례(전국 최초, '16) • 자치구별 1인 가구 지원센터 설치 및 온라인 플랫폼 도입('20) • 소셜 다이닝 확대('23년 75개소 목표) • 1인 가구 임차보증금 사업(연 2%, 이자 50% 시 부담)
	강남	1인 가구 커뮤니티 센터(전국 최초 설치, '19.9)	• 1인 가구 고독사 예방을 위해 동아리, 커뮤니티, 취미생활 등 지원
	강동	1인 가구 긴급복지 지원 대상 확대('20.2)	• 치과진료비 최대 100만원, 이사비용 최대 30만 원 등
	관악	청년 주거지원('20.1)	• 청년이 7,500만원 미만 전월세 계약 시 중개보수료 0.1%p 감면
	영등포	중장년 사회복귀('18)	• 고시원 남자들이 봉사하는 밥상
	강북	'때로는 혼자! 때로는 같이!'('20.5)	• 3040세대 자기 돌봄 프로그램(홈 파티 음식 만들기 등)
경기	경기	1인 가구 지원계획('20.2) – 외로움 · 고립 극복 프로젝트 등	• AI 친구 만들기, 반려동물 돌봄 지원 • 마을공동부엌, 행복나눔터 운영 • 혼(자) 라이프 꿀 팁 교육 • 콜벗 서비스 등 건강지원
	수원	체감형 안전도시 정책	• (여성) 싱글우먼 하우스 케어('13) • (노인) U-Care 서비스('11)
	성남	생활지원 서비스 등('20)	• 집 내부 무거운 짐 옮겨주기 등

대전	–	전시회, 생활기록 프로젝트('20.5)	• 1인 가구 관련 일상의 모습을 글과 영상으로 공유
대구	달성	중년기 1인 가구 생활지원('19.4)	• 인생설계, 생활정보 제공(건강가정지원센터)
광주	–	청년 1인 가구 지원('20.5)	• 필요물품 배송(10만원 한도)
부산	–	청년 월세 지원('20.5)	• 18~34세 청년 월세 10만원 지원
강원	원주	노인 · 여성 안전	• (고령) 응급안전알림, 친구 만들기('19) • (여성) 안심귀가 보안관 동행('20)
경북	포항	무연고 1인 가구 지원('19.9)	• 통합사례관리 대상자 지정 및 주거, 병원 동행과 진료비 지원
경남	창원	주거 · 안전 지원	• 청년 공유주택 '거북이집'('20.4) • 비상벨 설치와 안전귀가 지원('17)
전북	전주	전주형 사회주택(서울 제외 지방 최초, '19)	• 사회적 기업, 비영리 법인 등이 공급/청년, 여성 등 1인 가구 주거지원
전남	목포, 순천, 나주, 무안	고독사지킴이단('18, 전국 최초)	• 지역 대학생들로 구성된 지킴이단이 직접 노인안부살피기 등 실시
제주	서귀포	장년층 1인 가구 조사 및 위험군 조기지원('19, '20)	• 50세 이상 64세 이하 1인 가구 생활실태 조사

자료: 관계부처 합동 (2020.06.25). 1인 가구 중장기 정책방향 및 대응 방안(1). 발표자료.

2) 스스로 중심이 되어 타인과 관계망 만들기

"1인 가구를 위한 마을은 없나요?" 1인 가구를 위한 마을사용 설명서를 쓴 홍현진과 강민수(2016)는 1인 가구가 원하는 삶은 혼자 살면서도 '같이'의 가치를 지향하고 공동체를 만들어 가는 삶, 즉 독립적으로 살지만 고립되긴 싫다는 것이라고 하였다. 1인 가구는 혼자서 살아가는 모습도 다양하지만, 함께 공동체 생활을 하는 모습도 다양하다. 1인 가구들이 모여서 밥을 같이 먹거나 공통의 관심사를 나누기도 하고, 함께 살거나 공간을 나눠 쓰거나 공동으로 작업을 하기도 한다. 또한 독거청년들이 독거노인들을 만나 연대를 하고 새로운 공동체 삶을 만들어 가기도 한다. 이들에게 중요한 것은 1인 가구가 스스로 중심이 되어 타인과 관계망을 만들어가고 확장해 가는 노력이다.

예를 들어, 인천 검안에 있는 주거공동체 '우리동네 사람들'은 도시에 살면서 귀촌을 꿈꾸는 1인 가구와 기혼가구가 함께 생활하면서 인근에 논을 빌려 농사를 짓는 공동체이다. 1인 가구들의 집밥모임으로 시작해 동네 예술 공간으로 기듭닌 '아현동 쓰리 룸'은 동네 청년들이 함께 쓰는 거실 개념이다. 여성 1인 가구들의 협동조합 '그리다협동조합'은 글쓰기, 요리, 운동 등 각자의 재능을 공유하며 혼자서도 잘 살 수 있는 방법을 찾는다. 도심속 텃밭을 일구며 에코 싱글라이프를 지향하는 '이웃랄랄라'는 도시에서 텃밭농사를 짓는 1인 가구들이 밥상개조 프로젝트까지 진행하게 되었다. 청년연대은행 '토닥'은 청년들의 경제적 자립을 돕는다. '명랑마주꾼'의 청년 1인 가구들은 홀로 외로이 세상을 등진 노인들의 고립사 문제를 다큐로 기록하고 동네 곳곳을 돌아다니며 어르신들의 삶을 듣는 생애구술사 작업을 한다.

이들의 혼자 사는 삶은 자신과 같은 처지의 1인 가구나 또는 주변에 있는 이웃들과 함께하는 같이의 가치를 통해 자신이 주체가 되는 공동체의 삶을 지향한다. 혼자 살면서 외로움을 반려동물이나 반려식물, 또는 캐릭터 등에서 찾는 것이 아니라, 혼자이지만 타인과 함께 하는 '따로 또 같이'의 공동체 삶은 새로운 변화를 찾으려는 노력이다.

04 참고문헌

관계부처 합동 (2020). 1인 가구 중장기 정책방향 및 대응 방안(1). 자료집.

김난도 · 전미영 · 최지혜 · 이수진 · 권정윤 · 이준영 · 이향은 · 한다혜 · 이혜원 · 추예린 (2023). **트렌드모리아 2023**. 서울: 미래의 창.

김성아 · 박민진 · 김정아 (2021). 서울시 1인 가구 외로움 · 사회적 고립 실태와 대응전략. 서울연구원.

마크 펜 · 메러디스 파인만 (2018). **(향후 10년, 거대한 지각변동을 일으킬 특별한 1%의 법칙) 마이크로트렌드X**. 김고명 역. 서울: 더퀘스트.

민보경 (2023). 1인 가구 유형분석과 행복제고를 위한 시사점. 국가미래전략 Insight(국회미래연구원).

박민진 · 김성아 (2022) 1인 가구의 외로움과 사회적 고립 및 정신건강 문제의 특성과 유형: 서울시 1인 가구를 중심으로. **보건사회연구**, 42(4), 127-141.

변미리 (2019). 1인 가구의 삶의 질. **한국의 사회동향 2019(통계개발원)**, 78-88.

산업연구원 (2020). 1인 가구의 증가와 정책대응. **산업경제**. 2월호(정책과 이슈).

서명희 · 김영희 · 이현옥 (2017). 1인 가구의 경제적 노후준비와 삶의 만족도 연구: 미혼과 기혼 비교를 중심으로. **한국콘텐츠학회논문지**, 17(1), 718-727.

송길영 (2023). 시대예보: 핵개인의 시대. 교보문고.

송혜림 · 윤소영 · 고선강 · 김은주 (2019). 건강가정지원센터 1인 가구 대상 프로그램 모형 개발. **한국가족자원경영학회지**, 23(2), 1-15.

심애리 · 박성신 (2017). 군산시 노인1인 가구의 현황 및 커뮤니티센터 요구도 분석. **대한건축학회연합논문집**, 19(4), 29-40.

여성가족부 (2020). 2020 가족실태조사.

이준영 (2017). **1코노미(1인 가구가 만드는 비즈니스 트렌드)**. 서울: 21세기북스.

조성은 (2022). 1인 가구 사회적관계망 형성 지원 방안 연구. 한국건강가정진흥원.

차성란 · 정영금 · 정지영 · 윤소영 · 조성은 (2015). **가족정책론**. 파주: 양서원.

통계청 (2018). 인구주택총조사.

통계청 (2019). 가계동향조사.

통계청 (2019). 장래가구 특별추계(2017~2047).

통계청 (2022). 장래가구 추계(2020~2050).

통계청 (2022). 2022 통계로 보는 1인 가구.

통계청. 국정모니터링시스템(e-나라지표). (www.index.go.kr)

홍현진 · 강민수 (2016). 독립하고 싶지만 고립되긴 싫어(1인 가구를 위한 마을사용 설명서). 서울: 오마이북.

CHAPTER 05

이웃과 어울려 살기

1. 이웃이 필요해
2. 닮은꼴 이웃을 찾아서
3. 함께 어울려 살기

Chapter 05

이웃과 어울려 살기

1. 이웃이 필요해

1) 이웃 만들기

"'간헐적 가족' 아시나요." SBS스페셜(559회, 2019.07.07.)에서 새로운 공동체 생활을 조명한 프로그램으로서, 남들이 모여 만든 대가족의 이야기를 담았다. 시작은 일주일에 한 번, 작은 모임이었다. 핵가족마저 지탱하기가 어려워진 시대, 가족은 사치재가 되었다. 이웃도 사라지고 마을도 소멸했다. 그러나 가족이 주었던 유대감과 안정감은 여전히 귀중한 자원이기에 가끔만이라도 가족이 되어줄 사람을 절실히 찾고 있다. 남이지만 가족의 일부 기능을 대신해 줄 사람이 있었으면 좋겠다는 바람으로 함께 모여 살 집까지 짓게 되었다(아이뉴스24, 2019.07.14).

14가구 50명이 모여 사는 이 집에는 8명이 싱글 여성이다. 이들은 한 층에 모여 여성들만의 공간을 가꾸고 살지만 직장을 다니는 엄마들을 위해 '간헐적 이모'가 되기도 한다. 남들이 보기엔 이상한 돌봄 시스템이지만 간헐적 조카들과 소풍을 가기도 하고, 더 많은 소통을 위해 공간마다 문을 없애기도 하고 강당도 만들었다. 모두 함께 만족하며 살기 위해 건물 설계 단계부터 아이디어를 짜내어 공동체 살이를 풍부하게 만들었다.

가족과 친지가 모여 살던 시대와 달리, 현대에는 가족 수가 점점 더 감소하고 부부가 맞벌이를 하거나 부모가 혼자 자녀를 키우는 상황이 증가하였다. 결국 자녀를 돌보는 데 어려움이 생기면서 이웃이나 친지의 도움이 필요해졌다. 또 혼자 사는 노인들의 증가로 노인들끼리 서로 지지하며 사는 주거형태나 생활방식들도 필요하게 되었다. 공동체 활동이라고 하기는 다소 부족하겠지만, 최근에 젊은 층 사이에는 함께 식사를 하거나 함께 여가를 공유하기 위해 전혀 모르는 사람들끼리 일시적으로 만나는 모임들이 생겨나곤 한다.

다양한 사람들이 다양한 목적과 결합으로, 일시적 혹은 장기적으로, 공공시설이거나 사유재산으로, 삶의 작은 부분이거나 많은 부분을 함께 하면서 살고 있다. 이런 형태의 공동체 활동이나 공동체주거가 자생적으로 생겨나기도 하고 국가가 이런 활동들은 만들기 위해 정책적으로 지원하기도 한다. 함께 하는 부분이 얼마나 많으냐를 떠나서, 집을 개방하여 마을의 거점으로 삼는다거나 서고를 마을사람들과 공유하는 일, 마을부엌을 통해 지역 커뮤니티를 만드는 작업 등 다양한 시도들이 곳곳에서 이루어지고 있다. 사회적 기업이나 커뮤니티 비즈니스, 협동조합 등이 생겨나는 것도 모두 함께 어울러 살기 위함이다.

그러나 유난히 빨리 진행된 우리나라의 산업화나 도시화는 가족이 이웃이나 사회와 연대하면서 살아가기 힘들 정도로 개별화되고 경쟁적이 되었다. 우리나라의 가족중심주의는 모든 계층이나 집단을 초월하여 가족만을 위하고 가족을 통해 일을 진행하고 가족만이 서로를 도와줄 수 있는 상태가 되었다. 가족이 할 수 있고 해야 하는 일, 지역사회가 해야 할 일, 국가가 할 일 등이 서로 균형을 잡고 발전해야 하지만, 아직은 가족이 모든 책임을 지게 되고 나를 도와줄 수 있는 유일한 집단이다.

이렇게 철저히 가족 중심적인 삶을 추구하는 것을 '기능적 과부하'라고 표현하여, 이것이 오히려 가족을 약화 혹은 해체하는 결과를 초래한다고 보기도 한다(신용하 외. 1996). 가족에 대한 절대적 의존과 그로써 얻어지는 가족의 안정성과, 지나친 가족이기주의로 인한 가족의 제도적 약화라는 상반적인 현상이 동시에 나타나게 되었다. 사회는 발전하고 서구적 가치관이 일반화되지만 가족은 전통적인 가치관을 그대로 유지함으로써 가족과 사회의 괴리가 생기게 되었다. 가정 내 비민주적인 가족관계나 가족가치는 성역할이나 아동양육 등 다양한 문제점을 야기하고, 더 나아가서는 가족이 해체되기도 하였다.

우리나라에서 공동체가 없어진 데는 도시화로 인한 인구집중과 아파트 중심 문화가 한몫을 했다. 좁은 국토에서 일자리를 찾아 대도시로 몰려들고, 여기에 무분별한 도시계획과 주택공급, 무차별적인 주택 구입과 투자, 환경보다는 개발 위주의 획일적인 아파트 공급 등이 만연하였다. 이런 상황에서 도시의 이웃들은 농촌주택들보다 더 가까이 살지만 서로 얼굴도 모르고 인사도 하지 않는 사이가 되었다.

우리나라가 농촌 중심 사회에서 도시 중심 사회로 전환되기 시작한 것은 매우 오래 전부터이지만, 산업화가 본격적으로 시작된 1960년대부터 도시가 급성장하였다. 양적으로 팽창한 도시는 1981년에 도시기본계획을 통해 체계적으로 도시개발이 이루어졌고, 1990년대를 거치면서 급성장하던 경제가 저성장시대로 전환되기 시작하였다. 일인당 국민소득은 높아지고 세계화나 정보화 등이 진전되면서 국민들의 삶의 질에 대한 관심도 높아졌다.

그러나 성장 위주로 발전된 도시는 행정가나 전문가들에 의해 효율적으로 개발되기 때문에 시민들의 생활과 요구를 반영하지 못하였다. 그 결과 삶의 현장에 있는 주민이나 시민들로부터 저항을 받거나 개발이 저지되는 사례도 많이 있었다. 하버마스에 따르면, 공동체가 지키고자 하는 생활환경은 사람들의 생활세계에 해당하는 것으로서, 외부적 필요로 추진하는 시설이나 사업과는 다르다(김기호 외, 2012). 지금까지는 권력과 경제력을 동원한 외부체계가 생활세계를 위축시키면서

도시의 성장을 이끌어 왔으므로, 이 둘이 서로 조정하며 균형을 맞추는 것이 필요해졌다.

주민들 사이의 작은 공동체 활동은 1990년대 시민활동을 거치면서 다양한 마을 만들기 운동으로 확대되었다. 크게는 훼손된 자연을 복원하는 생태운동부터 작게는 마을길을 가꾸는 골목 가꾸기 활동까지, 또 청소년들과 아동들을 보호하는 안전마을 사업, 교육과 돌봄이 합쳐진 작은 도서관 운동, 자생적인 마을 만들기 사업들, 전통과 역사를 보존하는 마을 사업 등 서로 다른 가치와 형태로 나타났다. 이것은 지방자치단체의 마을 만들기 지원 조례나 중앙정부의 살고 싶은 도시 · 마을 만들기 사업으로 이어졌고, 현재 도시재생사업까지 이어지고 있다.

한편 2000년을 전후로 급증한 가족문제들은 하드웨어인 마을 만들기 안에 소프트웨어를 채우는 공동체 활동을 추가하였다. 돌봄의 어려움으로 인해 가족갈등이나 가족해체가 증가하면서 가족의 몫이었던 돌봄영역이 사회와의 공동책임으로 여겨지게 되었다. 대가족시대에 자녀와 노인돌봄이 가족의 영역이었다면 지금과 같은 핵가족 혹은 소가족시대에는 오롯이 가족만이 돌봄을 담당할 수 없으므로 누군가가 함께 해주어야 하는데, 국가만이 책임지기에는 경제적인 부담이 크므로 지역사회의 협력이 필수적이다. 이런 차원에서 주민들과 함께 돌봄을 해결하기 위한 공동체운동들이 곳곳에서 다양하게 전개되었다.

2) 같이 살아가는 방식

가족은 다른 가족이나 이웃, 지역사회와 떨어져 살 수 없기 때문에, 이들과 어떤 형태로든 부딪치고 유대관계를 맺는다. 그래서 이웃이나 마을은 가족을 품는 더 큰 공동체이다. 특히 농사를 짓고 살던 우리나라는 서로 상부상조하는 전통이 있었기에 혈연관계가 없는 사람들에게도 이모나 형님 등의 호칭을 스스럼없이 사용하곤 한다. 지금도 농어촌마을에는 공동체 활동을 통해 생산활동을 하고 수확을 함께 나누는 등 노동력이나 자금들을 공동 생산하고 분배하는 마을이 많이 남아 있다. 이런 활동을 통해 일상생활은 물론이고 정서적인 교감이나 유대를 강화하고, 공동체의 일원으로서 서로 안부를 묻고 도와준다. 점점 부족해지고 멀어지는 가족관계를 보완하는 역할을 이웃들이 해주고 있다.

그러나 도시에서는 이웃 간의 관계가 적고 가족 수도 적어 여러 사람이 함께 지내는 경험이나 시간이 절대적으로 부족하다. 특히 1인 가구의 비율은 점점 높아지고, 위급상황에 대처하기 어려워지고 있다. 서울시 1인 가구 실태조사에 따르면, 1인 가구 비율이 절반이 넘은 행정동이 38곳으로 전체 행정동의 8.9%이며, 청년 1인 가구의 밀집률이 높게 나타났다. 다행히 1인 가구의 86.2%는 '혼자 사는 것에 만족'하고 있으나, 1인 가구의 85.7%는 '혼자 생활하면서 불편함을 느낀다'고 하였으며 가장 힘든 점으로 '몸이 아프거나 위급할 때 대처하기 어렵다(35.9%)고 답했다(서울시 보도자료, 2022.05.10.).

이런 어려움을 해결하기 위한 방법으로는 경제적으로 어려운 가정이나 개인을 지원하는 복지정책 외에 다양한 방식으로 서로 돕고 같이 사는 마을공동체나 이웃공동체, 혹은 좀더 적극적으로 함께 사는 공동체주거를 생각해볼 수 있다. 공동체주거는 일반적으로 "주거시설 또는 주거공간을 일부 공유하는 주택 유형과 주거방식을 총칭하는 광의적 의미"로 이해되며, 주거 유형과 주거 방식을 동시에 내포하고 있는 개념으로서 대체로 물리적 공간의 공유와 사회적 공유(공동체 활성화) 정도에 따라 세부 유형을 분류할 수 있다(서울시 여성가족재단, 2019).

그러나 사실상 공동체주거의 구체적인 정의는 기관과 연구자마다 다르게 내리고 있으며, 흔히 공동체주거를 가리킬 때 주택 유형, 주택계획 개념, 주거행위의 의미가 혼재되어, 공동체주택, 공동생활가정, 공유주택, 공유주거, 코하우징, 협동주거, 콜렉티브 하우스 등 서로 다른 여러 유사 용어들이 사용되고 있다. 이들 명칭은 '공유', '협동', '콜렉티브'와 같이 주택의 소유 · 운영 방식 또는 형태에서 1개 가구가 아니라 여러 가구가 함께 한다는 의미를 내포하고 있는데, 공동체주택은 이보다 더 강력하게 '공동체', 즉 주택이 지향하는 '가치'를 용어 자체에 담고 있는 셈이다.

'서울시 공동체주택활성화지원조례'에 의하면, 공동체주택이란 '독립된 공동체 공간(커뮤니티 공간)을 설치한 주거공간으로, 공동체 규약을 마련하여 입주자 간 소통 · 교류를 통해 생활 문제를 해결하거나 공동체 활동을 함께하는 새로운 형태의 주택'을 말한다. 1인 가구 증가 및 공동체 해체로 발생하는 생활 문제를 공동으로 대응하고 저렴한 주택의 공급을 확대하며, 공동체주거문화를 확산하기 위해 공동체주택이 확대되고 있다.

공동체주택은 공급 방식에 따라 자가소유형, 공공임대형, 민관협력임대형, 민간임대형 등으로 구분되며, 거주자 특성에 따라 육아형, 노인돌봄형, 다문화형, 청년일자리형, 동일직업형, 1인 가구형 등으로 구분된다. 목적, 직업, 취미, 세대별로 다양한 조합이 가능하며, 입주를 희망하는 사람들의 공통성에 따라 알맞은 설계와 프로그램을 달리하는 다양한 공동체주택이 가능하다(서울시 공동체주택플랫폼).

특히 1인 가구의 경우에는 10명 중 7명이 '주택매물 부족'(35.6%)과 '주거지 비용 마련의 어려움'(35.5%)을 경험하였으며 54.1%가 '주거지 부담이 있다'고 하였다. 뿐만 아니라 2020년 인구주택총조사 데이터 및 사전 심층면접조사 결과를 근거로 주거실태 심층조사를 병행한 결과, 밀집지역 중장년은 주말 저녁에 혼자 식사하는 비율이 93.2%나 되었다. 또한 조사지역 전체 중장년 1인 가구의 3명 중 1명은 최근 3개월 내 접촉한 사람이 없어 심각한 사회적 고립이 우려되었다(서울시 보도자료, 2022.05.10).

주거비용 및 안전의 문제와 노인들의 외로움 해소를 한 번에 해결하기 위하여 최근에는 주택이 있는 노인들의 주택연금과 젊은 층을 연계하는 '하우스 쉐어링'도 나타나고 있다. 이렇듯 젊은 세대와 어르신 세대가 함께 사는 형태로 서로 부족한 부분을 도와주는 세대통합형이든, 영유아 자녀를 가진 부부들의 공동체 주택인 공동육아형이든, 여러 가지의 이유로 혼자 살게 된 1인 가구형이든 간에, 이제는 다시 사람들과 함께 사는 사람들이 늘어나고 있다.

따라서 용어는 무엇이든 간에 '공유', '협동', '콜렉티브'와 같이 주택의 소유와 운영 방식 또는 형태에서 1개 가구가 아니라 여러 가구가 함께 한다는 의미를 내포하고 있다는 것은 공동체의 형태와 더불어 공동체의 가치를 담고 있다는 것이다. 즉 누구와 어떤 이유로 함께하는가가 중요하다. '좋은 주택이란 사람들이 소득 대비 부담이 크지 않은 주거비로 개인적 공간적 욕구와 사회적 욕구를 가장 조화롭게 담아낼 수 있는 공간'이라고 정의한 은혜공동체협동조합주택을 비롯하여, 청년 1인 가구 공유주택인 통의동집, 여러 가족이 함께 사는 소행주 등 가족 기능의 보완과 더불어 커뮤니티를 활성화하는 사례들이 다양하게 나타나고 있다(서울여성가족재단, 2019).

2. 닮은꼴 이웃을 찾아서

1) 공간 중심의 어울림

2022년 12월 경 깡통주택을 많게는 수천 채 단위로 보유한 악질적인 임대인, 일명 '빌라왕' 몇 명 때문에 수백 세대의 세입자들이 전세보증금을 돌려받지 못하는 피해를 입게 된 사건이 주요 언론에 보도되면서 대한민국의 부동산 시장이 갖고 있는 문제가 폭로되었다. 전세사기 문제는 2023년 우리나라에서 가장 뜨거운 사건이 되었는데, 대규모의 다양한 전세사기 사건은 수사가 진행될수록 피해자와 피해액이 점점 불어나고 있으며, 조직적인 사기행태가 나타나고 있다(머니투데이, 2023.04.21). 앞서 인용한 서울시 1인 가구 조사에서 나타났듯이, 주거 선택 시 어려운 점으로 매물 부족(35.6%), 자금 마련(13.5%) 등을 꼽았고 그 비율이 증가하고 있는 현상을 악용한 것이다.

이러한 주거비 부담은 박탈감을 야기시키며, 기타 보건오락 지출에도 영향을 미칠 수밖에 없다. 조정희 · 박미선(2022)은 전국 20세 이상 가구주 500명을 대상으로 설문조사하여 주거비 부담이 개인의 삶에 어떠한 객관적 · 주관적 영향을 미치는지를 주거비 부담과 '박탈'의 관계를 통해 분석하였는데, 그 결과 조사 대상자의 41.4%는 현재 소득 대비 주거비 부담 수준이 높다고 인식하고 있었다. 특히 월세 가구에서 이 같은 응답을 한 비율은 68.2%에 달했으며, 58%는 자신이 가진 것을 타인과 비교할 때 박탈감을 느낀다고 답했다.

수도권 인구 집중과 주택부족 문제는 진학이나 일자리를 찾아 수도권으로 이주하는 현상뿐 아니라 가구수의 감소와도 연관이 있는데, 가구형태의 변화에서 나타나는 중요한 현상은 비친족가구의 증가 추세이다. 2000년 39만 명으로 중소형 도시 인구 규모이던 비친족가구원은 20년 만에 101만 5,100명이 되었다. 만약 남남끼리 사는 사람들을 모아 도시를 만든다면, 그 크기가 경기 고양시 · 용인시, 경남 창원시 같은 인구 100만 명 이상의 '특례시' 규모가 될 정도이다. 이 추세면 '내가 살고 싶은 사람과, 살고 싶은 방식으로 사는' 가구가 미래의 대세가 될지도 모른다(경향신문, 2023.01.02).

이 문제를 해결하는 하나의 대안으로서 젊은 1인 가구 사이에는 생활공동체나 쉐어하우스가 증가하고 있다. 하나의 예로, 비혼 지향 생활공동체인 공덕동하우스를 들 수 있다. 페이스북(facebook) 커뮤니티에서 만난 사람들이 주거 문제 때문에 함께 살기로 하면서 비혼 지향 생활공동체로 발전한 사례처럼, 새로운 가구와 가족 형태도 등장하고 있다. 서로를 별명으로 부르는 커뮤니티 구성원들이 혈연관계와 상관없이 커뮤니티 내에서 가족처럼 기능하고 생활한다. 결혼과 같은 규범이나 관습 대신 증가하는 형태는 '비혼'이다. 끼워 맞춰지고 싶지 않다는 의미에서 새로 등장한 생활형태는 서로 세밀한 생활규칙 만들고 지키며, 월세 · 생활비는 수입에 따라 차등 부담하고, 집안일도 확실하게 분담한다. 질병 등에 대비해 '기금'을 만들어 관리한다. 이들은 결혼이나 혈연관계는 아니지만 서로 돌보고 이해하려 하는 사이로서 새로운 가족의 형태를 만들었으며, 독서, 공부, 집회 참석도 함께하면서 계간 잡지도 만들고 있다(매일경제, 2019.03.09).

쉐어하우스란 다수의 인원이 한집에 살며 침실은 개개인 별도로, 거실 · 화장실 · 욕실 등은 서로 공유하는 주거생활 유형을 말한다. 쉐어하우스 플랫폼 운영사 셰어킴의 '2019 하반기 쉐어하우스 통계 분석'에 따르면, 서울 지역 내 등록 쉐어하우스는 총 767곳에 달하는 것으로 나다다. 전국 등록 쉐어하우스 910곳 중 상당수가 서울에 몰려 있다(머니투데이, 2020.01.08).

국내 처음으로 쉐어하우스를 시작하여 최대 쉐어하우스로 발전된 '쉐어하우스 우주'는 2030에 대한 이해에서 출발하여, 집을 구하는 상황이나 조건에 맞춘 집을 만들어 가고 있다. 1인 가구라고 다 같은 사람들은 아니며, 집을 구하는 이유나 필요한 기간도 다를 텐데 1인 가구의 집이라고 하면 원룸을 떠올리게 된다. 하지만 아직 정해진 것이 없어 어디에 살아야 할지 모르는 1인 가구도 있고, 통학이나 통근거리가 부담인 대학생이나 직장인도 있을 것이며, 아파트형식을 원하는 1인 가구도 있을 것이다. 이런 점에 착안하여 집을 구하는 상황이나 조건에 맞춘 집을 만들어 가면서 현재 160여 개 지점을 운영하고 있다(우주 홈페이지).

최근 전세사기에 대한 공포가 확산하면서 전월세 전환이 가속화하고 월세가 오르다 보니 주 단위로 세를 내는 '주세'와 쉐어하우스, 하숙 등 대체주거를 찾는 움직임이 보인다(비즈워치, 2023.05.12). 또 다른 한편으로는 새로운 경험을 중시하는 젊은 세대들에게 코리빙하우스가 주목을 받고 있다. 기존의 통상적인 쉐어하우스보다 개인 · 공용 공간이 각각 모두 강화된 거주형태로, 2030 젊은 청년층을 중심으로 관심도가 높아지고 있다. 코리빙하우스는 그간 쉐어하우스의 단점으로 꼽혀왔던 욕실공간을 개인공간으로 들여 개인의 사생활을 보호할 수 있도록 한다. 반면 주방, 세탁실은 물론 스터디룸, 라운지, 운동시설, 워킹룸 등 다양한 공용공간을 조성해 입주자 간의 소통과 교류가 원활히 이뤄지도록 지원한다. 코리빙하우스는 단순 주거 · 생활비를 절감할 수 있을 뿐만 아니라 다양한 커뮤니티 시설 조성을 통해 소유보다 경험을 중시하는 MZ세대의 삶의 질 향상에 초점을 맞추고 있다(데일리팝, 2023.04.21).

공간 중심의 어울림은 젊은 층뿐만 아니라 노년층에도 인기를 끌고 있다. 젊은 층과 같이 한 집에서 방 하나씩을 임대하여 같이 사는 최근의 형태는 아닐지라도, 노년층에서는 시설주거나 단독주택 형태의 코하우징이 있다. 오래 전부터 프랑스, 독일, 일본, 미국 등에서는 고령층의 고립과 소외를 방지하기 위한 복지 프로그램의 연장으로 세대통합주거, 콜렉티브 하우징, 시니어 쉐어하우스 등 다양한 하우스 쉐어링 프로그램을 시도하고 있다. 고령층 하우스 쉐어링은 크게 고령자와 청년 혹은 대가족 형태 등의 세대통합형과 비슷한 고령세대끼리 거주하는 코하우징으로 나뉜다.

노후세대의 증가와 청장년인구 비율의 감소로 인해 노인인구의 상대적 증가를 일찍 경험한 유럽연합국가들(EU)은 노인인구 비율의 계속된 증가에 대한 대책을 강구하고 그 대안을 모색하기 위하여 오래전부터 노인생활의 질 향상을 위한 연구가 집중적으로 진행되었다. 그 중 특징적인 것 중 하나가 스칸디나비아를 중심으로 개발된 시니어 코하우징이다. 코하우징은 현대인의 생활양식에 적합한 근린의 개념을 재정의 하는 새로운 주거 유형으로, 주민의 사생활보호와 공동생활 이익추구를 혼합한 것이다(최정신, 2015).

과거의 촌락공동체 사람들은 한 마을에서 오랫동안 알고 지내왔기 때문에 각 가족의 성격, 재능 등 모든 것을 잘 알고 있었으며, 이러한 친밀한 관계는 상호간 책임을 요구하기도 하지만 안전과 소속감도 함께 보장해 주었다. 일반적으로 스칸디나비아 국가들에서는 심각한 장애가 없는 노인들에 대해서는 부양 의무를 점차 축소하는 추세이다. 노인들은 좋든 싫든 간에 자기들 스스로 더욱 더 매력적이고 안전한 대안을 찾아야만 했다. 그러므로 시니어 코하우징의 발달은 노인부양의 책임을 지역사회보호로부터 개인으로 전환한 대안 중 하나라고 볼 수 있다(최정신, 2015).

우리나라에는 스칸디나비아지역의 코하우징과 같은 노인주택은 아직 많지 않다. 고소득자들을 위한 고급형 시니어하우스나 공적으로 제공되는 저렴한 노인 홈으로 양극화되어 있다. 그러나 노인이 되면서 돌봄의 필요성 때문에 병원이나 복지시설로 가야 하는 우리나라 노인들의 현실을 본다면 노노(老老)케어와 같이 노인들이 한 동네에 모여 살면서 서로 도울 수 있는 형태가 필요하다. 시니어 코하우징은 건강한 노인들이 거주하는 주택이므로, 공공시설이 아니라 자신이 오랫동안 살던 지역의 일반주택에서 노인들끼리 서로 협력하면서 공동체를 형성하여 살아간다는 점에서 매우 의미 있는 대안이라고 할 수 있다.

2) 돌봄 중심의 어울림

1990년대 초에 시작된 좋은 아버지가 되려는 사람들의 모임이나 신촌 공동육아 어린이집 등의 활동을 시발점으로 하여, 공동체 어울림문화는 자녀양육의 문제를 안고 있는 가족들이 모여 시작했다고 해도 과언이 아니다. 2000년대를 지나면서 가장 활발히 활동하였고 주목을 받은 공동체마을은 성미산마을이다. 돌봄을 위해 주민 자치적으로 활동을 전개하여 크게 성장하였고, 자녀돌봄으로 시작되었지만 중장년층의 은퇴공동체까지 이어진 대표적인 사례이다.

서울이라는 도시 한복판에서 재생되고 있는 '오래된 미래' 성미산마을은 마포구 성산동 일대를 중심으로 도시 속에서 드물게 공동체마을을 이루고 사는 곳이다. 마을 한복판에 조그만 동산이 하나 있는데, 개발의 이름으로 그 산이 헐리려는 걸 온 주민이 2년 동안 애를 써서 막았다. 그 일을 계기로 마을이 여러모로 활성화되면서 붙여진 이름이고, 주민이 합심해서 지킨 산 이름이 성미산이다. 성미산의 역사는 1994~2000년까지 공동육아협동조합의 탄생, 2000~2003년까지 공동육아협동조합에서 지역으로, 2003~2005년까지 영역 확대와 내부정비기, 2006~2009년까지 마을 만들기 네트워킹 등의 단계를 거쳐 발전해 왔다.

성미산마을은 스스로 만들고 함께 꾸려가는 공동체 커뮤니티이다. 공동육아 어린이집, 생활협동조합, 성미산 학교, 작은 나무 카페, 동네부엌 등이 있고, 이 모든 일들을 동네 주민들이 직접 나서서 실무자로 참여한다. 또 매년 마을 사람들은 모두 모여서 한바탕 축제를 벌인다. 동네에는 연극반, 댄스동아리, 아빠엄마 밴드, 사진반, 영상동아리, 풍물패 등 동아리들이 활동한다(성미산마을극장 네이버카페).

강북구 우이동과 인수동 일대에 있는 삼각산 재미난마을(삼각산재미난마을 네이버카페)에서는 마을 텃밭에 공동으로 가꾼 야채를 나눠 먹으며 아이들 교육부터 카페 운영, 공연 준비까지 주민들이 필요로 하는 일을 스스로 계획하고 실천한다. 재미난마을의 역사는 14년 전인 1998년 구성된 공동육아협동조합 '꿈꾸는 어린이집'에서 시작됐다. 그곳에 아이를 보내던 부모들은 아이들이 입학할 무렵이 되자 대안교육을 고민하다가, 2003년 새로운 학교인 '재미난학교'를 직접 만들었다. 이 학교는 "아이가 건강하게 자라려면 마을의 모든 아이가 건강하게 자라야 가능하다"는 교육 철학을 바탕으로 입시 위주의 교육을 배제하고 아이들 스스로 하고 싶은 일을 찾아 배울 수 있게 했다. 설립 후 3년 동안은 이웃 주민의 편견과 재정 문제로 어려움을 겪기도 했지만 구성원들의 노력으로 지금은 마을공동체 활동의 주축이 됐다. 2005년 단오잔치를 시작으로 2006년 어린이날 놀이장터, 성탄절 저소득층 지원 행사 등이 열렸다. 운영 성과가 소문을 타기 시작하자 사람들이 몰려들었고, 2011년 5월에는 사단법인으로 발전해 프로그램도 다양해졌다.

마을 주민이 자체적으로 운영하는 '재미난 카페'는 싼 가격에 차와 음식을 즐기며 다양한 소모임과 강좌에 참여할 수 있는 사랑방으로 이용되고 있다. 마을 밴드인 '재미난밴드' 연습실에서는 음악을 좋아하는 주민이 악기 연습을 하고 일반 주민을 대상으로 교육도 한다. 마을 극단 '우이동'에서는 십대와 어른들로 구성된 순수 아마추어 연극인들이 모여 정기적으로 공연한다. 꿈꾸는어린이집, 삼각산 재미난학교, 청소년문화공동체(품), 동네형들, 마을목수공작단, 요요의 마을부엌, 강북음악크루, 재미난 카페, 재미난 공유책장, 재미난 알뜰장터 등이 활동하고 있다.

위와 같은 형태의 공동체마을은 아니지만 여러 지역에서 돌봄 공동체들이 생겨나고 있다. 지역 중심의 자조모임으로 시작된 주민주도형 돌봄 공동체 사례(여성가족부 · 한국여성정책연구원, 2019)를 통해 발견할 수 있다. 대전 유성구 아버지 자조모임인 '슈퍼맨이 되고 싶은 아빠 이야기'는 가정 내 육아와 돌봄의 역할을 균형 있게 해내는 아버지들의 모임이다. 잘하지는 못 하더라도 노력하고 함께하는 것의 의미가 크다. 2016년도에 8명으로 결성된 아버지 자조모임은 계속 인원이 확대되면서 활발하게 운영 중에 있다. 특히 이 모임의 특징은 센터 실무자가 아니라 아버지들이 자발적으로 연간계획을 세우고 프로그램을 추진하여 진행된다는 점이다. 직장 일 때문에 자녀와 함께 보내는 시간이 부족하고 아이들과의 관계 향상을 고민하는 아버지들이 모여 아버지의 건강한 역할 수행 방법에 대한 교육과 육아돌봄 활동을 하고 있다. 특히 평일 저녁에 진행되는 프로그램의 경우 아버지들이 가지고 있는 자녀 고민을 전문강사를 초청하여 부모역량강화 교육을 받음으로써 해결하며,

기타 문화체험 돌봄활동도 하고 있다.

또 광주 남구의 '숲속 작은 도서관'은 마을주민들의 자원봉사, 재능기부, 후원 등 자발적인 참여로 2011년에 개관하게 된 도서관이다. 개관 이후 지역사회의 문제인 돌봄 문제를 주민 스스로 해결하며 돌봄 전문 도서관으로 역량을 강화하고, 지역사회와 협력하여 아동들의 안전한 돌봄 공간과 교육의 공간으로 활용하고 있다. 일시적인 돌봄이 아니라 지속적인 돌봄을 위해 마을 엄마들의 자원봉사와 재능기부로 사업비 지원이 없는 기간에도 중단 없이 8년째 운영되고 있다. 또한 4년간의 여성친화마을사업으로 방과 후 초등 돌봄, 유·아동 틈새 돌봄, 방학 돌봄, 방학점심제공 등으로 돌봄 사각지대를 해소하고 효과적인 돌봄 공동체를 구축하였다. 지속적인 운영으로 마을주민과 이용자들에게 믿음과 신뢰를 받으며 마을주민뿐 아니라 타 지역주민들도 이용하는 돌봄 전문 도서관으로 발전하고 있다.

장애아동을 둔 부모들의 공동체 어울림 활동도 있다. 서울 성북구의 '나무와열매 사회적협동조합'은 장애아동을 둔 부모들이 장애아동 공동 돌봄의 필요성을 공감하여 시작한 돌봄 공동체이다. 이 공동체의 설립 목적은 서로의 '부모 사후 부모 되기'이고, 이 설립 목적을 지속가능하게 실현시키기 위해 '장애인마을 평생 돌봄 체계 구축'이라는 최종 목표를 가지고 2013년 전국 최초로 긴급·일시·상시 돌봄이 가능한 장애/비장애아동 시간제 돌봄터를 운영하게 되었다. 이 돌봄터는 평일, 공휴일, 주말 장애/비장애아동 누구에게나 열려 있는 개방형 돌봄 공간으로 돌봄 사각지대인 장애아동의 방과 후 돌봄 문제를 감당하는 틈새 돌봄 역할을 충실히 감당하고 있으며, 다양한 협업 사업을 통해 돌봄 대상을 장애아동에서 비장애아동, 성인중증장애인, 발달장애청소년으로까지 확장하고 있다.

경기도의 한 협동조합 아파트는 새로운 공동체 실험으로 주목을 끌었다. 협동조합과 조합원이 주인이 되는 혁신적인 아파트이다. 동네 가게들은 전부 커뮤니티 시설들로, '동네카페'부터 '동네책방', '동네체육관', '동네창작소', '동네키움터', '동네

돌봄터', '동네부엌', '동네텃밭', '동네빨래터'까지 다양하다. 국내 첫 '협동조합형' 공공지원 민간임대주택(뉴 스테이)이다. 입주자들은 협동조합을 통해 아파트를 간접 소유하는 임차인이자 집주인이 됐고, 건설사는 건축시공만 도급으로 맡았다.

2살 미만 어린 자녀를 둔 엄마들은 동네키움터에서 공동 돌봄을 하고, 맞벌이 엄마를 위한 돌봄 위원회는 이웃 돌봄을 도와준다. 동네카페에서는 시간제로 일하는 엄마들이 운영 노하우를 서로 나누고, 남성들은 동아리모임이나 아파트관리 봉사모임에 나간다. 게다가 누구나 배우고 가르치는 마을공동체 학습플랫폼을 지향하는 '백 개의 학교'에서는 조합원이면 누구나 강좌를 열 수 있고, 누구나 그 강좌를 들을 수 있다. '백개의학교소위원회'가 신청을 받아 자율성, 개방성, 공동체성, 공공성, 민주성에 위배되지 않으면 강좌를 개설한다(한겨레신문, 2020.10.10).

돌봄을 목적으로 모여 살지는 않지만 아버지들이 양육에 주도적으로 참여하도록 하기 위해 소모임 활동 프로그램을 만드는 지역도 있다. 경기도는 남성 육아 참여에 대한 사회적 인식을 개선하기 위해 2020년부터 '경기도 아빠하이!' 사업을 수행하면서 육아지원모델을 확산하고 있다. 프로그램을 표준화하여 가이드라인을 만들고 이벤트나 놀이, 소모임 등의 활동을 지원한다. 또한 육아상담도 운영하고 참여자 및 담당자 정담회를 운영하면서 아버지들이 서로 어울려 돌봄문화를 만들도록 하고 있다(경기도여성가족재단, 2022).

기술발전에 따라 아파트에서 이웃끼리 모바일 앱을 통해 필요한 물품을 서로 빌려 쓰는 단지 내 공유 네트워크가 추진되고 있다. 모바일 앱을 통한 주민 네트워크를 만들어 물품을 공유하고 일손을 보조하며 재능기부도 한다. 디지털 기술로 이웃사촌을 만드는 것이며 비용은 현금 대신 포인트로 지급한다. 단지 쉐어링이란 이름으로 서비스가 제공되는 '쏘시오 리빙 서비스'는 아파트단지별로 운영될 예정이다. 과거의 이웃공동체와 마찬가지로 아파트단지 주민들 간에 디지털 기술을 활용해 마을공동체 문화를 되살리는 방식으로서 새로운 마을공동체 모델로 주목받고 있다

(한겨레신문, 2020.09.14).

3) 환경 중심의 어울림

공동체 어울림의 역시는 다양한 곳에서 다양한 목적으로 생겨났지만 환경 중심의 어울림을 빼놓을 수 없다. 1958년 충남 홍성에 풀무농업기술학교를 중심으로 한 홍동마을이 생겨났다. '위대한 평민을 기른다'는 목표로 세워진 풀무학교를 기반으로 하여, 비슷한 철학을 가진 사람들이 모여 이 시대의 대안을 찾고 실천하며 사는 마을이다. 풀무생협, 풀무신협을 비롯해 농기계조합, 풀무도서조합, 재생지 포장재 제작소 등의 협동조합과 갓골어린이집, 지역신문, 홍동밝맑도서관 등이 설립되었으며 유기농업과 축산으로 순환농업을 하면서 지역과 학교가 함께 만들어 가는 마을공동체이다(오마이뉴스, 2016.02.15).

홍동마을은 전국 최초 유기농업 특정구역으로 선정된 곳으로, 작은 마을에서 주민들이 자생적이고 자립적으로 조직을 만들며 현재까지 이어지고 있다. 최근에는 주민들이 모여 자신이 원하는 돌봄에 대해 공부 모임을 갖는다. 홍성 우리마을의료생협에서 시작한 '열린 모임'은 사회적 농업과 연계한 농촌형 통합 돌봄의 내일을 구상하고 있다. "부부가 요양원에 가지 않고 건강하게 같이 살며 서로를 보호했으면 좋겠다"라는 작은 바람을 실현하기 위해 주민들이 서로 도우며 살아가는 돌봄 공간을 만들고자 한다. '서로를 돌보며 살던 마을에서 계속 살면서', '가족, 친구, 이웃과 여전히 연결된 일상을', '주체적이고 능동적으로 지내는 모습'을 원하는 것이다(한국농정신문, 2020.10.25).

최근 도시민들 사이에 불고 있는 귀농 · 귀촌 열풍은 건강이나 안정적인 생활을 중시하는 중 · 노년층 사이에서 인기를 끌고 있다. 시니어를 위한 친환경주택은 아직 보급이 활성화되지 않았지만 패시브 하우스, 코브 하우스 등 에너지절약 생태주택이 도심과 지방에 속속 생겨나고 있다. 생태마을이란 마을의 공간, 생산방식, 생활양식 등이 환경친화적이며 지속적으로 이루어질 수 있도록 계획된 마을이라고 규정되지만, 굳이 생태주택을 표방하거나 지방에 위치하지는 않더라도 환경친화적으로 살거나 전원마을에서 이웃끼리 협력하며 사는 것이 모두 포함될 수 있다.

2014년 10월 말 준공한 한국 첫 협동조합주택 '구름정원사람들'은 8가구가 협동조합을 만들어 불광동에 건설한 공동주택으로서, 구성원의 대다수는 40~50대이다. '혈연 · 학연 · 지연에 얽매이지 않는 사회적 가족을 만들고 싶어서', '불광동이 좀 더 친환경적인 마을이 될 수 있도록 하기 위해서' 구름정원 사람들을 만들게 됐다. 구름정원은 옥상에 태양광 집열판을 설치하고 외벽에는 120mm 단열재를 설치하는 시공면에서 뿐만 아니라, 주거공간 구성에서 따로 돈을 모아 지하와 1층에 상가 공간 3곳도 만들었다. 은퇴 후 함께 소득을 거둘 수 있는 공간인 동시에 마을 사람들과 소통할 수 있는 공간을 마련함으로써 생태주택이면서 공동체주택을 지향한다(토마토뉴스, 2016.09.09).

주민들이 육아, 교육, 문화 등 공동 커뮤니티 공간을 만들어 가면서 우리나라의 대표적인 지역 공동체로 만들어낸 성미산마을 주민들이 노후의 전원생활을 꿈꾸며 준비해온 사업이 결실을 맺어 새로운 마을이 되기도 한다. 오랫동안 성미산마을 활동을 하면서 "서울 떠나 전원서 제2의 인생을 살자"는 성미산마을 사람들이 의기투합하여 강원 평창군에 '꽃숲마을'을 만들었다. 강원도가 전원생활을 희망하는 은퇴자들을 위해 시행한 '시니어 낙원' 사업 지구 가운데 하나로서, 지역주민들은 한적한 시골마을에 젊은 층과 어린이들이 이주해 북적거릴 것을 기대하고 있다. 전원생활을 꿈꾸며 농어촌으로 돌아가지만 쉽게 적응하지 못하는 사례가 많은데, 이 경우에는 오랫동안 함께 공동체 활동을 해온 사람들이라 귀촌의 모범 사례가 될 것으로 기대하고 있다(dongA.com, 2015.05.20).

좋은 환경을 찾아가거나 일부러 모이지는 않지만 한 지역의 환경을 개선하면서 공동체가 생겨나는 경우는 많이 볼 수 있다. 도시재생사업은 공간과 환경을 크게 변화시켰으며 주민공동체를 만들었다. 특히 재생사업을 계기로 만들어진 대부분의 주민공동체는 사업이 끝나고도 살아남아 재생 공간의 운영 주체가 되거나 새로운 공동체문화 환경을 열어가고 있다. 도시재생은 주민들의 관심과 참여가 중요한 밑거름이 되어 '주민공동체 활성화'나 '주민 역량 강화'에 기여하였다. 성공한 도시재생 사례 중 완산동 용머리 여의주마을의 사례를 제시해 본다. 이 마을은 지역특성에 맞추어 '우리동네살리기'를 내세운 결과, 자연스럽게 주민들의 삶의 질이 향상되고 지속가능한 공동체로 이어졌다(전북일보, 2023.11.09).

3. 함께 어울려 살기

1) 정책을 통해 서로 어울리기

통계청(2023)이 발표한 '2023년 8월 인구동향'에 따르면 출생아 수는 1만 8천984명으로 1년 전 같은 시기와 비교해 2천798명(−12.8%) 줄었다. 8월 기준으로 출생아 수가 2만 명을 밑돈 것은 1981년 통계 작성 이래 처음이다. 이와 같이 출산률이 감소하면 노인부양의 부담이 커질 수밖에 없는데, 부모부양이 가족의 책임이라는 의식이 크게 감소하고 가족과 정부 및 사회의 공동책임이라는 의식이 크게 증가하게 되었다. 그렇다면 아동이든 노인이든 누군가가 돌보아야 할 것인데, 돌봄의 의향과 능력이 있는 가정은 스스로 돌보면 되겠지만 그렇지 못한 가정은 국가의 도움이 필요하다. 복지에 대한 요구 증대나 경제성장 등으로 우리나라도 기본적인 생활 보장 및 돌봄과 간호 등 국가가 책임지고 있는 부분이 많이 늘어났다.

그러나 국가의 책임만 확대할 수는 없으므로 가정과 국가가 함께 돌봄을 책임지고, 일시적이고 간헐적인 돌봄은 이웃이나 공동체가 분담해 주면 될 것이다. 서로 갖고 있는 자원을 교환하고 돌봄과 경험을 공유하며 서로의 어려움을 상쇄하는 방법은 서로 어울려 사는 것이다. 처음에는 같은 세대끼리, 혹은 작은 부분부터 함께 하기 시작해서 점차 세대 간에 많은 부분을 함께 할 수 있다.

도시에서 아파트나 빌라에 산다는 것은 서로 떨어져 살라고 만들어진 것이지만 서로의 생활은 어쩔 수 없이 겹치게 되는데, 얼마나 혹은 자의적으로 겹침을 선택할 수 있는가가 관건이다. 사람마다 공동생활에 대한 관심과 태도가 다르기 때문에 커뮤니티와 프라이버시, 공동생활과 개인생활의 균형이 중요하다. 삶의 겹침을 그룹별로, 프로그램별로, 시설별로, 관리자별로 서로가 매개체가 되어 이루어질 수 있도록 하는 것이 필요하다(김기호 외, 2012).

국가적으로도 다양한 노력들이 진행되고 있다. 여러 가지 이름과 유형의 마을 만들기 혹은 공동체마을 등을 통해 다양한 가족이 공존할 수 있고 각각의 가족이 겪는 생활의 문제와 요구를 마을 안에서 함께 해결하고 풀어가고 있다. 또한 마을과 가족이 상호작용하면서 생활하는 장(場)의 역할을 하고 있다. 2000년대 초부터 다양한 지역사회 만들기가 시작되어 국가균형발전위원회는 '살기 좋은 지역 만들기'를 통해 건강하고 일하기 좋은 도시를 조성하고자 하였고, 여성가족부는 '가족친화형 마을공동체'를 만들고자 하였으며, 서울시 등 지자체들도 마을공동체 형성을 지원하기 시작하였다.

여성가족부가 주관하는 '여성친화도시사업'은 도시 인프라가 여성의 지위 향상에 기여할 수 있도록 성평등정책과 도시 인프라를 연계시키는 사업으로 2009년부터 시작되었으며, 2006년 세계보건기구(WHO)가 시작한 고령친화도시, 유니세프

(UNICEF)가 주관하는 아동친화도시 등 다양한 명칭의 도시와 마을 사업이 진행되고 있다. 최근 국내에서 활발하게 진행되고 있는 도시재생사업은 2013년 지역발전과 도시재생뿐만 아니라 지역공동체 활성화를 목표로 추진되고 있다. 경제적으로 쇠퇴한 지역의 재생을 통해서 지역불균형 완화뿐만 아니라 지역주민의 삶의 질 제고 및 역량강화를 함께 도모하는 비전을 제시하고 있다(여성가족부 · 한국여성정책연구원, 2019).

또다른 사례로 여성가족부가 주관하는 가족친화마을은 「가족친화 사회환경 조성 촉진에 관한 법률」에 의거하여 '가족친화 지역환경 조성사업'의 일환으로 시작되었다. 이는 가족친화기업을 육성하는 것과 마찬가지로 지역사회를 통해 가족친화적 마을을 만들고자 한 것으로서, 지역사회의 공동체 활동을 통해 가족돌봄을 해결하기 위한 사업으로 시작되었다. 그러나 가족친화 기업환경조성에 비해 지역사회 조성은 비중이 적고, 결국 '여성친화도시사업'으로 흡수되었다. 현재는 건강가정지원센터를 기반으로 한 가족문화사업의 일환으로 '가족품앗이사업'을 진행하고 있을 뿐이다.

서울시는 지방자치단체 수준에서 마을공동체 만들기에 공을 들여왔다. 서울시는 2013년부터 마을의 씨앗을 육성하고 마을로 가는 다양한 길을 제시한 '1기 마을공동체 기본계획'에 이어, 2017년부터 '2기 마을공동체 기본계획'을 마련하였다.

서울시는 모임형성 지원을 통한 참여자 확대를 위해, 이웃 만들기 사업을 자치구별로 확대운영하면서 구별 밀착 지원을 실시하고 있다. 주민모임이 대부분 행정동 범위를 넘지 않는 인간관계를 바탕으로 하기 때문에 작은 단위로 구분하여 소모임 지원 사업을 정례화하고 있다. 이를 통해 참여자들이 적극 참여할 수 있도록 하였으며, 참여집단을 다양한 계층별로 구분하여 특화사업을 도입함으로써 고유한 사회 문제를 해결할 수 있고 자발적으로 더 참여하도록 기획하였다. 청년들이 마을에서 친구나 이웃을 사귀고 일자리를 해결할 수 있게 하거나, 중년 직장인들이 은

되 후 일상생활을 보낼 수 있도록 준비를 돕는 프로그램 등이 마련되어 있다.

표 5-1 서울시 2기 마을공동체 기본계획: 추진과제 및 주요 내용

추진과제	세부내용
1. 참여자 확대 지속과 다양화	1.1 모임형성 지원을 통한 참여자 확대 운영
	1.2 소극적 참여집단 유입전략 도입
2. 시민 정책 공감대 제고	2.1 자치구 마을아카데미 운영 활성화
	2.2 시민 대상 마을공동체 교양강좌 운영
3. 일상적 활동과 모임의 연계지원 강화	3.1 지원사업 종료 후 일상적인 활동 지원
	3.2 지역기반 사회적협동조합 설립 지원
4. 마을공동체 지원사업 재구성	4.1 자치구 주도 현장밀착형 마을사업 추진
	4.2 서울시 주도의 전략형 마을사업 운영 및 발굴
5. 주민자치회 설립과 실질화 지원	5.1 서울형 주민자치회의 민주적 운영과 역량강화 지원
	5.2 주민자치회 주도 지역발전 지원
6. 역량강화 중심의 간접지원 강화	6.1 마을공동체 종합교육 프로그램 운영
	6.2 전문가 및 단체 협력을 통한 컨설팅 전문성 제고
7. 공동체 자원의 조달, 활용, 축적 촉진	7.1 현금 외 공동체 자원을 자부담으로 인정
	7.2 주민 수요에 부응하는 직접지원 다양화
	7.3 공동체 공간 조성 및 운영 안정화 지원
	7.4 공동체 기금 조성 지원
8. 정책지원 전문가 양성 및 배치	8.1 마을자치전문가 양성 및 배치
	8.2 마을일자리 창출 및 경력관리 시스템 구축
9. 자치구 주도 마을자치 통합 지원체계 구축	9.1 시/구 중간지원조직 기능 명확화
	9.2 협력적 정책 추진 활성화
10. 법제도 개선	10.1 시/구 관련 조례의 통합적 조정
11. DB시스템 개선으로 활동과 업무 효율 향상	11.1 참여자/모임 기준으로 시스템 전환, 행정절차 간소화
	11.2 공동체 공간 통합 온라인 플랫폼 구축

자료: 서울연구원 (2017). 서울시 2기 마을공동체 기본계획 연구보고서. 내용 발췌하여 표로 구성함.

또한 마을공동체 지원 사업을 통해 모임형성을 지원하고 활동을 지원하여 지역 문제를 해결하는 특화사업으로 발전시킨다. 마을계획 수립을 지원하여 다양한 특화마을 만들게 되면 주민자치회 주도의 도시재생사업으로 발전할 수 있다. 이런 활동을 통해 지역이 발전하게 되려면 거점 공동체 공간이 필요할 것이므로, 마을활력소라는 공간도 조성한다. 유휴 공공공간을 활용하거나 자치구 시설들을 이용하여 안정적인 공간을 조성함으로써 '마을활력소'가 거점공간이 되도록 하는 사업을 실시한다.

10여 년 동안의 마을공동체 만들기 사업은 마무리단계로 접어들었고, 그 대신 4차 건강가정기본계획(여성가족부, 2021)의 가족사업들이 지역사회 역할 활성화와 사회관계망 지원 등을 통해 서로 돌봄과 생활 나눔을 실시하고 있다. 예를 들면, 초등학생 등 자녀 돌봄 공백 해소를 위해 마을, 학교를 기반으로 방과 후 돌봄 공간을 확충하고 지역사회 유관기관 협력을 강화한다. 또 1인 가구 등의 고독, 고립 등 방지를 위해 주민 주도의 다양하고 자발적인 돌봄공동체 모델을 확산하며, 지역별로 돌봄 플랫폼을 구축하고 돌봄공동체 사업을 추진하여 지역공동체 기반의 일상 돌봄을 지원하고자 하였다.

2) 나누고 참여하기

국가나 지자체별로 다양한 공동체모임을 활성화하고 공동체주거를 만들고 있지만, 함께 어울려 사는 것이 항상 좋은 것만은 아니다. 모임과 활동을 유지하기 위해서는 갈등 해소나 참여를 위한 노력들을 많이 기울여야 한다. '공동체 주택에 관한 연구'(서울시여성가족재단. 2019) 결과에서도, 공동체모임의 가장 큰 어려움으로 입주자들의 낮은 참여율과 모임 내 갈등 등을 꼽았다. 또 협동조합주택 입주자들의 인터뷰에 의하면, '귀찮게 뭘 자꾸 시키진 않을까', '새로운 사람들과 어울리는 것도 에너지를 쏟아야 하는 일인데 잘될까', '동네에선 계속 착한 척만 해야 하는 걸까', '결국 서로 상처만 주고 끝나진 않을까' 등 걱정이 많았다. 이와 같이 서로 다른 생활 패턴의 조정, 다양한 이해관계자들에 대한 이해와 소통 등 많은 노력이 필요한 것은 사실이다.

그럼에도 불구하고 여럿이 살아 안전하며 혼자 생활하지 않아 외롭지 않다는 반응들이 있으며, 모임을 통해 서로 더 친해지는 과정을 겪게 된다고 하였다. 전문가의 입장에서도 성공적인 하우스 쉐어링을 위해서는 공간의 공유뿐 아니라 소통과 서비스의 공유가 전제되어야 하며, 특히 고령층의 하우스 쉐어링은 경제적 유인과 함께 정서적 · 사회적 유대감을 제공하는 것이 상당히 중요하다고 조언한다(대한금융신문, 2018.01.26).

한 공간에 같이 살거나 같이 활동하지는 않더라도 위급할 때 도움이 되거나 외로울 때 잠시 만날 수 있는 사람이 이웃에 있으면 참 좋을 것이다. 시장조사전문기업 엠브레인 트렌드모니터가 전국 만 19~59세 성인남녀 1,000명을 대상으로 이웃과의 관계 및 교류와 관련한 설문조사를 실시한 결과, 이웃사촌이라는 개념이 확연하게 옅어졌으며, 이웃들과 별다른 교류 없이 지내는 경우가 많은 것으로 조사되었다(세계일보, 2019.06.01). 우선 10명 중 4명 정도(39.8%)는 현재 옆집에 누가 사는지 모르고 있었고, 특히 저연령층(20대 50.8%, 30대 45.6%, 40대 32%, 50대 30.8%)일수록 이런 경향이 두드러지는 모습이었다. 그러나 동네에 가깝게 지내는 이웃이 있었으면 좋겠고(59.2%), '동네친구' 한두 명은 있었으며 좋겠다(80.9%)는 생각을 하는 사람들이 있는 것으로 보아, 예전처럼 이웃사촌까지는 아니지만 내가 사는 곳에 정을 붙일 수 있는 누군가가 있었으면 하는 마음은 존재한다고 보았다.

이렇게 어려움과 갈등은 있지만 함께 참여하고 같이 살아가려는 마음과 노력은 개인보다는 가족과 친지, 이웃들과 함께 하려는 인간의 기본적인 욕구로서, 필요의 정도에 따라 단순한 공동체 활동에서부터 장기적인 공동체 시설까지 다양한 수준의 공동체를 형성하게 만든다. 함께 참여하고 가꿀 때만 공동체가 유지될 수 있고, 지금 당장은 필요하지 않더라도 공동체가 항상 유지되어야만 가정과 사회에 혜택이 돌아올 수 있다. 특히 코로나-19로 대면활동이 불가능했던 시기를 겪고 나서는 함께 하는 공동체 활동이 더욱 요구된다.

05 참고문헌

경기도여성가족재단 (2022). 남성양육프로그램 운영가이드 및 활용보고서.
김기호 · 김도년 · 김세용 · 김은희 · 박소현 · 박재길 · 안현찬 · 이영범 · 이윤석 · 장옥연 · 허윤주 · 황희연 (2012). 우리, 마을 만들기. 서울: 나무도시.
서울시 여성가족재단 (2017). 서울거주 1인 가구 실태조사 및 기본계획수립 연구.
서울시 여성가족재단 (2019). 1인 가구 주거공동체 및 사회적 관계 활성화 방안.
서울연구원 (2017). 서울시 2기(2018-2022) 마을공동체 기본계획 연구.
신용하 · 장경섭 (1996). 21세기 한국의 가족과 공동체문화. 서울: 지식산업사.
여성가족부 · 한국여성정책연구원 (2019). 주민주도형 돌봄 공동체 우수사례 워크숍 자료집.
조정희 · 박미선 (2022). 주거비부담이 사회경제적 박탈에 미치는 영향. 국토연구원.
최정신 (2015). 스칸디나비아의 시니어 코하우징. 서울: 어문학사.
KB 금융지주 경영연구소 (2019). 한국 1인 가구보고서.

삼각산재미난마을 네이버카페 https://cafe.naver.com/maeulro53
서울시 공동체주택플랫폼 http://soco.seoul.go.kr/cohousingIntro.do
성미산마을극장 네이버카페 https://cafe.naver.com/sungmisantheater.cafe
우주 홈페이지 http://www.woozoo.kr

dongA.com. (2015.05.20). 서울 성미산마을 주민들이 평창에 간 까닭은?
경향신문 (2023.01.02). 남과 함께 사는 100만명…이들도 '가족'입니다.
대한금융신문 (2018.01.26). 1인 노인가구의 대안으로 떠오른 '하우스 쉐어링'.
데일리팝 (2023.04.21). "전에 알던 고시원 아냐"..코리빙하우스 뜨는 이유?
디지털타임스 (2023.10.24). 쉐어하우스 '우주' 1인 가구 타겟 지원 늘린다.
매경이코노미 (2020.09.23.-10.06). 제2077호 · 추석합본호.
매일경제 (2020.09.23). '탈 가족 시대' 이상한 정상가족…혈연 · 결혼 NO '분자가족' 봇물.
매일경제 (2022.11.14). "왜 나만 돈에 쪼들리나"...국민 절반 이상 주거비 부담에 박탈감.
머니투데이 (2023.04.21). 건축왕, 빌라왕, 빌라의 신까지... 수도권 전세사기 8건 모아보니.
머니투데이 (2020.01.08.). '쉐어하우스 성지' 서울 마포구…전체 15% 몰려.

비즈워치 (2023.05.12). 전세도 월세도 무서워---"쉐어하우스, 하숙으로"

서울시 (2022.05.10). 보도자료. '5년전과 달라진 서울시 1인 가구의 일상'

세계일보 (2019.06.01). 한국사회 '관계의 단절' 가속화…단절된 '이웃관계', 무색해진 '이웃 사촌'.

아이뉴스24 (2019.07.14). '간헐적 가족' 아시나요.

연합뉴스 (2023.10.25). 8월 출생이 1만8천여명…33개월 만에 가장 큰 폭 감소.

연합뉴스 (2022.12.22). 마을공동체 등 박원순 사업 폐지 조례, 시의회 통과.

오마이뉴스 (2016.02.15). 세상 속 다른 세상, 홍동마을 이야기.

전북일보 (2023.11.09). 도시의 시간 성장동력을 만들다 ⑬ 공동체의 힘.

토마토뉴스 (2016.09.09). 시니어의 선택, '친환경 코 하우징'.

한겨레신문 (2020.10.10). 돌봄위원회, 막걸리학교…'백 개의 학교'가 있는 '동네 살이'.

한겨레신문 (2020.09.14). 아파트 이웃끼리 빌려 쓴다…'단지 셰어링' 뜰까.

한국농정신문 (2020.10.25). 내가 사는 마을과 가까운데서 돌봄 받을 순 없을까.

03

PART

가족의 다양한 삶 들여다보기

CHAPTER

06

전통, 생활에 스며들다

Chapter 06

전통, 생활에 스며들다

1. 전통생활문화의 새로운 의미를 찾다

1) 전통의 뿌리 찾기

한국의 전통생활문화는 크게 두 영역으로 나누어 볼 수 있다. 그 하나는 농사에 뿌리를 두고 있는 절기별 세시풍속이다. 절기는 태양의 움직임을 기준으로 일 년을 24등분한 것이다. 기후 변화를 예측하는 기준이 되었기에 농사짓기에 참고해야 할 중요한 정보였다. 첨단기기와 농법을 이용할 수 있는 지금과는 달리 전통사회에서 농사는 자연이 내려주는 햇빛과 강우, 바람에 전적으로 의존해야 했고, 그에 따라 흉 · 풍과 생존의 문제가 직결되어 있었다. 그만큼 자연적 기후조건을 살피는 것은 가족의 삶을 책임지고 있는 농부에게 중요한 과업이었다.

또한, 대부분의 일을 신체적 노동으로 해결해야 했기에 노동력을 확보하고 잘 관리하는 것도 중요했다. 예를 들면, '머슴날'은 한 해 농사를 앞두고 고된 일을 해야 할 머슴들이 풍성한 음식을 먹을 수 있는 날이었다. 머슴을 노동력으로 부리기만 하는 것이 아니라 노동에 대한 고마움을 표현하는 풍속이다. 머슴을 부리기 어려운 농가에서는 집집마다 돌아가며 집단노동을 확보하는 방법으로 계, 두레와 같은 노동 전략을 사용하기도 했다. 마을단위 공동체가 생겨날 수밖에 없었던 노동환경이었다. 마을공동체는 노동을 공급하는 비형식조직인 동시에 풍년을 기원하는 마을 제사, 농사의 고된 노동을 위로하는 마을 축제의 단위이기도 했다. 함께 음식을 만들어 나누어 먹고 어울려 놀이를 즐기며 공동체 유대를 돈독히 유지하기 위한 교류의 장이었다. 한 해에 걸친 농사는 기후 변화의 기준인 절기에 따라 이루어져야 했고, 그 절기마다 가족들은 마을 공동체 구성원으로서 먹거리와 놀거리를 함께 했던 것이다.

전통생활문화의 또 다른 영역은 유교적 규범에 바탕을 둔 의례문화이다. 우리는 일생에 걸쳐 출산, 생일, 결혼, 회혼, 회갑, 승진이나 취임, 은퇴, 상례, 제례와 같은 다양한 의례를 경험하게 된다. 일생의례 또는 평생의례이다.

통과의례라 할 때는 일반적으로 관혼상제의 사례(四禮)를 일컫는다. 우리가 전통문화로 알고 있는 통과의례는 조선조 500여년에 걸쳐 확고히 뿌리내렸던 유교적 의례문화로 특징지을 수 있다. 조선 사회는 유교를 국교로 삼아 유교적 사회질서를 국가통치 이념으로 삼고자 했다. 이를 위해 백성들에게 유교 이념을 교육시켜야 했으며, 그 중요한 수단이 의례였다. 예를 들면, 상례와 제례는 인(仁)과 애(愛)를 가르치기 위한 것이었다. 상례와 제례를 유교적 예(禮)에 따라 바르게 행하도록 함으로써 부모와 조상에 대해 애정과 보답하는 마음을 갖도록 하고, 효도를 가르칠 수 있었다. 때문에, 유교적 예에 따라 통과의례를 행하지 않으면 벌을 받기도 했다. 상례를 제때 치르지 않거나 상중 혼인, 상기 중 탈 상복 등은 모두 처벌 대상이 되었다(문옥표, 1997).

충과 효를 강조하는 유교적 가족 규범으로서 전통적 가족가치관은 그 결과물이라 할 수 있다. 실천 강령으로 활용된 부부유별, 부자유친, 장유유서의 윤리 규범은 성, 연령, 세대 간 수직적 위계문화를 만들어냈다. 여기에 음양오행설이 성별에 따른 차별적 문화를 형성하는 데 덧붙여졌다. 음양오행설에서 음양(陰陽)은 본래

교대로 순환하는 두 개의 흐름으로써 가치 평가가 배제된 개념이다. 두 개의 상호 보완적인 힘이 서로 작용하여 우주의 삼라만상을 발생시키고 변화 · 소멸시키게 되는 것으로 여겨진다. 음(陰)은 여성적인 것, 수동성, 추위, 어둠, 습기, 부드러움을 뜻하고, 양(陽)은 남성적인 것, 능동성, 더위, 밝음, 건조함, 굳음을 뜻한다. 전통혼례에서 신부는 신랑에게 음의 숫자인 두 번을 절하고, 신랑은 신부에게 양의 숫자인 한 번을 절한다. 절의 횟수의 차이는 차별적 관습으로 인식되지만 거슬러 올라가 보면 음양에 뿌리를 두고 있는 조화를 추구하는 것이라 할 수 있다.

2) 전통에서 의미 찾기

서구문화가 유입되고 세계화가 진전되면서 우리 사회는 다양한 나라의 문화를 받아들이게 되었다. 특히 의식주, 의례 등 모든 부분에서 생활양식이 서구화되었을 뿐 아니라 새로운 문화를 끊임없이 받아들이고 변화하라고 요구한다. 이 시점에서 우리의 전통문화를 다시 한 번 생각해 보게 된다. 과연 전통문화의 기준은 무엇인가? 시기적으로 언제의 문화를 전통이라 할 수 있는가? 전통 역시 시대 변화에 따라 변하는 것인가? 문화의 변용을 수용한다면 그 기준이나 방식은 어떠해야 하는가? 문화혼성성이 극명하게 나타나고 있는 세계화 시대에 전통문화는 어떤 의미가 있는가?

우리가 현시점에서 인식하는 전통적인 가정생활문화는 조선시대의 유교적 가족문화이다. 유교적 가족문화를 거슬러 올라가면 삼국시대 이후의 불교문화, 그 이전인 원시시대에는 무속의 문화가 가족문화를 형성했을 것이다. 우리가 인식하는 전통문화는 그 이전의 전통문화에서 일부가 선택되고 일부는 버려지며 변화되어 온 것이다. '전통이란 결국 현재에 있어서의 전통'(고병익, 1976)이며, 전통문화는 현대문화와의 관계에서 비로소 전통으로서 의미를 지닌다(이기백, 1997). 우리가 인식하는 전통문화는 시간의 흐름 속에서 변화와 지속을 거듭하는 역동적 과정의 한 단면을 보고 있는 것이다(이기태, 2018).

전통은 정체된 것이 아니라 끊임없이 새롭게 이해되고 재구성된다(조옥라 외, 2003). 우리는 지금 전통적 가족문화 규범을 상력히 서부하는 몸짓을 하고 있다. 변화된 사회 환경에 적응하기 위한 적응 전략으로서 전통문화의 부분적인 지속과 변화를 시도하고 있는 것이다(이기태, 2018).

하지만 가족문화의 토대인 문화적 전통을 완전히 거부할 수 없으며, 문화적 전통의 관성은 과거와 현재를 연결시켜 주고 또한 미래로 이어지는 연속성의 바탕이 된다(이문웅, 1991). 이어지는 전통의 뿌리는 우리의 삶을 만들어 주고, 문화 민족으로서의 정체성을 형성하고 유지해 나가고 있는 것이다. 끊임없이 변화해 가고 있음에도 우리가 전통문화에 관심을 가져야 할 이유는 그것이 새로운 전통을 창조할 수 있는 재료, 방법, 주체, 가치(이기백, 1997)로서 의미를 갖고 있기 때문이다.

개별 가족단위에서 볼 때 전통 생활문화는 가정생활에 있어 취사선택을 할 수 있는 대안적 재료이자 방법이라 할 수 있다. 선택된 생활양식은 과거의 전통을 잇고, 현재를 유지해 주며, 미래를 연결하는 또 다른 전통을 만들어간다. 가족원들은 가족 고유의 생활문화를 통해 개인과 가족정체성을 형성하며, 민족단위의 문화정체성을 형성하는 부분으로 기여하고 있는 것이다.

2. 절기 따라 즐거운 놀거리와 먹거리

우리는 오래전부터 계절에 따라 좋은 날을 택해 놀이와 음식을 즐겨왔다. 이것이 시간의 흐름에 따라 설, 단오, 한식, 추석과 같은 명절로 쇠게 된 것이다. 계절적 변화를 가늠하기 위해 구분해 놓은 24절기와 함께 다양한 놀이와 음식을 즐겼던 세시풍속으로 자리 잡게 된다.

1) 한 해 준비하기

한 해의 시작은 새해 첫날인 설에서부터 시작된다. 하지만 생업인 '농사'의 관점에서 보면 실질적인 한 해의 시작은 입춘에서부터라고 할 수 있다. 입춘이 되면 그동안 추웠던 겨울이 따뜻한 봄 날씨가 될 것이라는 기대를 하게 된다. 따뜻한 날씨는 농사를 준비할 시기가 되었음을 알리는 신호이다. 입춘에 이어 우수, 경칩, 춘분, 청명, 곡우의 봄철 절기가 이어진다. 입춘에는 대문에 입춘대길(立春大吉), 건양다경(建陽多慶)과 같은 입춘첩을 붙이고 팥죽을 쑤어 대문에 뿌린다. 입춘은 농사를 시작하는 첫 번째 절기이기에 한 해 농사를 기원하며, 보리뿌리 점이나 오곡 씨앗을 솥에 넣어 볶기와 같은 농사 점을 행했다(한국민족문화대백과사전). 절식으로는 산야의 눈 밑에서 새로 싹터 나오는 산채를 겨자, 식초, 소금 등으로 조리한 나물을 일컫는 오신반(五辛盤)을 먹으며 봄맞이를 하였다.

음력 이월 초하루는 중화절로 일명 머슴날이라고 한다. 한 해의 고된 농사일을 앞두고 머슴들에게 음식을 대접하고 노래와 춤으로 즐길 수 있도록 하였다. 나이 수만큼의 송편과 음식을 넉넉히 베풀었으며, 돈을 주어 쓰게 하여 일꾼들의 수고를 위로하고 사기를 북돋웠다(한국민족문화대백과사전). 삼월삼진날은 강남 갔던 제비가 돌아오는 날로 따뜻한 봄 날씨를 알리는 날이다. 진달래꽃으로 화전과 화채를 만들고, 오미자차에 띄워 화면(花麵)을 만들어 먹었다.

명절로는 설, 대보름, 한식을 들 수 있다. 설날 차례를 지내고 나면 아이들은 부모뿐만 아니라 살고 있는 동네 어르신들을 찾아뵙고 세배를 하곤 했다. 아이들 성장환경으로서의 마을공동체가 기능했다고 볼 수 있다. 윷놀이, 널뛰기, 연날리기, 팽이치기, 제기차기는 설 놀이이자 겨울철 내내 어른과 아이들의 놀거리였다. 집에는 새해맞이 복조리를 걸어두었으며, 귀신을 쫓기 위한 예방으로 대문에 부엌에서 사용하는 체를 걸어두는 야광이 쫓기, 설날 첫새벽 새소리, 길짐승 울음소리를 듣고 그 해 신수를 점치는 청참(聽讖) 풍속이 있다(한국민족대백과사전). 설음식으로는 떡국, 만둣국, 전유어, 인절미, 빈대떡, 식혜, 수정과 등을 차례 상에 올리고 가족과 함께 나누었다.

새해 첫 보름달이 뜨는 날을 기념하는 대보름에는 풍년을 기원하는 달맞이를 비롯해, 쥐불놀이, 달집태우기, 볏가릿대 세우기, 줄다리기, 다리 밟기, 백가반 먹기, 나무 아홉 짐 하기 등 어느 명절과 비교해도 많은 세시 행사가 이루어졌었다. 달 · 여신 · 대지로 연결되는 풍요의 원리가 작용했기 때문으로 볼 수 있다. 일 년 내내 부스럼 나지 말라고 호두, 땅콩, 잣과 같은 부럼을 깨거나 귀가 밝아지는 이명주를 먹었다. 그해 여름 더위를 사가라고 외치며 더위팔기를 했다. 대보름 절식으로는 오곡밥, 약밥, 묵나물, 복쌈 등이 있다. 특히 오곡밥은 보름날 아침, 아이들이 작은 소쿠리를 들고 이웃집을 돌아다니며 한 숟갈씩 얻어먹었으며, 성씨가 다른 집을 찾아, 세 집 밥을 먹어야 그해 운이 좋다고 하기도 했다.

한식에는 성묘, 개사초를 하며 조상의 묘를 살폈으며, 찬 음식으로 메밀국수를 먹는 지방도 있었다. 한식 전후로 쑥떡이나 쑥탕을 먹기도 하였다(황규선, 2007).

2) 여름철 더위 나기

석가탄신일을 기념하는 초파일에는 연등놀이, 탑돌이를 했으며, 콩을 볶아 길가는 사람들에게 나누기도 하였다. 절식으로는 느티떡, 미나리강회 등이 있다. 여름철 명절인 단오는 음력 5월 5일로 양의 숫자인 5가 두 개 겹치는 양기가 넘치는 날로 여겨진다. 파종이 끝나는 시기에 새로 지은 농사가 잘 되기를 기원하는 단오제나 단오 굿을 지냈다. 창포가 무성한 물가에서 물놀이를 하며, 창포를 삶은 창포탕으로 머리를 감고, 창포 뿌리를 붉게 물들여 만든 비녀를 머리에 꽂기도 하였다. 그네뛰기, 씨름, 활쏘기 같은 놀이를 하였다. 궁중에서는 제호탕이나 단오부채를 만들어 신하들에게 하사하였다. 익모초와 쑥을 뜯어 말려두었다가 불을 붙이는 데 사용하거나 대문 옆에 세워두기도 했다. 절식으로는 제호탕, 수리취떡, 앵두화채, 앵두편 등을 먹었다.

유두절에는 유두천신(流頭薦新)이라 하여, 햇밀가루로 국수와 떡을 마련하고 새로 난 참외, 수박 등 과일과 곡식을 사당에 차려 제사를 지내며 연중농사가 잘 되기를 기원했다. 유두(流頭)의 뜻 그대로 동으로 흐르는 냇물에 머리감기를 하였으며, 절식으로는 애호박 등을 이용한 밀전병, 떡수단, 보리수단, 유두면, 밀쌈, 편수 등이 있다. 여름철 초복, 중복, 말복에는 더위를 이기기 위한 음식을 장만해 먹거나 개울에서 물고기를 잡는 탁족, 천렵과 같은 물놀이를 하였다.

3) 거두기와 감사하기

가을철에는 고된 농사를 마감하고, 결실을 맺게 해준 자연과 조상에게 감사를 표현하는 풍속이 주를 이룬다. 칠월칠석은 견우와 직녀가 만나는 날이라는 설화가 있는 날로 수명신으로 알려진 북두칠성에게 수명장수를 기원하는 고사를 지냈다. 특히 여자들은 길쌈과 바느질 솜씨가 있게 해달라는 제사를 지내기도 했으며, 처녀들이 장독대 위에 고운 재를 담은 쟁반을 올려놓고 점을 치기도 했다고 한다. 여름철 장마를 지난 시기이기에 습해진 옷과 책을 말리는 풍속도 행해졌다. 절식으로는 밀전병, 밀국수, 밀설기, 복숭아화채 등이 있다.

음력 7월 15일에 맞는 백중에는 익은 과일을 따서 조상에게 천신을 한 다음 먹는 천신 차례를 지냈다고 한다. 농가에서는 백중날, 머슴을 하루 쉬게 하고 돈을 준다. 머슴들은 그 돈으로 장에 가서 술과 음식을 사 먹고 물건도 사곤 해서 백중장이라는 말이 생겼다 한다. 중부 이남에서는 그해 농사가 가장 잘 된 집 머슴을 소에 태워 마을을 돌며 노는 호미씻이 잔치를 한다.

추석은 설과 함께 지금도 여전히 지켜지는 가장 큰 명절 중 하나이다. 한 해 농사를 짓고 햇곡식과 과일을 수확할 수 있는 것에 대해 조상에게 감사함을 표하는 차례를 지내고 성묘를 한다. 소놀이, 거북놀이는 농군들이 농악대를 앞세워 마을을 돌면서 이집 저집 찾아다니는 것이다. 일행을 맞이하는 집에서는 음식을 차려 대접하고, 풍물과 춤을 추며 어우러진다. 이때 얻은 음식은 가난해서 음식장만을 하지 못한 사람에게 나누어 주기도 했다. 줄다리기, 활쏘기, 씨름 등은 마을 사람들이 함께 모여 하는 놀이였으며, 강강술래는 달 밝은 밤에 부녀자들이 바깥바람을 쐬고 이웃과 함께 놀 수 있는 즐거운 놀이였다. 올게심니는 그 해 농사에서 가장 잘 익은 곡식 등의 이삭을 한 줌 묶어서 기둥, 방문 위나 벽에 걸어놓는 것이다. 다음 해 풍년을 비는 민간신앙으로, 올게심니 했던 곡식은 먹지 않고 다음 해 종자로 쓰거나 밥이나 떡을 해서 사당에 올리기도 했다. 추석 절식은 설 차례 음식과 다르지 않으나 햇곡식, 햇과일을 사용한다는 차이가 있다. 추석상에 올리는 송편은 그해 추수한 햅쌀로 빚었다고 해서 올벼송편, 오려송편이라 불렀다. 추석 즈음에만 먹을 수 있는 토란은 맑은 고기장국을 끓여 토란탕으로 먹는다(한국민족문화대백과사전).

4) 겨울나기

가을철이 수확에 대한 감사의 계절이라면, 겨울은 한 해를 잘 마무리하기 위한 기원과 감사의 계절이다. 음력 9월 9일인 중양절에는 가을 국화를 이용해 국화전, 국화주, 국화떡 등을 만들어 먹었다. 음력 10월은 상달이라 하여, 각종 제례가 집중되어 있다. 각 가정에서는 집안을 지키는 성주신에게 한 해 집안의 안녕과 농사 수확에 대해 감사하는 성주고사를 지낸다. 고사를 지낸 시루떡은 동네 이웃들과 나누며 유대를 돈독히 했다. 이즈음은 겨울 먹거리인 김장김치를 담그는 시기이다. 집집마다 많은 양의 김장을 해야 했기에 이웃들끼리 돌아가며 품앗이를 했다.

동지는 '작은 설'로도 불렸다. 동짓날 집안 식구들이 자기 나이만큼 새알심을 넣어 팥죽을 쑤어 먹어야 한 살을 먹는다고 여기는 풍속이 있었던 것에서도 그 흔적을 찾을 수 있다. 팥죽을 대문이나 벽에 뿌려 액을 물리치고자 했으며, 오는 새해의 무사안일을 비는 고사를 지내기도 했다. 섣달 그믐날에 집안 어른께 세배를 하며, 한 해 마무리를 했다. 그믐날에는 밤을 새우며, 가족들과 오는 새해 첫날 아침을 맞기도 했다. 졸음을 이기지 못하고 잠든 아이의 눈썹에 흰 분가루를 칠해 놀려주기도 했다. 그믐 저녁에 집안의 검불을 모아 태우거나 마당에서 청죽을 태워 폭죽 소리를 냈다. 집안 잡귀들을 놀래켜 쫓으려는 의례이다. 바느질 하던 것이나 먹던 음식은 해를 넘기지 않는 것이라 하여, 바느질을 끝내고(신미경 · 정희정, 2008), 남은 음식을 모아 비빔밥을 해 먹었다.

이와 같은 절기와 명절의 세시풍속에서 몇 가지 함의를 찾아볼 수 있다. 우리 선조들의 삶은 자연의 커다란 힘에 의존해야 했기에 세시풍속 곳곳에서 민속신앙적 요소를 찾아볼 수 있다. 풍년과 풍요를 기원하기 위해, 악귀를 쫓아내고자 그리고 집안의 평안과 수명장수를 비는 간절한 마음을 담은 차례를 지내고, 고사를 지내며, 굿도 하였다. 그러나 한편으로는 자연의 계절적 변화에 순응해가며, 제철에 나는 건강한 식재료와 음식을 즐기고 계절에 맞는 놀이로 험한 기후를 이겨내는 자연과 조화로운 모습도 볼 수 있다. 마을 사람들이 함께 모여 놀거리와 먹거리를 함께 즐기고 함께 나누어 먹으며 공동체 유대를 견고히 함으로써 생존의 어려움을 헤쳐 나가는 지혜도 엿볼 수 있다. 노동력을 제공하는 일꾼들이 고된 노동을 시작해야 할 때, 또 고된 노동을 마치는 시기에 음식과 노래와 춤으로 휴식을 취할 수 있도록 하였다. 수고에 대한 고마움이자 인격적 대우라 할 수 있다. 과학과 기술의 발전, 고도의 산업화로 더 이상 이 같은 삶의 방식은 필수가 아니다. 그럼에도 전통의 생활문화는 삶에 활기를 더하는 스토리를 제공하며, 아이들의 성장환경으로서 마을공동체, 선택에 따라서는 어른들도 여유로운 삶을 살아가는 환경으로서 마을과 함께 하는 놀거리와 먹거리는 오늘날에도 충분히 의미가 있을 것이다.

표 6-1 절기별 세시풍속

계절	명절 · 절기	활동과 놀이	먹거리
봄	설	• 세배 • 윷놀이, 널뛰기, 연날리기 • 팽이치기, 제기차기 • 목소리 설기 • 야광이 쫓기 • 청참	– 떡국, 만둣국, 전유어, 인절미, 빈대떡, 식혜, 수정과, 세찬
	대보름	• 달맞이 • 쥐불놀이, 달집태우기 • 볏가릿대 • 줄다리기, 다리 밟기 • 부럼 깨기, 잣불 켜기 • 더위팔기 • 백가반, 나무 아홉 짐 하기	– 오곡밥, 약밥, 복쌈 – 호박, 가지, 취, 고사리, 시래기, 버섯 등 9가지 묵나물 – 호두, 잣, 땅콩 등 견과류 – 귀밝이술
	입춘	• 입춘첩 • 팥죽 쑤어 대문에 뿌리기 • 보리 뿌리 농사 점	– 오신채(五辛菜), 오신반(五辛盤)

봄	중화절	• 일명 머슴날 • 일꾼들에 대한 음식 대접과 춤과 노래로 즐기기 • 콩 주머니 만들기 • 콩 볶기	– 노비송편, 큰 송편
	삼월삼짇날	• 강남 갔던 제비가 돌아오는 날 • 화전을 만들어 먹고 즐기기	– 진달래화전, 진달래화채, 화면, 탕평채, 쑥떡
	한식	• 성묘 • 개사초	– 찬 음식, 메밀국수
여름	초파일	• 연등놀이, 탑돌이 • 콩 볶음 만들어 길가는 사람들에게 나누기	– 느티떡, 미나리강회, 볶은 콩
	단오	• 단오제, 단오 굿 • 창포물에 머리감기, 물맞이, 창포비녀 • 단오 부채 주고받기 • 그네뛰기, 씨름, 활쏘기 • 단오 날 익모초, 쑥 뜯기	– 수리취떡, 앵두화채, 앵두편, 제호탕
	유두	• 유두 천신 • 동으로 흐르는 냇물에 머리감기	– 밀전병, 애호박밀전병, 떡수단, 보리수단, 유두면, 밀쌈, 편수
	복	• 초복, 중복, 말복을 지나며 복 음식으로 보신 • 탁족, 천렵	– 계삼탕, 개장국, 육개장
가을	칠월칠석	• 칠석고사 • 길쌈과 바느질을 잘할 수 있도록 직녀성에게 빌기 • 옷, 책 말리기	– 밀전병, 밀국수, 밀설기, 복숭아화채
	백중	• 천신차례 • 호미씻이 • 백중장	– 햇과일
	추석	• 추석 차례와 성묘 • 햇곡식과 과일로 조상에 지내는 차례 • 소놀이, 거북놀이 • 강강술래 • 줄다리기, 활쏘기, 씨름 • 올게심니	– 오려송편, 토란탕

겨울	중양절	• 삼짇날 돌아온 제비가 다시 강남으로 떠나는 날 • 성주고사 • 한 해를 마무리 하며 집집마다 고사지내기	– 국화전, 국화주, 국화떡
	상달	• 상달고사 • 김장 담그기	– 시루떡
	동시	• 동지팥죽 • 팥죽 쑤어먹기, 대문이나 벽에 팥죽 뿌리기	– 팥죽, 동치미
	섣달그믐	• 묵은세배 • 그믐날밤에 잠을 자지 않고 밤새우기 • 일찍 잠을 잔 아이의 눈썹에 흰 분가루 칠하기 • 폭죽	– 비빔밥

자료: 한국민족문화대백과사전을 참고로 재작성.

3. 의례, 의미는 살리고 틀은 바꾸고

1) 일생의례에서 찾고자 했던 의미

근대화를 거쳐, X세대, Z세대, 밀레니얼세대가 등장하며 세대의 가치와 생활양식에 많은 변화가 나타났다. 일생의례인 통과의례 역시, 그 형식은 물론 그 안에 담겨 있는 의미도 변화되고 사라졌다. 많은 변화가 있지만 그럼에도 우리의 소중한 정신적 자산은 지킬 가치가 있을 것이다. 현대에도 보존하고 살려낼 만한 가치가 있는 문화유산을 지켜내기 위한 한 방법으로 통과의례 중 관례, 혼례, 상례, 제례를 중심으로 그에 담긴 의미들을 알아보고자 한다. 관혼상제에 포함되지 않으나 생애 첫 사건인 출산의례를 포함한 전통의례를 살펴보고자 한다.

(1) 출산의례

전통사회에서 행해지던 출산의례로는 기자(祈子), 태교, 삼신할머니, 출산, 금줄, 이레, 백일, 돌 등을 들 수 있다. 전통적 출산의례에는 의학적 기술, 위생적 환경이 열악한 상황에서 자연의 힘에 의존하는 사례들을 볼 수 있다. 어렵거나 불행한 일을 피할 수 있기를 기도하고 무사히 출산을 한다거나 아기가 잘 성장한 것에 대한 감사함을 표시하는 의례들이다. 기자 행위로 정화수기도, 백일기도, 굿, 부적, 무사히 출산한 것에 대한 감사의 표시로 삼신상에 흰쌀밥과 미역국 올리기, 산모와 아이를 보호하기 위한 금줄, 아기의 수명장수를 기원하는 백일 등에서 그 같은 의미들을 찾아볼 수 있다. 백일이나 돌잔칫상에 올리는 음식에는 모두 의미가 담겨 있다. 청결과 신성함을 뜻하는 백설기, 부정을 막고자 하는 수수경단, 속이 꽉 차라고 오색송편을 올렸고, 장수의 의미로 국수나 실타래를 상에 올렸다. 이웃, 친지들과 백일 떡을 나누고, 받은 이들은 실이나 돈 등으로 답하며 복을 기원해 주었다(유문희, 2014). 돌상이나 돌잡이 때 남아는 붓, 먹, 벼루, 활을 여아는 바느질 용구로 성별에 따라 사용하는 물품을 명확히 구분했다.

어머니뿐만 아니라 아버지도 부모로서 역할을 함께 하는 의례도 보인다. 태교는 어머니만의 몫이 아니어서 아버지도 마음가짐과 절제가 요구되었다. 출산하는 방문 밖에서 아기 아버지가 창호지를 뚫고 상투를 밀어 넣는다거나 산모의 진통이 시작되면 지붕에 올라가 진통을 더불어 하는 풍속도 있었다.

(2) 관례, 계례

관례와 계례는 오늘날의 성년례에 해당된다. 성인에 이른 남자에게 관(冠)을 씌우고, 여자에게는 계(笄), 즉 비녀를 꽂아주고, 옷을 갈아입는 의식을 행한 후 자(字)를 새로 지어주고 사당과 집안 어른에게 인사하는 의례로 진행된다. 관과 계, 술, 자(字)를 지어주는 의례는 어른으로서의 지위 변화를 상징적으로 보여주는 절차라 할 수 있다. 관례와 계례는 어른으로서의 책임을 일깨우기 위한 의례였으나 일부 양반가에서만 그것도 대개 혼례와 합해 치르는 경우가 대부분이었다(문옥표, 1997).

(3) 혼례

조선사회는 육례(六禮)로 구성되는 중국의 주자가례를 혼례 규범으로 제시했으나, 관행적으로는 의혼(議婚), 납채(納采), 납폐(納幣), 친영(親迎)의 과정으로 이루어져 왔다. 의혼은 중매인을 통해 양가의 결혼 의사를 청하고 답하는 절차이다. 혹시라도 거절하는 경우, 쌍방의 체면을 상하지 않게 하기 위해 중매인을 통하는 것이 일반적이었다. 신랑감, 며느리감의 됨됨이를 보기 위해 상대가 모르게 부모가 나서 살피기도 했다.

납채는 청혼과 허혼의 과정을 통해 결혼 약속을 하는 것으로 볼 수 있다. 신랑 측에서는 청혼 절차로 납채 편지, 신랑의 태어난 연월일시를 적은 사주단자를 함께 보낸다. 신부 측에서는 청혼에 대한 답으로 허혼서를 보내며, 결혼날짜도 정해서 보낸다. 결혼식 당일, 여성의 신체적 상황을 고려할 수 있도록 하는 배려의 의미가 있다고 보겠다. 납폐는 신랑 집에서 신부 집에 함을 보내는 절차를 말한다. 함에는 신부옷감, 이불감, 패물, 살림살이 등을 넣어 보냈다. 신랑 집보다 신부 집은 사회 경제적으로 좀 더 낮은 집을 택하는 풍습이 있었던 바, 신부 집이 감당해야 할 경제적인 부담에 대한 배려의 의미가 들어 있다. 그럼에도 함에 지나치게 많은 물품을 넣어 보내는 것은 부를 과시하기 위함인 천박한 행동으로 여겼다. 가문의 세력이나 부를 얻기 위해 결혼하는 것을 부끄럽게 여겼던 결혼 윤리가 드러나는 부분이다.

함의 가장 밑바닥에는 목화솜(목화씨), 고추씨, 메주콩, 찹쌀, 향나무, 수수, 팥, 조 등을 넣은 주머니를 넣었다. 지방에 따라 넣는 곡물의 종류나 의미에 차이가 있지만 자손과 가문의 번창, 의복과 음식에 부족함이 없기를 비는 마음, 잡귀나 부정을 쫓는 의미, 부부의 백년해로, 절개와 순결(강규리, 2017) 등 결혼하는 가정에 대한 축복의 의미를 담고 있다.

친영은 신랑이 신부를 맞이하는 절차로, 신부 집에 가서 혼례를 치르고 본가로 돌아오는 모든 예를 말한다. 결혼식이라 할 수 있는 대례(大禮)는 초례(醮禮), 전안례(奠鴈禮), 교배례(交拜禮,) 합근례(合巹禮)의 순서로 진행된다. 초례는 혼례 전에 신랑, 신부가 각자 자신의 집에서 부모와 치루는 예이다. 먼저 조상께 결혼하게 되었음을 고한 후, 부모가 신랑 또는 신부에게 배우자를 맞이하여 역할과 도리를 다하라는 당부와 함께 예를 갖추는 의식이다. 전안례는 부부의 평생해로를 상징하는 목기러기 한 쌍을 신랑이 신부 어머니에게 전하는 절차이다. 교배례는 신랑신부의 맞절로 신랑은 한 번, 신부는 두 번의 절을 한다. 홀수는 양, 짝수는 음을 의미하는 숫자이다. 합근례는 신랑과 신부가 표주박 술잔을 주고받으며 혼인서약을 하는 절차이다. 결혼식인 대례는 신랑과 신부 당사자 두 사람만의 참여로 진행된다. 결혼식에 나서는 신랑과 신부는 이제 어른이며, 어른으로서 역할과 책임을 부여받는 의식에 참여하는 것이다. 혼인식이 끝난 후 신부 어머니는 음식과 함께 신랑 어머니에게 딸을 잘 가르쳐 달라는 편지를 써 보낸다. 혼인식을 끝내고 시가에 온 신부는 시가 식구들에게 처음 인사를 하게 된다. 이때 시어른께 올리는 음식이 폐백이다. 시어머니는 처음 맞은 며느리에게 큰상을 차려준다. 시댁의 음식을 맛보고 적응하게 하려는 의도를 엿볼 수 있다.

(4) 상례

효는 유교에서 매우 중요한 윤리였다. 그만큼 상례는 관혼상제 중 가장 엄숙하고 정중한 의례로 치루어졌다. 전통 상례는 매우 복잡한 절차 때문에 형식에 치우치고 가정경제에 부담이 된다는 문제가 지적되기도 했다. 형식적 요소가 있지만,

상례의 각 절차는 전체적으로 볼 때 부모에 대한 효의 다각적 표현이라 할 수 있다. 상례는 초종(初終)을 시작으로 습(襲), 염(殮), 성복(成服), 발인(發靷), 우제(虞祭), 졸곡(卒哭)의 절차로 이루어진다. 초종 과정에 속하는 초혼(招魂)은 부모와의 이별에 대한 안타까움을 나타내는 의례로 볼 수 있다. 임종이 확인되면 가장 먼저 지붕 위에 올라가 북쪽을 향해 웃옷을 휘두르며 죽은 사람의 이름을 불러 초혼을 한다. 영혼이 돌아오도록 부르는 의식이다. 죽은 후 사흘이 지나서야 비로소 옷을 갈아 입혀 관에 넣는 것도 죽은 사람이 다시 살아날지도 모른다는, 즉 그냥 보내드릴 수 없다는 의미를 담고 있다. 습을 하는 과정에서 이루어지는 반함례(飯含禮)는 죽은 사람의 입에 엽전이나 쌀 같은 것을 넣는 의례이다. 저승 가는 길에 양식으로 삼게 하는 것으로 사랑하는 사람의 입이 비어 있는 것을 견딜 수 없는 인정의 표현(문옥표, 1997)이라 할 수 있다. 우제는 초우제(初虞祭), 재우제(再虞祭), 삼우제(三虞祭)의 세 번이 있다. 돌아가신 분의 시체를 매장하였으므로 그의 혼이 방황할 것을 우려하여 위안하는 의식이다(한국민족문화대백과사전). 상례는 산 자로 하여금 죽은 자에 대하여 아름다운 예를 다하기 위한 것이다. 죽은 사람을 마치 산 사람과 같이 보내며, 그에게 마치 살아 있는 듯이 봉사하고, 없는 것을 있는 것처럼, 마지막을 처음과 같이 하기 위한 것이다.

전통적 상례는 사용되는 옷이나 관 등 모든 것이 죽은 사람을 마치 살아 있는 사람과 같이 보내주기 위한 '아름다운 예'이다. 죽음이 확인된 상황에서도 그것을 바로 인정해 버리는 것은 애정 결여를 보여주는 것이기에, 죽은 자에 대한 슬픔의 감정, 그리고 그것에 대한 지혜로운 표현을 조화롭게 형식화한 것이 상례라 할 수 있다(문옥표, 1997).

(5) 제례

예로부터 우리는 여러 자연물과 선조를 대상으로 제사를 지내왔다. 지금의 제례는 조상에 대한 의례로서 기제사와 차례를 일컫는 것으로 인식된다. 기제사는 조상이 돌아가신 날을 기려 지내는 제사이고 차례는 설과 추석에 지낸다. 제례는 강신(降神), 진찬(進饌), 삼헌(三獻), 유식(侑食), 합문(闔門, 계문(啓門), 사신(辭神)의 절차로 이루어진다. 제례는 조상과 후손 간에 맺어지는 혈연적 연대감에 뿌리를 둔 것으로 절차 하나하나에 우리의 조상은 죽어서도 자손들에게 살아 있는 존재로 간주되고 있음을 알 수 있다(윤덕인, 2005). 조상은 이미 세상을 달리했지만, 영혼은 불멸하는 것으로 여겨진다. 제례의 형식적 절차를 통해 조상의 영혼과 상호작용을 하고 있으며, 매년 의례를 하는 것과 같은 형식적 절차를 취하고 있다. 제례는 대문을 열고 조상신을 맞이하는 강신에서부터 시작된다. 어육류의 찬을 상에 올리고, 어른께 인사하듯 절을 하며, 실제 식사를 하는 것처럼 밥에 수저를 꽂고, 반찬에 젓가락을 얹는다. 세 번 술잔을 올리며, 그리고는 차려진 음식을 드시도록 문을 닫고 나와 조용히 기다린다. 다시 문을 열고 들어갈 때도 어른이 안에 계신 듯, 세 번 기침 소리를 내고 안으로 들어간다. 올렸던 탕을 내리고 마무리로 숭늉을 올린다. 마지막으로 두 번 절하는 것으로 신을 보내드리며 제사를 끝낸다. 모든 절차가 끝나고 나면 조상이 주신 복 있는 음식이라 여기며, 가족들이 음식을 나누어 먹는다.

제사 상차림은 유교 규범인 주자가례, 사례편람이 기준이 되고 있으나 우리나라 상고시대부터 이어져 내려오는 토속적인 음식이 바탕에 깔려 있다. 유교적인 규범은 상류사회에서만 통용되는 것이었고 서민층에서는 고유의 전래되는 습속이 유지되었다. 그나마도 제사 상차림은 집안에 따라 다르기에 가가례(家家禮)라 해서, '남의 집 제사상에 밤 놔라, 대추 놔라 하지 말라'는 것이다. 집안마다 각기 다른 제사 예법은 조상을 섬기는 후손으로서 알아야 하는 것이고 자녀에게도 알려주어 잘 지켜져야 한다는 '효'의 유교 윤리가 실천되었다.

제사 상차림에는 음양(陰陽)의 사상이 적용되고 있는 사례들을 볼 수 있다. 전(煎)과 적(炙)을 합해 그릇수가 홀수가 되어야 한다거나, 고기, 생선 등은 천산(天産)

이기 때문에 양수로 하고, 과일은 땅에 뿌리를 박은 지산(地産)이기 때문에 그릇수를 짝수로 하는 것 등이다.

제사 음식은 조상께 올리는 것이므로 정성을 다해 준비하는 것이 기본이다. 그해에 새로 난 곡식과 과일, 상처 나지 않은 크고 좋은 것으로 상에 올린다. 조리할 때는 고춧가루 등의 조미료를 사용하지 않는 풍속이 있다. 하지만 우암 송시열 종가의 제사 음식에는 파, 마늘, 후추, 고춧가루 등 양념이 들어간다. 시할머니께서 양념을 고루 넣어 조상이 음식을 맛있게 드시도록 하며, 조상을 먼 길을 다녀오시는 어른을 대하듯 편하게 음식을 하라 일러 주셨다고 한다(윤덕인, 2005).

2) 새로운 틀에 담는 의례

우리가 알고 있는 전통의례는 조선시대의 유교적 규범에 바탕을 둔 것으로, 오늘날 주변에서 볼 수 있는 혼례나 상례, 제례와의 사이에는 큰 거리가 있다. 조선시대 이후 근대화, 산업화의 과정을 거치면서 사회 다방면에서 나타난 급속한 변화와 마찬가지로 의례문화 역시 상당한 변화를 보이고 있다.

변화에 영향을 미친 여러 요소 중 종교는 근대화 과정에서 변화를 촉발했다는 점에서 중요하다. 조선시대는 하나의 종교인 유교로 수렴되어 있었다. 의례 규범의 근간이 되는 유교는 식민지배와 한국전쟁, 근대화 및 서구화 과정을 겪으면서 절대적 권위를 잃어버렸다. 그 이후, 불교, 유교, 기독교, 무종교 등 다양한 종교가 세력을 분할한 상황이다. 서구문물의 유입과 함께 새로운 종교의 전파는 서구식 결혼식, 추도예배로 대신하는 제례와 같이 의례의 형식과 절차를 변화시켜 왔다.

종교와 서구화가 의례문화에서 초기 변화를 주도한 요인이라면, 시장화나 상품화는 좀 더 최근의 변화에 결정적 영향을 미치고 있는 요인이다. 가사노동의 시장화가 가속화되면서 돌잔치는 더 이상 집에서 준비하는 행사가 아니며, 혼례는 예식장에서, 상례는 장례식장, 그리고 준비과정에 수반되는 물품이나 서비스는 시장에 금전적 지불을 하는 방식으로 바뀌었다.

한편, 우리에게 관찰되는 오늘날의 의례문화는 가정을 둘러싼 환경변화만으로 이루어진 것이 아니다. 우리의 의식이나 가치관의 변화가 환경적 요인들과의 상호작용을 통해 영향을 주고받은 과정의 결과물이라 할 수 있다.

표 6-2 **다양한 가족의례와 문화에 대한 동의(대체로 그렇다+매우 그렇다) 비율** (단위: %)

구분	전체	남성	여성	12~19세	20~29세	30~39세	40~49세	50~59세	60~69세	70세 이상
부부가 각자의 가족과 명절을 보내는 것에 동의한다.	30.0	26.7	33.2	48.7	48.4	33.4	30.6	22.8	18.3	13.0
제사를 지내지 않는 것에 동의한다.[1]	45.6	40.7	50.6	53.1	63.5	54.9	49.3	38.1	32.8	27.8
장례식을 가족 중심으로 치르는 것에 동의한다.[2]	58.9	56.1	61.7	61.4	63.8	62.5	63.2	56.8	54.2	48.8
결혼식을 결혼 당사자 중심으로 치르는 것에 동의한다.[3]	60.3	57.3	63.3	67.6	70.2	66.3	65.0	55.9	52.5	43.8
가부장적 가족호칭(도련님, 아가씨, 처남 등) 개선에 동의한다.	46.7	41.4	52.2	53.9	56.5	54.5	52.3	43.2	37.9	27.1

주: 1) 제사를 지내지 않는 것은 고인의 기일을 추모하고 기억은 하지만 일정한 형식과 예를 갖춘 전형적인 방식의 제사를 지내지 않는 것을 의미함
2) 장례식을 가족 중심으로 치르는 것은 부고의 범위를 가족과 소규모 지인으로 국한하고 가족장으로 치르는 것을 의미함
3) 결혼식을 결혼당사자 중심으로 치르는 것은 부모가 아닌 결혼당사자가 중심이 되어 결혼식을 준비하고 하객을 초청하여 치르는 것을 의미함

자료: 여성가족부 (2020). 2020 가족실태조사.

앞으로의 의례문화가 어떤 모습을 보일 것인지 예측하기 위해서는 변화의 방향성을 파악하는 것이 도움이 될 것이다. 이에 출산의례 및 관혼상제 의례 전반에서 나타나는 변화의 특징들을 살펴보면 다음과 같다.

첫째, 명절문화, 제사, 가부장적 가족 호칭 등에 대한 의식에서 연령간의 차이는 매우 뚜렷하게 나타나며, 젊은 연령층을 중심으로 확대가족에 기반한 가족의례문화 인식은 변화하고 있다. 여성가족부(2020)의 '2020 가족실태조사'에 의하면, 결혼식과 장례식을 당사자나 가족 중심으로 치르는 것에 동의하는 비율은 20대 이하는 약 70% 수준이며, 도련님이나 아가씨, 처남 등 가부장적 가족호칭에 대한 개선에 동의하는 비율도 20대 이하는 약 55% 수준인 것으로 나타났다. 반면 이와 같은 가족의례와 문화에 대한 동의는 연령이 높을수록 낮게 나타났다.

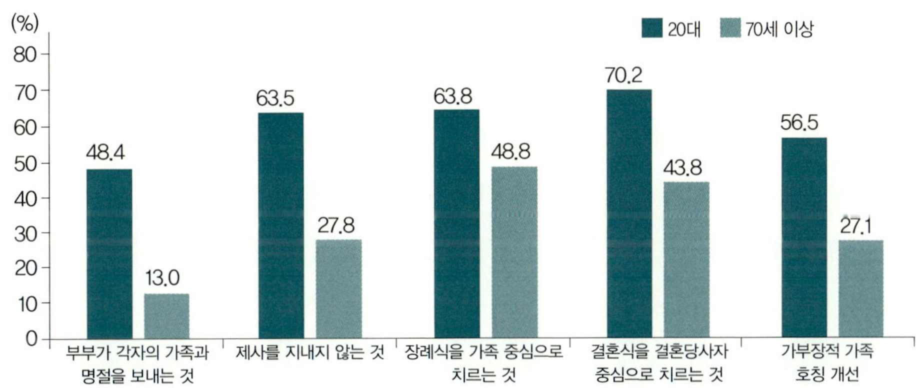

그림 6-1 다양한 가족의례와 문화에 대한 동의 비율: 20대와 70세 이상 비교

자료: 여성가족부 (2020). 2020 가족실태조사.

둘째, 의례문화에서 사회화는 이미 정착되었으며, 더욱 확대되는 현상을 보이고 있다. 가정에서의 분만은 병원으로, 친정 부모나 시부모가 집에서 담당하던 출산 후 조리(김주희, 2007)는 산후조리원으로, 집에서의 돌상차림은 뷔페식당이나 호텔로, 신부 집 마당에서의 결혼식은 예식장과 호텔로, 집 밖에서의 죽음은 객사라 해 불행한 것으로 여겼지만 이제 상례는 당연히 병원과 장례식장에서, 일 년에도 몇 번씩 음식준비를 해야 했던 차례와 제사는 전문 상차림 배달로, 심지어는 휴가지에서의 차례로 변화되었다. 의례의 사회화는 물론 관련 서비스가 수반되는 것이기는 하나, 공간의 이동, 장소의 외부화로 특징지을 수 있다. 집에서 행하던 의례가 외부의 전문적 서비스를 제공하는 시설로 옮겨간 것이다. 관혼상제의 의례 중 제례 정도만이 집에서 이루어지며, 나머지 관례, 혼례, 상례는 서비스의 사회화와 함께 의례 장소가 외부로 바뀌었다. 전통혼례에서 폐백으로 일컬어지는 현구고례(見舅姑禮)는 시댁 식구들에게 첫인사를 하는 절차이기에 시댁에서 치루어졌지만, 최근에는 결혼식이 끝난 후 예식장에서 진행하는 것이 당연한 것으로 여겨진다. 혼례의례의 사회화는 의례 공간으로서 가정의 기능을 축소시키고, 가족의 휴식과 재생산 기능, 그에 따른 생활문화 생성의 장소로서의 의미를 확대시키고 있다.

셋째, 실리를 추구하는 경향이 나타나고 있다. 체면 차리기, 과시, 관행에 얽매이기보다는 합리성을 의사결정의 중요한 기준으로 삼는 것이라 할 수 있다. 화려한 결혼식보다는 실속 있는 결혼식이나 작은 규모의 결혼식을 선호하며, 고가의 예물이나 예단, 이바지음식 등은 불필요한 것으로 인식하는 비율이 높아지고 있다.

넷째, 양성 평등적으로 변화해 가고 있는 사례들을 볼 수 있다. 혼례 시, 남자는 거주할 주택, 여자는 살림살이 장만이라는 성별 분담의 구조가 점차 무너지고 있다. 혼례 과정에서 전통적으로 해오던 폐백은 시가 가족에 대한 첫인사의 의미였다. 이제 폐백이 생략되는 경우도 나타나고 있지만, 그래도 폐백을 한다고 하면 양가의 부모 모두에게 인사를 하는 방식으로 바뀌고 있다. 제례에서도 양성평등을 위한 시도가 이루어지고 있다. 2005년 7월 대법원은 용인 이씨 여성 5명과 청송 심씨 여성 3명이 낸 소송에서 “여성이 제사에 참여하는 것이 더 이상 특이한 일로 인식되지 않게 됐다”고 판시했다(서울경제, 2019.02.04). 지난 10월에는 서원 제사인 '향사'(享祀)를 이끄는 초헌관에 우리나라 서원 역사상 처음으로 여성에게 맡겨진 예가 있었다. 경북 안동 도산서원의 가을 제사를 지내면서 족두리와 당의를 입은 여성이 퇴계 선생 위패에 첫 술잔을 올렸다는 기사(뉴스데스크, 2020.10.01)도 있었다. 기사화될 만큼 아직은 일부 사례일 뿐이지만, 변화의 단초를 제공하는 시발점이라 할 수 있다.

다섯째, 어떤 의례들은 사라지고 있다. 의학적 기술발전에 따라 그 의미가 약해진 백일, 회갑 등의 의례는 사라지고 있다. 백일잔치는 영아사망률이 높았던 과거 전통사회에서 백일을 잘 버텨내고 건강하게 잘 자란 아기에게 장수를 기원하는 의미가 있었다. 출생 후 1년 내 사망을 기준으로 하는 영아사망률은 2021년 기준 신생아 1,000명 당 2.4명으로, 기준보다 0.4명 감소하였으며, OECD 평균 4.1명보다도 낮은 상태이다(e-나라지표). 회갑은 노인으로서 새로운 사회적 지위를 획득하는 의미와 함께 자식들이 부모의 건강과 장수를 기원하는 효행의 표현이었다. 태어난 해의 간지(干支)가 60년 만에 다시 돌아오는 해에 맞는다. 육십갑자가 한 번 돌아오는 동안 삶을 살아왔다는 것은 장수를 의미하며, 회갑은 이를 축하하는 자리인 것이다. 하지만 회갑 역시 평균수명이 낮았던 과거와 달리 이제는 큰 의미가 없어졌다. 2021년 기준 우리나라의 기대수명은 83.6세이며, 여성의 경우는 86.6세까지 올라갔다(e-나라지표). 회갑과 노인이 동일 개념으로 인식되던 상황에서 회갑잔치를 여는 것은 쑥스러운 일이 되어버렸다. 이제 잔치 대신 효도여행을 가는 것이 자연스러워졌다.

여섯째, 의례의 의미가 변화하고 있다. 구체적으로는 마을공동체가 공유하는 의례에서 점차 개인적 의례, 가족 모임으로의 의례가 되고 있다. 과거에는 아기의 백일잔치, 돌잔치에서부터 혼례, 상례와 같은 의례가 마을 주민들이 함께 축하해주고, 슬픔을 나누며, 의례 준비에 함께 참여하는 방식이었다. 백일 떡이나 돌떡을 동네 사람들에게 나누고 답으로 덕담과 축하선물을 받았으며, 많은 사람들에게 접대를 해야 하는 혼례나 상례는 동네 사람들이 함께 음식을 준비하고 뒤처리를 돕는 당연한 품앗이 방식으로 이루어졌다. 이제 돌잔치는 가족들끼리 함께 모여 식사하고 담소하는 가족 모임이 되었으며, 혼례는 가족의 형성과 새로운 인생주기 단계의 출발에 의미를 두는 두 당사자의 개인적 의례로서 성격이 강해지고 있다. 가문의 결합까지는 아니더라도 비교적 최근까지도 혼례는 두 집안의 결합이었지만, 지금은 결혼 적령기의 개념이 점차 모호해지고 개개인이 각자 결혼할 것인지의 여부와 결혼시기를 결정하는 사회가 되었다(웹데일리, 2020.02.20). 어느 빅데이터 조사기관에 의하면, 결혼과 관련된 검색에서 순위가 높아지고 있는 키워드는 '다이렉트'였다(엠포스 빅데이터팀, 2019.10.04). 결혼의 결정권이 부모에서 당사자인 자녀에게로 이전되었으며, 신랑신부는 결혼 준비도 자신들이 직접 진행한다. 부모의 역할은 결혼 비용을 도와주는 정도이며, 그 어떤 결정에도 영향력을 행사하지 못하는 상황이다. 제례의 경우에도 조상숭배의 의미는 희석되어 가고 있으며, 핵가족 현상이 심해지면서 가족과 가까운 친척들끼리 만나 친밀감을 나누고 가족공동체를 유지하는 기능으로서의 의미가 더 커지고 있다.

일곱째, 의미의 변화는 형식의 축소, 변화로 이어지고 있다. 관례는 혼례와 합해지면서 이미 전통의례로서 위치가 미미한 상태였다. 1973년도에 성년의 날이 국가공인기념일로 지정되면서 사회적 의례로 관심을 받기 시작하였다. 학교나 단체를 중심으로 집단 성년식이 행해지는 사례들이 나타났다. 하지만 정작 성년을 맞는 청년들은 성인으로서의 책임과 의무보다는 장미, 향수, 키스와 같은 유래와 의미를 알 수 없는 선물을 주고받는 날로 인식되는 것들을 볼 수 있다.

혼례에서 청혼과 허혼의 형식적 절차는 사라졌으며, 양가가 인사를 하는 상견례가 결혼을 약속하는 절차로 대체되고 있다. 장가를 들어 아들을 낳고 잘 살고 있는 동네 이웃이 지고 가던 함은 여행가방에 예물을 넣어 신랑이 혼자서 갖고 가는 방식 또는 폐백과 함께 함받이를 아예 생략하는 경우들이 생겨나고 있다. 근대화 이후 일제 강점기를 거치면서 시작된 서구식 결혼식 조차도 형식의 축소와 변형이 나타나고 있다. 가문의 결합이 아니라 당사자의 생애사건으로서 결혼의 의미가 뿌리내리면서 웨딩촬영, 드레스, 메이크업이 빠져서는 안 될 중요한 절차로 자리 잡고 있다. 결혼식에 있어서도 주례 없는 결혼식, 그 의미를 파악하기 어려운 양가 어머니들의 촛불점화로 시작하는 결혼식, 신랑신부가 하객들과 담소하며 노래와 춤으로 답례하는 파티 같은 결혼식도 볼 수 있으며(대구신문, 2020.01.09), 결혼기념 사진 찍기, 웨딩드레스, 부케, 액세서리 등 준비물을 직접 챙기는 것은 물론, 결혼식 장소부터 식순, 진행 방식까지 신랑신부가 직접 결정하는 셀프웨딩, 콘셉트웨딩이라는 용어도 생겨났다.

06 참고문헌

강규리 (2017). 혼례 함싸기 연구. 이화여자대학교 대학원 석사학위 논문.

고병익 (1976). 전통의 의미. 동아시아의 전통. 서울: 일조각.

김만태 (2008). 한국인의 삶에서 수연례가 갖는 의미 분석. 실천민속학연구, 12, 43-90.

김주희 (2007). 2000년대 도시 여성의 출산문화: 문화변동의 장. 한국문화인류학, 40(2), 253-286.

문옥표 (1997). 가정의례에 나타난 한국인의 예절: 전통 관혼상제를 중심으로. 인문과학(연세대학교 인문과학연구소), 76 · 77합집.

변수정 · 조성호 · 이지혜 (2018). 청년층의 주거특성과 결혼 간의 연관성 연구. 한국보건사회연구원.

보건복지부 (2017). 2017년도 노인실태조사.

신미경 · 정희정 (2008). 한 · 중 · 일 세시풍속과 세시음식에 대한 비교. 동아시아식생활학회, 18(3), 277-293.

안혜숙 (2010). 한국 사회의 산업화 이후 혼례관행 변화에 관한 연구: 1960년대-2000년대를 중심으로. 한국가족자원경영학회지, 14(3), 87-108.

유문희 (2014). 출생의례의 문화콘텐츠화 방안 연구. 원광대학교 동양학대학원 석사학위 논문.

윤덕인 (2005). 전통 제사상의 진설 규범과 관행 비교연구-전통 규범과 강릉 일부 가정의 추석 차례 상 진설 관행을 중심으로. 비교민속학, 28, 329-365.

여성가족부 (2020). 2020 가족실태조사.

이기백 (1997). 한국의 전통문화: 어떻게 볼 것인가 전통문화와 현대문화. 서강인문논총, 7, 1-39. 서강대학교 인문과학연구소.

이기태 (2018). 전통, 전통문화, 그리고 활성화 과제. 지역과 문화, 5(2), 57-78.

이문웅 (1991). 민속의 '인자형'과 '표현형'. 한국문화인류학, 23, 5-20.

이삼식 · 고덕기 · 이필도 · 고수현 · 오영희 · 박효준 (2005). 장사제도 개선방안 연구. 한국보건사회연구원 · 보건복지부.

이소영 · 김은정 · 박종서 · 변수정 · 오미애 · 이상림 · 이지혜 (2018). 2018년 전국 출산력 및 가족보건 · 복지 실태조사. 한국보건사회연구원.

조옥라 · 최봉영 · 신경아 (2003). 한국인의 문화적 정체성에 내재된 전통과 근대의 문제 : 집단과 개인의 문제를 중심으로. **한국문화인류학**, 36(1), 3-42.
통계청 (2020). 2020년 사회조사.
한국여성정책연구원 (2015). 고비용 혼례문화 개선을 위한 '작은 결혼식' 국민인식 및 실태. KWDI Brief, 36.
황규선 (2007). **테이블 디자인-식탁문화와 새로운 스타일 제안**. 파주: 교문사.

공공데이터포털 https://www.data.go.kr.
한국민족문화대백과사전 http://encykorea.aks.ac.kr

뉴스데스크 (2020.10.01). 5백년 만에 첫 여성 초헌관... "세상이 변하는 대로".
대구신문 (2020.01.09). 변화하는 결혼 문화 트렌드.
서울경제 (2019.02.04). 여성도 이제 당당한 '종원'...상속 제사부터 집안 큰 어른까지 가능.
엠포스 빅데이터팀 (2019.10.04). 결혼 트렌드 변화: 빅 데이터로 알아보는 결혼 트렌드. OUR WEEKLY PAPER.
웹데일리 (2020.02.20). [산업동향] '스몰웨딩' 인기 줄고 '실속형 웨딩' 뜬다.

CHAPTER

07

일상생활이 바뀌고 있다

1. 일상생활의 소중함
2. 소비가 일상인 생활
3. 일상생활은 여전히 중요하다

Chapter 07

일상생활이 바뀌고 있다

1. 일상생활의 소중함

1) 일상을 가르치다

가족의 기능을 이야기할 때 흔히 성과 애정의 기능, 교육 및 사회화의 기능, 경제적 기능, 정서적 안정과 보호의 기능 등을 말한다. 우리나라의 경우에는 부부 사이뿐 아니라 특별히 부모자녀 간에 지극한 애정과 헌신을 바탕으로 가족이 유지되며, 경제적 기능이나 책임도 세대를 이어 무조건적으로 이루어지는 경향이 있었다. 그렇기 때문에 생활이 곤궁한 시절에도 의식주생활을 영위하기 위한 경제적 책임을 모두 부모세대나 연장자가 부담하고 살아왔다.

이에 비해 교육이나 사회화의 기능은 유교적인 전통의 영향으로 엄격하게 이루어졌다. 가문의 규범과 사회적 가치관, 도덕관념은 물론이고, 작게는 가훈이나 가풍을 통해 인성을 만들고 가정교육을 철저히 시켰다. 부모세대나 연장자가 가정을 책임지는 만큼 윗사람에 대한 예의나 존경이 식사예절이나 언어에서 나타날 뿐 아니라, 가정에서 배운 규율이 외부에서도 적용된다. 연장자가 식사를 시작할 때까지 기다린다거나, 모두 식사를 마치기 전에는 자리를 뜨지 않는다거나 하는 식사예절을 어렸을 때부터 가정에서 익힌다.

또 식생활을 통해 가문의 손맛과 가풍이 전수되었다. 지역마다 조리방법이나 음식 맛이 다르고, 그것이 가족들을 통해 이어졌다. 명절이나 제사와 같은 의례 음식에도 차이가 있으며, 그것을 가문의 전통으로 소중히 지켰다. 언어나 옷차림, 부지런한 생활습관 등이 모두 가정교육을 통해 이루어졌으며, 어려운 시질에 이웃과 함께하는 사회와의 관계도 가정교육을 통해 배웠다.

이렇듯 과거에는 의식주생활이 가정 내에서 많이 이루어졌으므로, 가족 안에서 의식주생활을 통해 가족의 기능이 수행되었다. 그러나 현대에는 가족의 기능들이 사회로 이전되어, 가족원들을 통해 이루어지는 가족의 기능이 약화 혹은 축소되었다. 자녀가 어린 시절에는 그나마 보호나 교육의 기능이 가정 내에서 이루어지고 있지만, 학교 교육이 시작되는 시기에는 예절교육이나 인성교육 등 최소한의 가정교육조차 학교 교육에 맡기게 되었다.

물론 사회와의 접촉이 많아지면서 사회에 필요한 노동력을 제공하기 위해서는 사회적인 교육이 필요하다. 또한 각 가정마다 자녀 수가 적어지면서 혼자 자라는 경우가 많기 때문에, 다른 가정의 자녀들이나 함께 성장하는 것도 필요하다. 그러나 과거에 비해 가정 내에서 부모와 친지를 통해 전수되던 교육이나 경험이 사라지고 있다. 가족 간 일상생활을 통해 이어지던 가족만의 문화와 전통이 변화하고 있는 것은 분명하다.

2) 식구와 밥상머리 교육

우리는 흔히 일상생활을 이야기할 때 의식주생활이라고 하여 '먹고, 자고, 입는' 것을 가장 기본적인 생활로 보고, 또 중요시해왔다. 아주 오래되고 어렵던 시절까지 거슬러 올라가지 않더라도. 의식주생활은 인간으로서 최소한의 필수적인 생활이다. 사회가 변화하고 발전하면서 우리 가정에서 차지하는 돌봄이나 문화생활의 비중이 커지고 의식주생활에 대한 관심이 다소 감소하기는 했지만, 여전히 의식주생활은 가정에서 소비되는 시간이나 지출 면에서 중요한 부분을 차지하고 있다.

가족을 지칭할 때 '우리 식구'라고 하는데, 이때 가족은 '함께 밥을 먹는 사람들'을 말한다. 혹여 핏줄을 나눈 사람은 아니더라도 한솥밥을 먹는 사람들을 가족으로 인정하며 매우 친밀하게 지내게 된다. 또 친근한 만남을 원할 때 '밥 한번 먹자'고 하는 것처럼, 우리는 가족이나 친지들과의 식사를 중요시해왔다. 함께 식사를 하는 행위는 일상을 공유하며 서로의 기쁨과 경험을 나누고, 서로 위로하는 다양한 기능을 하기 때문이다.

특히 집밥은 가족들에게 중요한 의미를 갖는다. 예전에는 당연히 식생활이 가정을 중심으로 이루어졌고 집에서 어머니가 해주신 밥을 먹는 것이 일상적이었다. '집에서 밥을 먹으며', '밥상머리에 둘러앉아' 하루 일과를 이야기하고, 서로의 관심과 할 일을 공유하며, 즐거움과 어려움을 함께 나누었다. 밥상머리에서 칭찬을 듣기도 하고 야단을 맞기도 하면서 예절을 배우고 가풍을 몸으로 익히며 성장하였다. 가족은 한솥밥을 먹는 식구이기 때문에 서로 돕고 배우고 가르치며 위로해왔다.

그러나 어른, 아이 할 것 없이 생활이 바빠지고 가족과 함께 하는 공유 시간이 적어지면서 가족들은 각자 식사를 하거나 심지어는 집에서 한 끼니도 먹지 않는 경우도 생기게 되었다. 식사를 제공하는 일터가 좋은 회사가 되고, 학생들은 간편식을 먹으며 학원을 오간다. 그러다 보니 가족들이 둘러앉아 함께 밥을 먹으며 하루의 일과를 이야기하던 시간과 활동들이 점차 사라지거나 의미를 잃게 되었다. 가족들이 둘러앉아 함께 밥을 먹고 싶어도 학원을 가거나 일터로 가능 일과 같이 더 중요하게 여겨지거나 당장 급한 일에 시간을 뺏기게 된다.

음식 역시 몸에 좋은 것보다는 간편한 음식을 찾게 되고, 자녀들의 입맛에 따라 식생활이 서구화되었다. 가족 수가 적어지다 보니 집에서 만들어 먹기보다는 외식을 즐겨한다. 가족의 기념일이나 명절에 가족마다 특별히 준비하던 음식도 외식이나 간편식으로 대체되었다. 가정마다 자랑하던 손맛은 점점 없어지고 획일화되었을 뿐 아니라 집에서 만들어 먹던 향토 음식들도 거의 사라지고 있다. 이 자리는 소셜 네트워크 시스템(SNS)의 사진과 정보를 통해 유명 식당의 음식이나 배달상품으로 채워진다.

식생활뿐만 아니라 의생활이나 주생활 모두 가정 내에서 이루어지기보다는 사회로 이전되어 시장상품으로 대체되고 있다. 의생활은 식생활보다 훨씬 빠르게, 그리고 가장 일찍 시장으로 이전되었고 서구화되었다. 주생활도 마찬가지로 집에서 생활하는 데 필요한 모든 가구나 기구들은 시장상품을 구매하여 사용한다. 특히 주택은 개인이 지을 수 없는 대표적인 상품으로서, 거의 대부분의 사람들이 비슷한 집에 살다 보니 가정만의 개성을 찾을 수 없다. 이처럼 전통적으로 가정 내에서 이루어지던 일상생활이 현대사회의 특징에 따라 관련 산업으로 나타난 것을 정리하면 〈표 7-1〉과 같다(주영애, 2018).

표 7-1 전통 및 현대생활의 특징과 관련 산업의 범위

구분	전통생활의 특징	현대생활의 특징과 관련 산업
가족생활	가정교육, 가훈, 대가족생활, 3세대거주, 남성 중심 사회, 가족윤리와 '효' 강조	교육기관, 가정교육 부재, 양성평등사회, 핵가족생활, 1인 가구와 노인가구 증가, 다양한 가족형태, 남녀 직장생활, 사교육 의존, 노인부양, 요양시설, 건강가정지원센터, 가사도우미, 종교시설, 의료기관 등
의생활	한복, 천연섬유, 남녀 신분에 따른 의복, 의복재료 생산과 소비	천연 및 인조섬유, 신소재섬유, 유니버설 디자인, 맞춤과 기성복, 의류매장, 의류수선, 세탁업, 화장품업 및 미용업 등
식생활	식품 생산과 소비, 가내조리, 곡류인 주식과 부식 중심, 시장	식품구매, 외식업체, 다양한 먹거리, 식품업체, 식품안전, 마트, 쇼핑몰, 전통시장, 가공식품, 기호식품 등

주거생활	단독주거, 계층과 지역에 따른 평면, 온돌, 자연친화적	공동주거(아파트), 유니버설 디자인, 중앙 및 개별난방, 잦은 주거이동, 주택금융 활용, 주거정책 의존, 건물의 안전성, 공동주택관리, 가전, 가정청소관리, 부동산중개소, 전원주택, 귀농(어) 등
소비생활	농업 중심의 자급자족, 생산, 소비, 토지소유, 근검절약의 가치	구매, 소비, 유통, 부동산, 금융, 저축, 주시투자, 보험, 온라인쇼핑, 홈쇼핑, 해외직구, 소비자정보, 소비자보호, 소비자안전, 소비자교육 등
여가생활	세시풍속과 놀이, 이웃, 친척, 지역놀이, 전통예술	지역축제, 국내여행, 해외여행, 숙박시설, 복합쇼핑몰, 도심 공간, 자가용, 캠핑, 스포츠, 동호회활동, 온라인게임, 예능활동 및 감상, 피트니스센터, 주말농장, 생활문화센터, 카페 등
의례생활	출산의례, 백일, 돌, 관혼상제, 수연례, 집, 안방, 안마당, 대청, 이웃초대, 가정 중심, 중매혼	병원, 산후조리원, 돌잔치, 생일파티, 성년례, 결혼, 결혼식장, 장례식장, 가정 제사, 제사음식업체, 상조회사, 웨딩컨설팅 등

자료: 주영애 (2018). 한국가정의 생활문화.

2. 소비가 일상인 생활

1) 짓는 것에서 사는 것으로

우리의 일상생활은 소비의 연속이라고 해도 과언이 아닐 정도로 의식주생활에 필요한 거의 모든 제품과 서비스를 시장을 통해 구입하여 사용하고 있다. 식생활 분야는 일부 식품을 구입하여 음식을 만들어 먹는다고 하더라도, 의생활이나 주생활은 거의 시장에 의존하게 되었다. 예전에는 의식주생활을 비롯하여 가족원을 돌보는 일까지 모두 가정 안에서 이루어졌다. 밥을 지어 먹고, 옷을 지어 입고, 집을 짓고 살았다. 이제는 예전만큼 많은 부분을 정성들여 짓고 만들지는 못하지만, 너무나 많은 부분을 사는 것(buying)에 의존하고 있다. 밥을 사 먹고, 옷을 사 입고, 집을 구매한다. 의식주생활이 시장상품으로 대체된 지는 이미 오래이고, 이제는 자녀를 돌보고 교육하는 일부터 여가활동까지 시장에 의존하는 것이 대세이다. 그러다 보니 가정은 직장생활을 통해 벌어 온 소득을 소비하는 단위가 되었고, 돈을 버는 이외의 모든 활동은 소비활동이 되어 버렸다. 가족들의 일상생활은 여러 가지 활동들에 들어가는 시간과 비용을 적절히 배분하여 개인 혹은 가족들의 만족을 증대시키고 삶의 질을 높이는 데 목적이 있다. 가족의 삶의 질 향상을 위한 일상생활에서 시장의존도가 높아지다 보니, 상품 선택의 문제나 소비자로서 합리적인 의사결정의 문제가 더욱 중요해지고 있다.

물론 소비를 촉진하는 환경에서 매일 수많은 상품들이 대량생산되며, 시장에 의존하는 것이 스스로 만들어 쓰는 것보다 훨씬 효율적이기 때문에, 시장상품에 의존할 수밖에 없다. 너무나 유사하고 다양하며 복잡한 상품들이 만들어지고 있기 때문에, 가정에서 일상생활에 필요한 물건을 모두 만들어 쓸 수는 없다. 한정된 소득으로 생활하는 입장에서는 소비생활이 점점 더 중요해지고 어떤 물건을 구입하는가가 매우 중요하다. 하지만 소비를 통해 일상을 풍요롭게 영위하기에는 너무나 소비가 만연하고 그 자체가 목적이 되는 사회가 되었다.

식생활보다 의생활의 변화는 더 빠르게 나타났다. 옷을 집에서 만들어 입는 가정은 매우 드물다. 어릴 적 어머님이 고쳐 주시던 옷이나 만들어 주시던 뜨개 옷은 어린 아이를 키우는 가정에만 조금 남아 있거나 여가생활의 일부로 극히 축소되었다. 남녀와 계층을 구분하여 오래도록 이어져 내려온 우리나라 고유의 복식인 한복은 개화기에 양복을 착용하면서 점점 사라지기 시작하여 1950~1960년대부터는 특별한 날에만 입게 되었다. 천연섬유 중심이었던 의복 섬유 역시 세탁과 관리가 용이한 신소재로 바뀌었고, 과학기술의 발달과 더불어 의생활문화가 획기적으로 변화하였다.

의생활문화는 소비생활과 가장 밀접하게 관련되어 있다고 해도 과언이 아니다. 싸고 품질도 좋으며 자신의 개성을 드러낼 수 있는 다양한 옷들을 시장에서 구하고 입을 수 있게 되면서, 의생활이야말로 소비생활의 대표적인 구매 대상이 되었다. 다양한 브랜드가 출현하고 안전 혹은 건강에 대한 관심이 높아지면서 일상복뿐 아니라 스포츠 웨어 구입도 크게 늘어났다. 다양한 의복을 통해 자신의 사회적 · 경제적 계층을 나타내면서 과시하고, 동시에 남과 구별 짓기를 시도한다. 다양한 용도, 다양한 품질과 가격, 다양한 구매 채널로 인해 의복 선택이 중요해지는 동시에, SPA라고 불리는 패스트 패션은 빠른 트렌드 변화를 넘어 환경 문제까지 야기하고 있다. 이런 문제는 재활용이나 공유문화를 이끌어 내는 계기가 되기도 하였다.

수시로 즐기고 구매하는 식생활이나 의생활에 비해서, 주생활은 주택의 비중이 커져서 한 번 구입하거나 입주하면 좀처럼 바꾸지 않는다. 그런 점에서 우리는 주생활의 중요성에 민감하지 않으며 집은 잠만 자는 곳이라는 생각을 많이 한다. 우리나라는 4계절이 뚜렷하여 지역에 따라 주택평면에 차이가 있었으며 신분에 따른 규모의 차이가 분명하였지만, 1950년대 6.25전쟁으로 인해 파괴된 주택을 재건하는 가운데 재개발과 재건축을 통해 대단위 단지가 조성되고 그곳에 아파트를 짓는 새로운 형태의 집합주택이 보편적 주거가 되었다. 특히 1970~1980년대 사회의 급격한 발전과정에서 주택은 재산을 축적하는 수단이 되면서 새로운 사회계층을 형성하게 된다.

과거에는 집에 손님을 초대하고 집에서 모든 생활이 이루어지는, 즉 집이 생활의 중심이 되는 문화였지만, 집 밖에서의 교류가 많아지면서 집을 꾸미는 일에 소홀하였다. 단지 교통이 편한 '역세권'이란 용어가 등장할 정도로, 일하러 가거나 학교 가기 편리한 곳을 선택하였다. 혹은 가족의 일상생활이 이루어지는 터전이라는 생각보다 재산으로서의 가치가 높아지다 보니, '사는 곳'이라기보다는 '사는 것'이라는 생각에 편리함을 포기하기도 한다.

주거공간의 배치와 환경은 온 가족의 단란함과 유대를 강화하는 역할을 해주어야 하는데, 획일화된 아파트에 살다 보니 가족의 선택에는 한계가 있다. 똑같은 공간에서 똑같은 모습으로 살 수밖에 없어 개성을 살릴 수 없으며, 주거야말로 어떤 집인가에 따라 경제적 지위가 결정되는 가장 대표적인 신분 표시의 기능을 한다. 특히 도시화로 인해 아파트나 빌라 밀집 지역에 살다보니 자연환경과 접할 기회는 극히 적어져서, 집주변 가까운 곳에서 가족들이 여가생활을 하기란 쉽지 않다. 도시 아파트의 익명성은 프라이버시가 존중되는 삶이 되기도 하지만, 이웃과 만나고, 이야기할 교류공간이 마련되어 있지 않은 아파트 단지 내 삶에서 이웃사촌이란 말은 옛말이 되었다.

의식주 소비를 중심으로 한 일상생활의 변화에는 가족 모습의 변화가 큰 역할을 했다. 불과 20여년 전인 2000년대만 하더라도 전체 가구 수 중 4인 가구가 차지하는 비중이 가장 컸지만 2010년에는 2인 가구가 차지하는 비중이 가장 커졌고, 2015년에는 1인 가구의 비중이 가장 커졌다. 가구당 평균 가족 수는 2019년에 2.39명으로 감소하였다(통계청, 2020b). 우리의 가족은 더 이상 부부와 자녀 2~3명이 사는 모습이 아니다. 젊은 부부, 아버지와 아들, 어머니와 아이들, 자녀가 모두 출가한 장년층 부부, 혼자 사는 가구 등 다양한 형대를 띠세 뇌었다.

특히 1인 가구의 증가는 의식주생활을 크게 변화시켰다. 통계청 공식블로그에는 통계청 자료를 이용하여 1인 가구의 소비지출을 보여주었다(통계청, 세상과 통하다, 2023.10.20). 1980년 4.8%에 불과했던 1인 가구는 이후 지속적으로 증가하여 2022년 34.5%까지 증가하였고, 앞으로도 계속 증가할 전망이다. 늘어나는 1인 가구는 그들만의 새로운 시장을 형성하며 사회경제적으로 큰 변화를 불러일으키고 있다. 기업들은 이런 '나홀로족'을 겨냥한 여러 제품을 앞 다투어 출시하고 있다. 식당에는 1인용 테이블이 생겨나고, 가전업계에서는 1인용 전자제품을, 식품업계에서는 1인용 밀키트 등의 1인 가구를 겨냥한 다양한 상품들을 출시하고 있으며, 정부 역시 무인택배보관함, 정부 공급주택 지원 등의 정책을 시행하고 있다. '일코노미', '혼코노미'라는 신조어가 생길 정도이다.

통계청의 2022년 가계동향조사 결과에 따르면 1인 가구 소비지출액 중 가장 많이 차지하는 항목은 '음식 · 숙박'이다. 다음으로 '주거 · 수도 · 광열', '식료품 · 비주류음료' 순이었다. 이는 자가비율이 낮아 실제 주거비 지출이 많고, 배달음식 등 외식을 자주 이용하기 때문으로 보인다. 반면, 1인 가구에서 가장 적게 지출한 항목은 '교육'으로 전체 소비지출액의 1.7% 수준이었다(통계청, 세상과 통하다, 2023.10.20).

이렇게 가족 규모가 변화하면서 의식주생활과 관련된 소비 트렌드는 수십 년의 변화를 능가할 정도로 빠르게 변화하고 있다. 가족 수가 적어지면서 조리하기 편한 일품요리가 많아졌다. 밥, 국, 반찬을 고집하기보다는 조리의 간편함이 중요해졌다. 조리에 편한 간편식품이나 소형가전이 인기를 끌게 되고, 이것이 다시 다인가구에도 영향을 미치게 되었다. 오래도록 이어져온 집안 장맛이나 음식맛보다는 그것을 재현한 대형 식품회사의 상품이 우리의 식생활을 장악하게 되고, TV 프로그램이나 요리 블로그에서 요리방법을 훨씬 손쉽게 찾을 수 있게 되었다.

2) 집밖은 위험해, 온라인 쇼핑으로

생활에 필요한 모든 것을 구매하는 시장 의존적 생활은 최근 코로나-19 사태를 겪으면서 또 다른 변화를 맞이하게 되었다. 지금까지의 변화가 시장의존도를 높이는 방향으로 진행되었다면, 코로나-19로 인한 변화는 구매방법을 급격하게 혹은 획기적으로 변화시켰을 뿐 아니라 다른 차원에서 가족으로의 회귀라고 할 수 있다. 즉, 온라인을 통한 소비와 구매는 여전하지만 상품 영역이 확대되었으며, 가정에서 시간을 들여 재가공하거나 경험하는 상품들로 다양화되었다.

3년여의 비대면 시기를 지나면서 소비지출과 구매방식이 크게 변화하였다. 한국소비자원은 코로나-19 이후 변화한 소비생활상을 살펴볼 수 있는 '2021 한국의 소비생활지표' 조사 결과를 발표하였다(한국소비자원, 2021.11.08). 전국 20세 이상의 남녀 10,000명 대상 1:1 가구 방문 면접조사로 시행(2021.5.14.~6.23)한 결과, 고

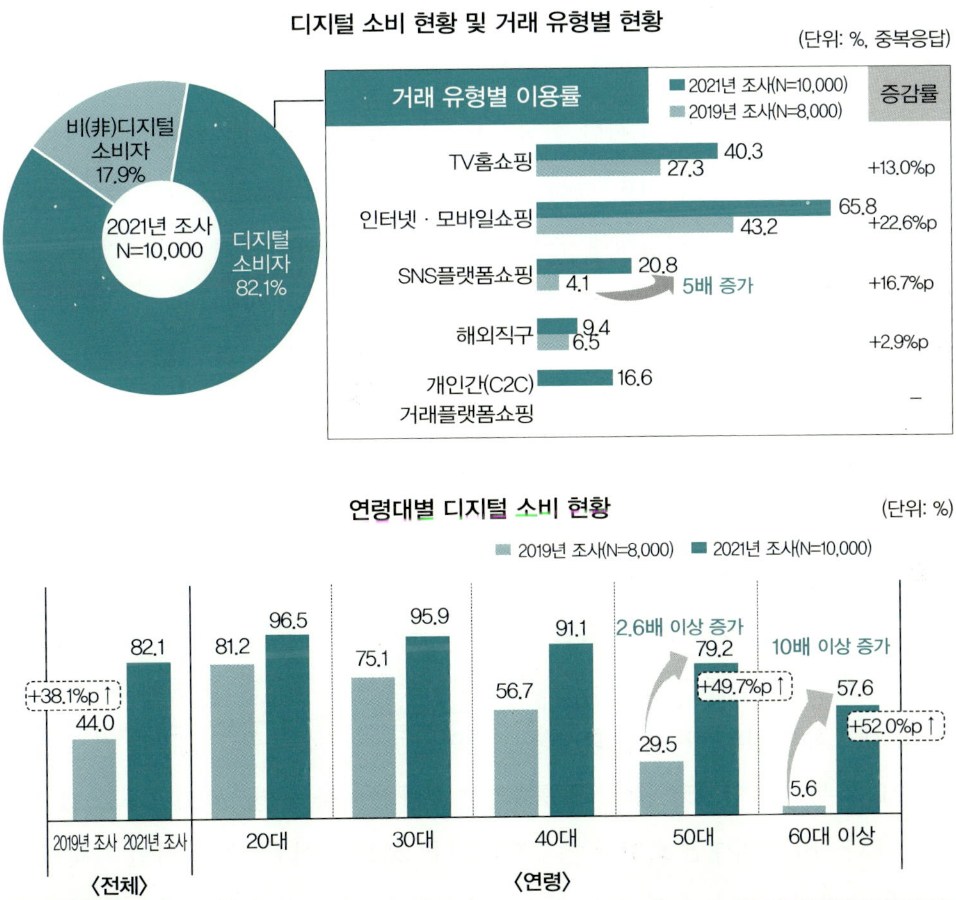

그림 7-1 디지털 소비의 거래 유형별 현황 및 연령별 디지털 소비 현황

자료: 한국소비자원 (2021.11.08). 보도자료.

로나-19 이후 국민의 소비가 디지털로 크게 변화해 SNS플랫폼쇼핑 이용이 5배나 확대되었다. 코로나-19 이후 국민 1만 명 중 82.1%(8,207명)는 디지털로 소비한 것으로 나타나, 2019년 조사 결과인 44.0%에 비해 2배가량 증가했다. 많이 이용한 유형은 인터넷 · 모바일쇼핑(65.8%), TV홈쇼핑(40.3%), SNS플랫폼쇼핑(20.8%) 순이었다. 연령대별 디지털 소비 현황을 살펴보면, 모든 연령대에서 이용률이 증가하였으며, 특히 코로나19 이후 50대가 2.6배(2019년 29.5% → 2021년 79.2%), 60대 이상은 10배 이상(2019년 5.6% → 2021년 57.6%) 디지털 소비가 급격히 늘어난 것으로 나타났다.

소비와 유통의 변화를 조사한 한국신용평가(2023)의 "우리는 어디서 무엇을 사고 있나?" 보고서(KIS Special Report, 2023.09.25)에서도 비슷한 변화를 볼 수 있다. 가계의 소비구성 및 소비행태에 주목한 이 보고서에서는 품목별 소비 추이와 유통채널별 소비 추이를 보았다. 우선 품목별 소비 추이를 보면, 코로나-19 발병 초기인 2020년 민간소비는 전기 대비 4.8% 감소하였다. 특히, 준내구재(-9.8%), 서비스(-7.8%) 소비지출 감소가 컸다. 반면에, 집에 머무는 시간이 늘고 여타 소비 축소로 소비여력이 증가하면서 가구 · 가전 등 내구재 소비(+12.7%)는 큰 폭으로 증가하였다. 2022년 이후에는 품목별 수요가 반전되었다. 본격적으로 야외활동이 재개되어 의류, 패션잡화, 서비스 등의 수요가 회복을 보인 반면, 가전 · 가구 등 코로나-19 시기에 수요 반등이 컸던 내구재는 뚜렷한 하락세가 나타났다. 한편, 음식료, 차량연료 등 필수소비재는 코로나-19 유행에도 견고한 수요를 유지하였다. 반면, 대표적인 임의소비재인 화장품은 사회활동 재개에도 중국 관광객 감소 등으로 수요 회복이 지연되고 있다. 유통채널별 소비 추이를 보면, 2020년과 2021년에는 코로나-19로 비대면 소비가 가속화되었다. 2022년 이후에는 온라인 거래액 및 침투율 증가세가 다소 둔화되고, 의복이나 신발 등 구매 전 경험이 중요한 일부 품목은 온라인 거래가 정체되고 있다. 다만, 상대적으로 온라인 침투율이 낮은 음식료는 2023년 상반기까지 온라인 거래 확대 추세가 지속되고 있다. 백화점은 2020년 방문객 감소 등으로 판매액이 크게 감소되었으나, 2021년 이후 명품 등 고가품 수요에 힘입어 판매 호조가 지속되고 있다. 대형마트는 내식 수요 증가, 대량구매 수요 등으로 2020년 이후 3년 간 소폭이나마 매출 성장을 보였지만, 2023년 상반기 들어 재차 역성장이 나타나고 있다. 반면, 근거리 · 소량구매에 적합한 편의점은 높은 매출 성장세를 이어가고 있다.

특히 1인 가구의 증가 및 맞벌이가구의 증가는 가정간편식(HMR: Home Meal Replacement) 시장이 커지는 데 기여하였다. 시간과 노력을 사용하는 대신 지갑을 열어 빠르게 만들어 먹는 것을 선호하였으며, 이외에 배달음식도 많이 선호하였다. 게다가 가정간편식의 증가는 코로나-19로 인해 가정생활의 식문화까지 영향을 미치게 되었다. 외식하는 횟수가 줄어들고, 집에서 밥을 조리해 먹는 시간이 증가하며 더 많은 사람들이 간편하게 가정에서 즐길 수 있는 가정간편식을 자연스럽게 찾게 되었다. 모든 가족들이 집에 있다 보니 평소보다 더 많은 양이나 더 많은 횟수의 식사를 차려야 했고, 이 부담을 가정간편식이나 배달음식 등을 통해 줄이고 있다.

3) 집콕, 쉬는 곳에서 카멜레존으로

코로나-19로 인해 외출이 감소하면서 집에 대한 생각이 바뀌고 있다. 집에서 생활하는 시간이 늘어나면서, 집이 잠만 자고 나가는 곳에서 새로운 생활공간으로 바뀌게 되었다. 회사에 가고 모든 교류를 집 밖에서 처리하고 휴가 기간에는 여행을 가거나 하다못해 호텔 바캉스(호캉스)라도 즐기며 집을 홀대하던 시대에서 벗어났다. 이제 집은 잘 쉬고 잘 자는 곳에서 잘 놀고 일하고 공부하는 곳으로 바뀌었고, 이를 위한 모든 시설이 갖추어지는 공간으로 바뀌었다. 여기에는 일상생활과 여가를 가능하게 하는 정보기술(IT)을 통해 세상과 연결(network)이 가능해졌기 때문이다. 그래서 더 이상 집이 투자의 대상이거나 머무는 공간이 아니라, 일하고 가족과 생활하며 문화를 공유하는 공간이 되고 있다. 집이 카멜레온같이 바뀌며 다양한 기능을 수행하게 되었다.

집과 관련된 연관어로 집의 역할을 규정한 연구(정유라 외, 2020)에서는 코로나-19로 인해 집의 의미가 더욱 각별해졌다고 하였다. 즉 집에서 자기만의 시간과 공간을 만들어 가며 많은 기능을 집으로 들여와서 스스로 즐기고 있었는데, 코로나-19는 이런 변화를 가속화하였다고 보았다. 집에서 하는 의무적인 활동과 휴식 및 놀이활동이 여전히 일어나고는 있지만, 각 기능들이 강화되거나 변형되면서 사람마다 혹은 각 가정마다 최적화된 환경으로 만들어 가고 있다. 이렇게 집의 역할

표 7-2 키워드 변화로 본 집의 역할

집의 역할	뜨는 키워드	변화 포인트	요구되는 사항
의무의 집	제대로 해먹기 (집밥, 식단, 냉장고, 레시피 등)	아웃소싱을 꿈꾸었으나 코로나로 좌절된 밥해 먹기	내 시간, 내 에너지 절약 (전문성보다는 '나 대신')
	업무/학습 (재택, 온라인 강의, 책상, 공부 등)	밖에서 하다 집으로 들어온 일 새로운 기기와 환경 구축이 가장 많이 필요한 영역	공간 분리와 국면 전환 (의무를 수행하는 '동안'보다 '시작'과 '끝'이 중요)
휴식의 집	쾌적템 (에어컨, 매트리스, 리클라이너 등)	코로나 이전부터 중시되었고 코로나 이후 더욱 강화되는 내 공간의 쾌적성	가성비보다 고퀄리티 (끝판왕)
	우리집 자연 (화분, 식물, 꽃병 등)	코로나 이전에는 반려식물, 코로나 이후에는 집 속 자연으로 강화	인테리어보다는 반려식물
놀이의 집	콘텐츠 소비 (유튜브, 독서, 게임, 스피커 등)	코로나 이전부터 중시되었고 코로나 이후 더욱 강화되는 나만의 놀이	구색보다는 제대로 구현

자료: 정유라 외 (2020). 2021 트렌드노트.

이 중요해지다 보면 가족이 한 공간에 있지만 따로 보내는 시간, 혹은 가족이 모두 집에 있지만 각자 원하는 집의 역할 등이 달라지면서 우리의 일상생활도 다양해질 것이다.

이제 집은 더 이상 인간의 정주 공간인 제1의 공간에 머물지 않고 재택근무로 인한 제2의 공간, 그리고 다시 공유와 경험이 가능한 제3의 공간까지 수용하면서 카멜레존(chamele zone)으로 변화하고 있다. 그러나 바깥세상은 너무나 무섭고 불안하기에 젊은 세대들은 휴식과 재충전으로 하는 코쿠닝(cocooning)까지 합해져서, 집은 여러 가지가 공존하는 네트워크화된 코쿤으로 진화한다(이철재, 2020). 그리고 혼자 있지만 외롭고 싶지 않아서 집안으로 모든 기능을 끌어들이고, 집안에서 외부와 연계하는 홈하비(home hobby), 홈루덴스(Home Ludens)족이 출현하고 있다(최현희, 2020).

이렇게 카멜레존, 코쿠닝, 홈루덴스 등 집의 기능을 둘러싼 다양한 용어들이 나타나는 가운데, 비대면시기가 지나면 예전으로 돌아갈 줄 알았던 우리의 일상은 또다시 새로운 변화를 맞게 되었다. 이것은 단순히 갑갑했던 집안 생활에서 벗어나 야외로 자유롭게 나갈 수 있고 여행을 마음대로 갈 수 있는 것에서 그치지 않았다. 나의 시간과 공간, 주변 환경을 더 상하게 인식하기 시작했다. 또 단순한 일하는 방식이나 소비의 방식을 바꾼 것을 넘어 오래도록 이어진 관습이나 시스템을 다시 보게 되었으며, 주거 전반에 영향을 미치게 되었다.

실내, 특히 집에서 오랜 시간을 보내게 되면서 집의 기능에 대한 욕구가 늘어나고 다변화되는 양상을 보이면서 새로운 주거 트렌드에 대한 요구가 강해진 탓이다. '트렌드 코리아 2021'에서는 이를 '레이어드 홈'이라고 정의하였는데, 수면 · 식사 · 휴식 등 집의 기본적인 기능에 더해 업무 · 취미생활 등의 기능을 더한 주택을 의미한다. 레이어드 홈은 크게 기본 · 응용 · 확장 기능으로 분류할 수 있다. 기본 레이어는 기존에 수행해 왔던 주거 기능을 심화시키는 것이다. 응용 레이어는 그동안 집에서 하지 않던 근무 · 여가 등의 활동을 집에서 해결하는 것이다. 확장 레이어는 외식 · 쇼핑 등 집 근처나 인근 동네로 확장되는 활동이 사회, 지역 커뮤니티와 상호작용하는 현상을 지칭한다.

집안으로 많은 기능을 끌어들이는 트렌드가 있는가 하면, 일하면서 쉬고, 쉬면서 일하는 방식도 생겨났다. 1인 가구를 위한 주거공유 플랫폼 '맹그로브'의 모토는 'Live & Grow'다. 일상과 여행을 접목한 롱스테이 니즈가 커짐에 따라 지속가능하고 유연한 일하기 방식을 생각하게 되었다. 일과 휴가를 함께 하는 워케이션은 원격근무의 경험이나 진화되는 기술 등에 힘입어 가능해졌다. 외국에서는 이미 워케이션과 디지털 노마드에 대한 관심과 함께 성장하고 있는데, 키워드 분석을 통한 조사에 의하면 우리나라도 2021년 10월경부터 워케이션에 대한 언급이 늘어나는 것으로 보아, 삶의 방식이 다양해졌음을 알 수 있다(정석환 외, 2023).

3. 일상생활은 여전히 중요하다

1) 일상을 배우다

"아들아, 넥타이는 이렇게 맨단다." 230만명을 울린 랜선 아빠가 있다. 인터넷상에서 유튜브 아빠로 인기를 끄는 50대 중년의 미국 남성이다. 채널을 만든 지 두 달 만에 230만명이 넘는 구독자가 모일 정도로 반응은 열광적이었다. 아빠다운 아빠의 부재가 빚어낸 시대적 현상이란 해석이 나온다. 그가 올린 넥타이 매는 법은 77만회 이상의 조회 수를 자랑한다. 그는 '아빠 아건 어떻게 해요?'라는 유튜브 채널을 시작했는데, 매일 일상에서 부닥치는 문제에 대해 아빠가 자녀들에게 알려주듯 자상한 조언을 해주는 '대드바이스(Dad+advice)'이다. 수염 깎는 법, 배관 뚫는 법, 자동차 정비하는 법도 설명한다. 어릴 적 아빠의 부재로 겪은 아픈 경험에 영상을 만들었다고 한다(중앙일보, 2020.06.22).

가족 수가 적어지거나 혼자 사는 사람이 많아지는 등 가족의 유형이 다양해지고 있다. 아버지의 역할, 어머니의 역할, 그리고 자녀의 역할을 서로 배우고 가르칠 곳이 없다. 가족 간의 소통방식은 다양하지만, 공유시간이나 공유공간은 점점 적어지고 있다. 같은 공간에서도 각자 시간을 보내느라 가족이 함께 하지 않는다. 그러는 사이에 가정의 훈육과 교육의 기능, 사회화의 기능은 축소되고 가정의 가치도 점점 사라지고 있다.

가족의 식사시간에 대한 한 연구(조희금 외, 2011)에서는 1999년 이후 기혼 성인의 식사시간은 조금씩 증가하였지만 가족공유 식사시간은 행위자 비율이 감소하면서 시간도 감소하는 추세를 보였다고 하였다. 또한 '2009년 생활시간조사' 분석결과를 보면, 남성들이 평일 저녁식사를 가족과 함께 하는 행위자 비율이 50%에도 미치지 못한다. 한국 사회의 구조적 특성으로 볼 수도 있겠지만, 가족이 함께 하는 식사가 가족 간의 관계나 의사소통, 자녀 발달에 영향을 미치는 점으로 볼 때 문제가 된다. 특히 남성에 비해서 여성은 가족과 함께 식사를 하는 경우가 많았으며, 미취학자녀가 있을 때 가족 식사시간이 더 많았다.

밥상머리 교육이란 오래 전부터 우리 가정에서 이어져 오던 교육으로서, '온 가족이 함께 밥을 먹는 자리에서 이루어지는 인성과 예절 등에 대한 교육'이라고 정의한다. 이것이 우리의 바쁜 일상으로 인해 점차 중요성이 떨어지고 있을 즈음, 가족 간 식사시간의 중요성을 환기시킨 연구(미리엄 와인스타인, 2006)와 방송(SBS, 밥상머리의 작은 기적)이 있었다. 가족 식사는 가족 안에서 이루어지는 하나의 의식으로 가족의 정체성, 가치관, 목표를 형성하고 가족 식사에서 이루어지는 예절, 형식, 문화를 통해 한 가족임을 공유하게 하는 힘이 있다고 하였다. 어린이들은 가족 식사를 통해 어휘를 가장 많이 배우게 되며, 성적이나 지능, 스트레스, 정서 등에 영향을 미친다.

가족 식사는 자녀의 학교 적응에도 영향을 미치는 것으로 나타났다(이현아, 2014). 가족 식사를 통한 밥상머리 교육과 관련된 이 연구에서는, 밥상머리 교육이 가족 시간 확보를 통해 식사를 공유하며 대화와 소통을 하고 인성을 배우는 기회가 된다고 하였다. 실제로 가족 식사 횟수가 많을수록 자녀의 학교생활에 대한 파악 정도가 높게 나타났으며, 학교생활 적응도도 높게 나타났다.

단지 성적이나 지능, 학교 적응도를 위해서만은 아닐지라도, 가족들이 함께 식사하는 것을 일상화함으로써 일상의례로 자리 잡는 것은 가정생활에서 매우 중요하다. 일반적인 의례에 비해 일상의례는 일상적으로 반복되며 겉으로 드러난 행동으로서 일상관습이라고도 할 수 있다. 이것은 참여자들에게 상징적이고 의미 있는 행동으로서, 가족으로 만드는 경계가 되며 신뢰감과 일체감을 준다는 점에서 중요하다. 추억을 만들어주고 문제 발생 시 대처하게 해줄 수도 있다. 단지 강요된 규칙이나 억압이 없어야 할 것이다.

최근에는 코로나-19로 위축된 학부모교육 대안으로, 한 지역의 교육지원청에서 온 가족이 함께 하는 인성교육 '밥상머리 교육 미션 챌린지'를 실시하였다. 비대면 온라인으로 실시하는 교육에서는 실천지침 10가지를 수행하도록 했다. 자녀와 함께 온 가족이 식사하면서 가족 사랑과 부모자녀 간 대화를 증진하여 긍정적인 가족 기능을 회복함과 동시에 온 가족이 함께 하는 인성교육의 토대를 마련하는 기회가 되었다고 한다(중부매일, 2020.07.26).

경기도의회에서는 2022년 5월 '경기도 밥상머리교육 활성화에 관한 조례안'을 입법예고하였다(경기도의회, 2022.05.25). 가족구성원의 변화, 세대 간 단절, 교육 · 경쟁 심화 등으로 부모와 자녀가 함께 대화하고 식사를 하는 시간이 감소하였으며 부모와 자녀 간 갈등으로 인한 사회문제가 빈번히 발생하고 있다. 부모들은 밥상머리교육 문화의 중요성을 인식하고 있음에도 불구하고 그 방법을 몰라서 직접 실천하는 데 어려움을 겪고 있다. 이에 부모의 역할을 담당하는 도민을 대상으로 밥상머리교육에 대한 체계적인 지원을 통해 가족 간의 관계 개선과 아이의 육체와 정신이 건강하게 성장할 수 있도록 하고자 하였다. 주요내용은 밥상머리교육 기본계획의 수립과 시행에 대하여 명시하고, 밥상머리교육 지원대상과 내용을 규정한다. 또한 도지사는 밥상머리교육을 위해 위탁운영할 수 있고 경비를 지원할 수 있도록 규정하였다.

학교교육에서도, 사회생활을 통해서도, 일상과 가정에 대한 교육을 받을 곳도, 받을 기회도 많지 않다. 공교육을 통한 가정과교육에서 의식주 및 소비생활 교육을 일부 가르치고 있지만, 이마저도 거의 이루어지지 않고 있다. 일상생활에 대한 교육과 일상생활을 통한 교육이 이루어질 필요가 있다. 가정이 제 기능을 회복하고 자녀의 성장과 발달을 책임짐으로써 가족원들을 사회의 노동력으로 키울 수 있어야 한다.

2) 일상에서 함께 배우는 소비생활

환경부는 2022년 11월 24일부터 일회용품 사용을 규제하는 「자원의 절약과 재활용 촉진에 관한 법률」의 시행규칙을 확대 시행한다고 발표하면서, 종이컵, 플라스틱 빨대, 스틱, 비닐봉투 등 일회용품은 매장 내에서 사용할 수 없게 하였다. 당시 커피 판매 관련 프랜차이즈업계는 물론이고 자영업계의 원성을 들었던 환경부가 최근 플라스틱 빨대 금지 시점을 무기한 연장하는 등 일회용품 사용규제를 사실상 철회하였다.

이런 와중에 기업에서는 그동안 시범 실시해 온 정책을 그대로 유지하거나 자체적인 정책을 펴는 곳이 있어 소비자들에게 환영받고 있다. 일례로 편의점 업계에서는 지속가능 경영과 종이 빨대 생산업체와의 상생을 위해 친환경정책을 이어가고 있다. GS25는 종이 쇼핑백에 환경보호 캠페인 메시지를 삽입하고, CU는 빨대 없는 컵얼음 음료를, 세븐일레븐은 자체 개발 종이 얼음컵을 선보이는 등 플라스틱 저감 노력이 이어지고 있다. 정부 정책은 변경됐지만 친환경 소비문화를 확산시키기 위해서 소비자들이 자주 찾는 편의점이 친환경 활동에 대한 노력을 계속함으로써 ESG(환경 · 사회 · 지배구조) 경영을 이어가고 있다(CBS노컷뉴스, 2023.11.25).

의식주생활에 대한 교육 역시 가정을 통한 부모의 교육으로 시작되지만, 구매를 근간으로는 의식주생활의 변화는 젊은 세대가 부모세대를 이끌어가기도 한다. 필요한 만큼만 소량구매하는 젊은 세대들의 취향에 발 빠르게 대응하여 편의점들이 소포장상품을 내놓음으로써 고물가시대를 살아가는 전 세대들의 구매방식으로 확산되고 있다. 특히 편의점의 매출 증가에는 1인 가구의 증가도 한몫을 했지만, 편하게 살 수 있는 간편식품은 물론이고 택배, 세탁, 은행업무 등 다양한 서비스를 제공하면서 매출확대가 이어지고 있다.

최근에는 편의점 주력 고객이 MZ세대가 아닌 구매력을 갖춘 40대인 것으로 나타났다. 40대의 매출 비중이 크게 확대된 배경으로는 이들이 10대 때부터 편의점을 옆에 두고 살아와 편의점의 존재가 매우 친숙하다는 것이다. 40대는 어린 시절 슈퍼에 갔던 경험도 있지만 동시에 편의점을 자주 찾던 '1세대'라고 할 수 있다. 고공행진하는 외식물가에 '간편식 맛집'으로 통했기 때문이다(서울경제, 2023.11.22). 뿐만 아니라 대형마트가 문을 닫은 시간에 급하게 필요한 제품이 있거나 간단히 음료수를 살 때 들리는 미니마트에서 벗어나 계속 진화하기 때문이다. 그래서 '슬세권'(슬리퍼를 신고 다닐 수 있는 범위)이라는 신조어도 생겨났다(중앙일보, 2022.02.12).

가족은 의식주 중심의 일상생활을 통해 자녀를 교육하고 가족의 문화를 이어나간다. 이 과정에서 빠질 수 없는 것이 소비생활이다. 소비가 일상인 생활에서는 가족 안에서 소비생활에 대한 교육도 빼놓을 수 없다. 그러나 많은 가정에서 직장일이 바쁘다는 이유로 일상생활에 대한 교육을 학교교육에 맡긴다. 또 학교에서는 입시 위주의 교육이 중심이 되다 보니, 가정을 꾸리며 살아가기 위한 최소한의 교육이 점차 사라지고 있다. 특히 자녀의 소비생활과 가정의 소비로 인한 환경 문제에 대해서는 어디서도 관심을 기울이지 않고 있다.

다행히 소비가 일상인 시대에 태어난 젊은 세대들이 소비문화에 관심을 가지면서 사회를 변화시키고 있다. 소통에 친숙한 밀레니얼세대와 Z세대들은 개인주의적인 성향이 강하지만, 한편으로는 사회적 현안에 민감하게 반응한다. 소비에 있어서도 이런 경향이 나타나서 사회적인 문제를 야기하거나 무책임한 기업에 대해서는 불매운동 등으로 자기표현을 하거나 영향력을 행사한다. MZ세대[01]는 브랜드에 민감하지만 소신이 더 중요하고, 특히 한국의 Z세대들은 가치소비를 지향한다고 하였다. 또한 Z세대는 부모세대의 소비에도 영향을 미친다고 한다(세계일보. 2020.07.08).

이제는 소비자들이 의식주생활을 모두 시장상품에 의존하게 되면서 나타나는 환경 문제에 대해서도 민감해졌다. 싸고 편리한 물건을 소비하기는 하지만, 한편으로 친환경적인 제품이나 윤리적인 기업의 제품을 선택한다. 아무리 싼 제품일지라도 지나치게 많은 쓰레기를 만들어내는 제품이나 기업을 배제하기도 하고, 다소 비싸더라도 친환경적인 제품이나 사회적기업의 제품을 의식적으로 구매하는 것으로 자신들의 가치를 드러낸다.

이렇게 기업의 사회적 책임에 대한 소비자들의 인식과 환경의식이 더하여 이제

01 M세대 1980~1994년생, Z세대 1995~2004년생(맥킨지보고서 인용).

까지는 ESG(environment, social, governance)가 강조되어 왔다. ESG는 친환경이 강조되고 기업의 노력이 중시되었다. 또한 정부나 기업이 주도적으로 시행해야 하는 탑다운 방식의 정책이라고 생각되었다. 그러나 더 나은 사회를 만들기 위한 개인의 노력이 바탕이 되지 않고는 사회가 변화할 수 없으므로 이제는 ESG를 넘어 DEI(diversity, equity, inclusion)를 이야기한다(정석환 외, 2023). 성, 연령 등 차별적 행동이나 언어를 지양하고 다양함을 인정하는 것, 모호하지 않고 명확하며 합의된 공정함, 모두를 포용하는 행동과 방향성 등이 새로운 트렌드가 되는 시대이다.

지금까지 우리 가정에서는 부모가 자녀를 교육하고 성장시킬 의무가 있다고 생각하였지만, 급격히 변화하는 새로운 환경에서는 젊은 세대의 가치와 선택을 배우며 따라가는 것도 필요하다. 성이나 연령, 역할에 따라 가족이나 사회에 대한 인식과 가치가 다를 수밖에 없고, 시장에 대한 지식과 반응도 서로 다르기 때문이다. 따라서 자녀가 어릴 때는 가정교육을 통해 인성을 기르고 예절과 가족의 문화를 가르쳐야 하지만, 성인이 된 가족원들 간에는 서로 배우고 같이 성장하는 평등한 가족문화를 만드는 것이 더 중요하다.

07 참고문헌

김정구 · 박현영 · 신수정 · 염한결 · 이예은 · 이효정 (2018). 2019 트렌드노트. 서울: 북스톤.

미리엄 와인스타인 (2006). 부부와 자녀의 미래를 바꾸는 가족식사의 힘. 김승환 역. 서울: 한스미디어.

이상일 · 최승범 · 박창수(2020). 소셜 임팩트. 서울: 한국경제신문.

이철재 (2020). 집콕, 생활의 재발견. 문화관광 웹진. 2020.08.

이현아 (2014). 가족식사가 자녀의 학교적응에 미치는 영향. 한국가족자원경영학회지, 18(3), 103-116.

정유라 · 박현영 · 백경혜 · 구지원 · 조민정 · 정석환 · 신수정 (2020). 2021 트렌드노트. 서울: 북스톤.

조희금 · 이승미 · 김외숙 · 이기영 · 이연숙 · 한영선 (2011). 가족이 함께 하는 식사시간과 영향 요인에 대한 연구. 한국가족자원경영학회지, 15(1), 1-28.

주영애 (2018). 한국가정의 생활문화. 서울: 신정.

최현희 (2020). 놀이터가 된 주거 공간. 문화관광 웹진.

경기도의회 (2022). 경기도의회 공고 제2022-99호.

통계청 (2020a). 2020년 6월 온라인 쇼핑동향.

통계청 (2020b). 2019 인구주택총조사 결과.

통계청 (2023). 2022 인구주택총조사.

한국소비자원 (2021). 2021 한국의 소비생활지표.

KDB 미래전략연구소 (2019). 기업의 사회적 책임 확산에 관한 보고서. 이슈브리프.

CBS노컷뉴스 (2023.11.25). 오락가락 규제에도 편의점은 친환경 정책 유지.

IT 조선 (2017.08.20). 실리콘밸리를 매혹시킨 양모신발 '올버즈'.

머니투데이 (2020.02.24). 50 · 60대 노후불안에 의식주도 아낀다. 소비성향 하락 주도.

세계일보 (2020.07.08). SNS서 '가치관 담은 소비' 지향… 기업 사회적 책임도 요구.

아시아경제 (2020.07.29). 포스트코로나 소비키워드, '거리두기'.

이데일리 (2020.08.11). 코로나 특수 · 부동산 규제에…가구 · 인테리어업계 호황.

조선비즈 (2020.03.22). CJ제일제당 "올해 HMR 트렌드는 시간 절약, 야식 · 간식 즐겨".

조선일보 (2020.08.10). 실리콘밸리 운동화를 아십니까.

중부매일 (2020.07.26). 공주교육지원청 '밥상머리 교육 미션 챌린지'.

중앙일보 (2020.06.22). "아들아, 넥타이 이렇게 맨단다" 230만명 울린 美 랜선 아빠.

중앙일보 (2022.02.12). 식사 · 택배 · 세탁 · 은행업무까지…'슬세권' 편의점 "못하는 게 없네".

통계청 (2023.10.20). 세상과 통하다 새로운 소비 주체 '나홀로족', 1인 가구의 소비지출 살펴보기!

포춘코리아 (2021.08.26). '언택트'가 불러온 주거의 변화… '레이어드 홈' 트렌드.

한국섬유신문 (2020.08.11). 친환경 니트신발 '올버즈' 한국상륙.

한국신용평가 (2023.09.25). 2023. KIS Special Report. 우리는 어디서 무엇을 사고 있나?

CHAPTER

08

가족들과 함께 시간 보내기

1. 가족들과 함께 잘 지내기
2. 가족이 여가를 통해 몰입하다
3. 따로 또 같이 문화도 필요하다

Chapter 08 가족들과 함께 시간 보내기

1. 가족들과 함께 잘 지내기

1) 준비가 필요하다

현대인들이 바쁜 직장 생활 속에서 조금이나마 쉴 수 있는 여유시간이 많아진다면 무엇을 할 것인가의 질문에 '가족과 함께 지내고 싶다'고 응답한 경우가 가장 많다. 예를 들어 2004년 7월 주 40시간 근무제를 전면적으로 실시한 이후에, 근로자들이 가장 긍정적인 변화로 꼽은 것이 '가족과 함께 하는 시간이 증가했다'(42.3%)는 것이다(문화체육관광부, 2007).

이러한 변화에 가장 크게 기여한 것이 노동시간의 변화와 일-삶의 균형(Work-Life Balance)의 중요성에 대한 인식일 것이다. 과거, 한 주 동안 6일을 일하고 하루 여유시간을 가질 수 있었던 대부분의 직장인들은 6일 동안의 피로를 풀고, 쉬기 위한 공간으로서 가정이라는 곳이 필요했다. 물론 가족도 이러한 피로를 풀어줄 수 있는 편안한 상황일 때 더 만족했다. 그러나 이제 가정을 떠나 일터에서 일하는 시간은 5일로 단축되고 가정에 머무르는 시간이 많아지면서 하루를 쉬고 피로를 푸는 시간으로 사용하더라도 나머지 하루는 온전하게 가족들과 함께 하는 시간으로

남겨졌다. 이제 모든 이들은 숙제가 생긴 셈이다. '주말에 가족들과 무엇을 하지?'

물론 주말마다 친구들을 만나거나 동호회에서 여행을 가거나 혼자서 운동을 즐기는 경우도 많아질 것이다. 그렇지만 중요한 사실은 가족들과 함께 하는 시간이 더 많아졌다는 사실이고, 또 그들 스스로 가족들과 함께 하기를 원한다는 사실이다.

가족이 함께 하는 여가활동은 가족끼리의 상호이해와 친밀감을 높이고 가족 결속의 근원이 된다. 가족이 함께 여가를 계획하고 즐기면서 그들끼리 상호작용과 의사소통이 활발해지고, 여가에 관한 가족 간 의사소통은 다른 주제보다 더 개방적이고 덜 위협적인 것으로 인식된다. 가족은 여가활동을 통해서 결혼안정성, 가정생활의 활력, 가족의 즐거움, 문화적 경험 등 긍정적인 결과들을 얻게 된다.

그러나 가족이 함께 하는 여가가 반드시 모든 가족의 행복을 보장해 주지는 않는다. 실제로 휴일이 증가하여 가족이 함께 하는 시간이 많아지면서 이혼율이 증가했다는 사례가 있다. 이미 1990년대부터 주 36시간 노동을 하고 있었던 독일의 폭스바겐사 노사는 1994년 1월 1일부터 노동시간이 20% 감축되고 실질임금이 10% 삭감되는 새로운 근로제도에 합의하였다. 심각한 경영 악화에 따라 전체 근로자의 1/3을 해고하는 계획 대신, 일자리 나누기 차원의 주4일 근무제를 실시하게 된 것이다. 휴일이 하루 더 늘어나자, 도시 거주자의 대부분이 폭스바겐사에서 일하는 볼프스부르크(Wolfsburg)란 도시에는 예상치 못했던 일이 일어났다. 휴일이 하루 더 늘어난 그 해에 이혼율이 약 60% 이상 증가한 것이다. 그 이전에는 한 해 약 300건에 불과하던 이 도시의 이혼건수가, 휴일이 늘어나자 약 460건 이상으로 늘어났다. 여가시간의 증가와 이혼율의 증가를 직접적인 인과관계로 설명할 수는 없지만, 함께 있는 시간이 많아지면서 수면 아래 가라앉아 있던 부부 간 갈등이 폭발할 가능성이 높음을 시사하고 있다.

한국의 중년부부의 경우, 함께 하는 여가시간이 서로에게 부담스런 시간이 될 가능성이 높다. 평소 부부간에 친밀한 대화가 없었으며 공통된 관심사와 재미거리를 찾지 못한 상태에서, 함께 해야 한다는 주장만 하는 것은 의미가 없다. 아니 오히려 더 위험할 수 있다.

한편, 가족여가를 가족이 반드시 함께 시간을 보내야 한다는 의미로 받아들이는 것도 부정적인 결과를 초래할 수 있다. 어떤 가족원에게는 가족이 함께 여가를 보내는 시간이 오히려 '노동'으로 여겨질 수도 있다는 점을 고려해야 한다. 예를 들어 가족캠핑을 계획한 어떤 가족이 야외로 나갔을 때 엄마이자 주부인 가족원이 캠핑에서도 식사준비와 다른 가족원을 보살펴 주어야 한다면 이 주부는 노동 장소가 집에서 야외로 이동되었을 뿐이다. 이 경우 주부의 스트레스를 완화시켜 주기 위해 혼자서 보내는 시간을 허용하는 것이 더 만족스러울 수 있다. 또한 혼자서, 또는 가족의 취미나 마음이 맞는 다른 사람과의 시간을 포기하거나 양보해야 하는 경우도 생길 수 있다.

가족이 취미생활과 관심사를 공유한다는 것과 자유시간 동안 모든 가족이 함께 해야만 한다는 것은 별개이다. 기본적으로 가족과 함께 하는 시간이 너무 적은 것은 문제가 있다. 따라서 가족이 함께 하는 시간을 가지려고 노력하는 것은 무엇보다 중요하다. 그러나 가족이 함께 잘 지내기 위해서는 먼저 평등한 가족관계, 자유로운 의사소통과 의사결정, 강제성과 구속성의 정도를 파악하는 것이 필요하다. 따라서 가족여가를 이해할 때 반드시 모든 가족이 어떤 경우에라도 함께 해야 한다는 의미보다는 가족이 함께 하기를 통해 만족감과 기쁨을 배가시키는 것이라는 의미로 받아들여야 할 것이다. 따라서 일과 삶의 균형을 통해 가족들과 여가시간을 잘 보내고 가족이 모두 행복해지기 위해서는 먼저 준비해야 할 일들이 많음을 기억해야 한다.

2) 어렸을 때부터 함께 해야 한다

자유시간이나 레크리에이션 활동을 통해 2인 이상의 가족이 함께 시간을 사용하는 것을 '가족여가'라 한다. 여기서 가족원은 동거 중인 가족구성원 모두를 말할 수 있다. 예를 들어 부모와 자녀가 함께 참여할 수도 있으며, 가족원 중 2인 이상이 참여하는 것일 수도 있다. 즉, 가족구성원의 범위나 구조에 따라 가족여가 참여자가 달라질 수 있다. 그러나 일반적으로 핵가족 단위의 가족형태에서 가족여가는 부모와 자녀가 함께 시간을 보내면서 하는 활동이라고 볼 수 있다.

자녀가 없는 젊은 부부는 그들 각각이 미혼일 때에 하던 여가활동과 유사한 여가활동을 함께 즐길 수 있지만, 자녀가 태어나면서부터 그 부부의 여가생활은 극적인 변화가 일어난다. 자녀 중심의 시간이 구성되면서 부모들은 그동안 개인적으로 누려왔던, 또는 부부가 원해서 같이 했던 여가생활보다는 어린 자녀와 함께 하는 활동에 집중하게 된다. 그러나 세대가 다른 부모와 자녀가 같은 활동을 하면서 만족하고 즐거움을 유지하는 데에도 노력과 준비가 필요하다. 박물관에서 진행하는 교육 프로그램에 참여시키기 위해 부모들은 자녀들을 그 프로그램에 등록해 주고 데려다 주는 역할만 하는 경우가 많다. 그러나 그 교육 프로그램에서 부모들을 위한 강좌도 동시에 개설하여 자녀들이 교육받는 내용을 함께 공유하게 된다면, 그 교육과정이 끝나고 집으로 돌아와서 부모와 자녀 사이에 공통의 관심사로 이야기를 이어나갈 수 있을 것이다. 더 나아가 이러한 교육 프로그램이나 박물관 관람하기에 대해 부모와 자녀가 지속적으로 공통의 관심사를 유지시킬 수 있을 것이다. 따라서 가족여가활동은 가족들이 함께 시간과 활동을 나누는 것도 중요하지만, 그 내용을 오랫동안 경험하고 공유하는 과정을 함께 하는 것이 중요하다.

가족캠핑의 사례도 마찬가지이다. 캠핑을 준비하는 과정을 부모가 일방적으로 자녀에게 통보하거나 결정을 알리는 것, 캠핑장에서 가족들이 함께 할 수 있는 활동보다는 캠핑장에서 어른은 어른들끼리 먹고 마시고, 아이들은 아이들끼리 시간을 보내게 하는 것은 그 캠핑을 통해 오랫동안 가족이 함께한다는 느낌을 공유하기 어렵게 할 수 있다. 캠핑을 준비하는 과정부터 가족이 함께 참여하고, 캠핑에서 어떤 활동을 할 것인지 같이 의논하고, 캠핑장에서 가족이 함께 요리하고 어울리는 경험이 다음의 캠핑을 기대하게 될 것이다. 이러한 활동을 통해 가족 간의 유대감과 관계 만족에 도움을 줄 것이다. 나아가 조부모의 캠핑 장소에 손자녀가 함께 어울리는 기회가 주어진다면 세대 소통과 이해의 기회로 가족관계에 도움이 될 것이다.

한편, 여가는 대표적인 경험재로서, 여가의 경험을 통한 만족의 흔적이 축적되고 쌓여서 그 다음 번의 활동을 선택하고 지속하는 데 영향을 준다. 이와 같이 여가활동은 경험 누적으로 인한 지속이 중요하다. 다른 말로 '여가도 경력이 필요하다.' 쉽게는 '놀아 본 사람들이 놀 줄 안다'는 말이다.

따라서 가족여가의 가장 좋은 상점은 어렸을 때부터 다양한 여가 경험을 부모와 같이 할수록 생애주기 전반에 걸쳐 다양한 여가활동을 할 가능성이 높거나 자신만의 여가경력을 축적할 수 있다는 것이다. 가족여가가 필요한 가장 큰 이유이다. 예를 들어 유년기의 활동적인 놀이 경험은 매우 중요한데, 유년기에서 놀이의 기회가 제한되면 성인기에 여가를 추구하는 데 있어 인식 및 행동의 적응성이 떨어진다(Iso-Ahola, 1980). 즉 유년기의 놀이에서 활동적인 사람은 성인기의 여가에서도 활동적인 경향이 있으며, 유년기의 비활동성은 성인기 비활동성의 전조가 된다.

또한, 아동기와 청년기에서의 여가사회화(leisure socialization)는 중요하며 이러한 초기 생애단계부터 축적한 여가기술과 관심은 노년기의 여가만족에 많은 영향을 미친다. 어렸을 때 정기적으로 클래식 연주회를 관람했거나 미술관을 방문했던 사람들은 평생 계속해서 이러한 수준 높은 활동을 할 경향이 매우 높다(Ken Roberts, 2006). 도서관과 박물관을 방문하고 작곡이나 다른 문화활동에 참여하는

16세 청년들은 계속해서 높은 교육 수준을 달성하고 이어서 높은 수입을 이루며, 또한 성인기 동안 시민 참여에 높은 비율을 나타낸다고 보고된 연구결과(Robson, 2003)도 있다. 따라서 인생의 초기에 다양한 여가활동을 습득할 수 있도록 가족과 부모들이 함께 하는 시간을 늘리고 다양한 활동에 함께 참여하도록 하는 가족여가활동이 무엇보다도 중요하다.

2. 가족이 여가를 통해 몰입하다

1) 진지한 여가와 캐주얼 여가

개인은 주어진 환경과 최적의 상호작용을 통해 여가활동을 할 때, 즐겁고 몰입된 상태를 경험할 수 있다(최인수 역, 2005). 여가활동은 온전히 자유롭고, 스스로 원해서 이루어져야 하며, 여가를 통해 즐거움을 얻을 수 있고, 사회적으로나 문화적으로 허용된 활동을 하게 되면 몰입을 경험하게 된다. 결국, 우리들은 여가활동을 하면서 궁극적으로 즐거움과 행복감을 얻을 수 있다.

그러나 사람들은 같은 활동을 지속적으로 반복할 경우 지루해하거나 싫증을 내기 쉬우므로, 이러한 여가활동도 몰입수준을 높이기 위해 어느 정도 도전을 주거나 새로움을 추구할 수 있어야 한다. 예를 들어 주말동안 종일 집에서 쉬면서 TV를 보는 생활을 계속하게 될 때, 월요일이 되어 출근하려고 하면 몸이 더 힘들거나 주말을 잘 보낸 것 같지 않아서 마음이 불편한 경우가 있을 것이다. 따라서 TV 시청, 음악 감상, 독서, 산책 등과 같은 일상적 여가(casual leisure)활동보다는 노력과 전문성, 지속성을 요구하는 진지한 여가(serious leisure)에 몰두하려는 사람들이 많아지고 있다. 주말에 한강변에 나가 자전거를 타는 시간과 거리를 늘리려는 사람들, 레벨 승급을 위해 게임에 몰두하는 사람들, 축구동호회 활동을 하면서 친선게임을 계속하려는 사람들, 취미로 배운 댄스를 경연대회 등에 나가서 자랑하려고 연습을 꾸준히 하는 사람들, 취미로 시작한 가죽공예를 온라인에서 작품으로 만들어 교환하는 사람들 등의 사례는 요즘에 흔히 발견할 수 있는 진지한 여가활동의 모습이다.

이와 같이 몰입 경험에 근거한 여가활동을 진지한 여가활동으로 명명한 사람은 스테빈스(Stebbins, 2015)이다. 그는 즐거움이라는 즉각적이고 본능적인 보상을 추구하는 비교적 짧은 수명의 활동을 '일상적 여가(casual leisure)'라고 하였다. 일상적 여가는 진지한 여가와 대조적으로 특별한 훈련을 수반하지 않으며, 따라서 전문화 단계로 발전하지 않는 활동을 말한다. 또한 연속적으로 이어지지 않고 단기 혹은 일회성으로 수행되는 실용적이고 창의적인 참여 활동은 '프로젝트 기반 여가(project-based leisure)'라고 한다. 이에 비해 '진지한 여가(serious leisure)'는 "아마추어(amateur), 취미 애호가(hobbyist), 자발적 활동가(volunteer)가 특정 분야의 지식, 기술, 경험을 조합하고 습득하고 표현하는 참여 과정을 통해 전문성을 획득해 가는 체계적인 여가활동"을 지칭한다. 진지한 여가를 통해 자신이 좋아하고 잘하는 분야를 발견하고, 그 분야의 지식과 태도, 기술을 쌓아가는 장기간의 몰입 과정을 통해 전문성을 획득하게 되면, 개인적 만족감 또는 여가 공동체 형성과 같은 사회적 보상이 뒤따를 수 있다. 이러한 내적 또는 외적 보상이 동기부여가 되어 진지한 여가가 지속적인 활동으로 이어지게 되면, 전문화된 직업의식을 배양하게 되고, 궁극적으로는 취미가 직업이 될 수도 있다. 진지한 여가 참여자는 일상적 여가에서는 얻을 수 없는 '자아실현'과 '정체성 개발'이라는 지속적 혜택(durable benefit)을 확보하게 된다.

그러나 가족이 함께 즐기는 여가시간은 충분하지 않으며, 이 시간 동안 이루어지는 활동은 아직은 일상적 여가에 그치고 있는 것으로 나타나고 있다. 여성가족부의 '2020 가족실태조사' 결과에 따르면, 최근 6개월 동안 평일에 가족과 함께 보낸 하루 평균 여가시간에 대해 평일에는 1시간~2시간 미만이 26.2%로 가장 높았고, 휴일에는 3시간 이상이 41.9%로 가장 큰 비중을 차지했다. 가구소득별로 가족여가시간을 살펴보면, 평일의 경우 가구소득이 높아질수록 가족여가시간이 30분 미만인 비율은 대체로 감소하는 반면, 30분~1시간 미만부터 2시간~3시간 미만 구간의 비율은 대체로 증가하는 경향을 보였다. 이와 같은 전반적인 경향성은 휴일에 더욱 분명해져서 가구소득 수준이 높아질수록 가족여가시간이 짧은 편인 30분 미만, 30분~1시간 미만의 비율은 일관되게 감소하고, 가족여가시간이 가장 긴 3시간 이상의 비율은 뚜렷이 증가했다. 즉 가족여가활동과 마찬가지로 소득수준에 따른 가족여가시간의 차이는 휴일에 더 뚜렷하게 나타나서, 소득수준이 높은 가족일수록 가족과 여가시간을 더 많이 보낸다고 할 수 있다

한편, 가족과 함께 보낸 하루 평균 여가시간이 충분했는가에 대해서, '충분하다'가 61.9%, '충분하지 않다'가 38.1%였다. 연령대별로 '충분하지 않다'의 비율을 보면, 20대부터 50대까지가 가족여가시간이 충분하지 않다고 응답한 비율이 다른 연령대 및 전체의 평균적인 비율 분포에 비해 상대적으로 높았고, 특히 40대의 '충분하지 않다'는 응답률이 44.2%로 가장 높았다. 또한, 혼인상태별로 보면, 이혼 · 별거, 사별인 경우가 가족여가시간이 충분하지 않다는 응답이 상대적으로 높은 반면, 미혼, 유배우인 경우는 가족여가시간이 충분하다는 응답이 더 높아서 두 집단 간에 뚜렷한 차이를 보였다. 교육 수준별로 보면, 교육 수준이 높을수록 가족여가시간이 충분하다는 응답이 감소했다. 가족여가시간이 충분하지 않다고 답한 응답자에게 그 이유를 조사한 결과 '시간 부족'이 66.2%로 가장 큰 비중을 차지했다. 다음으로 '비용 부담'(11.5%), '적절한 여가 프로그램의 부재'(10.5%) 순으로 높았다. 그밖에 '가족이 함께하고 싶어 하지 않아서', '가족원 돌봄 책임'이 각각 3.5%와

2.5%를 차지했다. 평일 동안 가족과 자주 함께한 여가활동 1순위는 'TV · 비디오 시청'(77.1%)이며, 그 다음으로는 산책(5.8%), 외식(4.8%), 게임(3.4%), 스포츠활동(1.5%) 순이었다. 휴일도 마찬가지로 1순위로 가장 많이 응답된 것은 TV · 비디오 시청이 49.8%이며, 그 다음으로는 외식(14.6%), 산책(8.2%) 순으로 높았다. 휴일의 가족여가는 평일보다는 다양하여, 종교활동(5.3%), 쇼핑(4.4%), 게임(3.6%), 스포츠활동(3.5%), 여행(3.5%)도 일정 정도의 비율을 차지했다. 가족들이 함께 하는 진지한 여가활동에 대해 진지한 고민이 필요한 이유이다.

2) 같이 즐기는 가족은 같이 존재한다

'같이 즐기는 가족은 같이 존재한다'라는 말처럼 가족단위 여가활동은 개인적으로 추구하는 여가활동에 비해 더 많은 다양한 경험을 하게 된다. 가족의 이해와 행복을 가족 공동의 것으로 만들고 가족에게 혼자서는 맛볼 수 없는 기쁨을 주게 되는 것이다. 가족여가에 대한 선행연구들을 살펴보면, 가족단위 여가활동이 이루어질 때, 그 과정과 결과에서 가져올 수 있는 시너지 효과는 대단히 크다고 볼 수 있다. 개인적으로 추구하는 여가활동에 비해 생활만족도나 삶의 질 향상 정도는 더 높게 나타나며, 가족구성원 중 2세대 이상이 같이 할 경우 부모자녀관계나 가족친밀 정도에 새로운 긍정적인 효과를 초래한다.

구체적으로, 가족여가활동은 가족의 이해와 행복을 가족 공동의 것으로 만들며, 가족에게 혼자서는 맛볼 수 없는 기쁨을 주게 된다. 또한 가족으로 존중되고 안심과 신뢰의 배경을 만드는 소속감을 양성한다(윤소영, 2009). 한편 가족 단위의 여가는 가족이 함께 함으로써 신체적 · 정신적 건강유지, 능력개발, 자아실현 등 여가활동 본래의 기능 이외에 특유의 기능을 갖는다. 즉 가족여가는 가족의 이해와 신뢰감의 배경이 되며, 개인적으로 추구하는 여가활동에 비해 더욱 다양한 경험을 제공할 수 있기 때문에 가정은 여가집단으로서 가족원에게 근본적인 자원이 되는 것이다(지영숙, 1999). 이렇게 창출된 긍정적 에너지는 가족원 개인에게는 활력소가 되며 가정적으로는 자원이 되고 보다 나은 생활환경이 만들어진다. 한마디로 가족여가는 그 자체로서 가정이라는 생활체계에서 여러 하위체계에 중요한 영향을 미치는 계기가 될 뿐 아니라 생활만족에 기여함으로써 총체적인 삶의 질을 높여주는 중요한 요인이 된다.

결국, 가정의 기능 중심으로 가족여가 개념을 살펴보면, 가족원의 결합력을 발달시키는 통합적 기능, 자기개발과 자기실현을 위한 능력개발과 창조적 기능, 교육적 기능, 심리적 안정성 기능으로 구분될 수 있다. 가족여가의 기능에 대하여 오쓰너와 맨치니(Orthner & Mancini, 1990)는 가족여가생활이 가족의 심리적 만족, 가정의 안정성 및 가족의 결속력과도 깊은 관련이 있다고 하였으며, 힐(Hill, 1988)은 여가활동 참여가 결혼안정성에 가장 큰 영향을 미치고 가족들이 함께 여가에 참여함으로써 가족 간의 친밀도가 높아진다고 보고하였다(지영숙 외, 2002 재인용). 양영아(1996)는 가족여가활동의 의의를 가족 간의 친밀감, 자녀의 교육, 가족의 즐거움, 가정생활의 활력소, 휴식, 가족의 긴장 및 세력증신, 문화적 경험에 두고 있다.

이와 같이 가족여가의 긍정적 기능을 강조하는 것은 오늘날 사회에서 가족이 특히 중요한 여가집단으로 기능하고 있으며, 실제로 많은 여가활동이 가족단위로 이루어지고 있음을 강조하는 것이다. 즉 가족단위의 여가활동은 본래의 기능 이외에 가족의 이해와 신뢰감의 배경이 되며, 개인적으로 추구하는 여가활동에 비해 더욱 다양한 경험을 제공할 수 있으므로 가정은 여가집단으로서 가족원에게 근본적인 자원이 된다(윤소영, 2009). 또한 가족단위의 여가는 가족이 함께 여가를 계획하고 즐기는 가운데 상호작용과 의사소통을 도와주며, 부모와 자녀가 함께 하기 때문에 가정교육을 위한 장이 되기도 한다. 이처럼 가족여가는 가족의 이해와 행복을 가족

공동의 것으로 만들며, 가족에게 혼자서는 맛볼 수 없는 기쁨을 주게 된다.

3. 따로 또 같이 문화도 필요하다

1) 가족여가의 제약조건 극복하기

가족의 여가제약은 다양한 원인에 의해 발생하며, 특정한 여가제약은 가족이 직접적으로 혹은 간접적으로 여가활동을 기피하거나 중단하게 만든다. 여가제약은 여가 경험을 제한하는 요인으로 가족구성원에 의해 주관적으로 상이하게 지각되는 특성이 있다. 따라서 가족이 함께 여가활동에 참여하는 경우 개별적으로 여가에 참여하는 것보다 더 많은 여가제약을 경험할 가능성이 높다.

여성가족부(2021)의 '2020 가족실태조사' 결과에 따르면, 가족과 여가시간을 함께하기 어려운 이유로, '가족이 함께할 시간을 내기가 힘들어서'(66.2%), '가족이 함께하려면 비용이 들어서'(11.5%), '가족이 함께할만한 여가 프로그램이 없어서'(10.5%) 순으로 나타났다. 이러한 결과는 2015년 조사에서 '일이 바빠서(31%)', '가족공동의 시간을 내기 어려워서'(24.6%), '경제적 부담 때문에'(16%) 순으로 나타난 결과와, 2005년 조사에서 '경제적 부담(29.2%)', '일이 바빠서(22.4%)', '가족공동의 시간을 내기 어려워서'(16.9%) 순으로 나타난 결과와 비교된다. 가족여가를 위해 필요한 경제적 부담의 이유는 다소 줄어들었지만, 여전히 일이 바쁘고 가족 공동의 시간을 내기 어렵다는 이유는 증가하고 있다. 이와 같이 가족여가활동을 방해하는 주요 제약요인은 일-삶의 균형과 가족 공동의 시간, 그리고 여가활동에 지출하는 비용부담이 가장 크다. 이는 가족여가를 활성화하기 위한 방법이 일–삶의 균형을 위한 다양한 노력, 특히 가족이 함께 할 수 있는 시간을 확보하는 방안이 일차적이며, 그 시간 동안 함께 할 수 있는 활동 내용을 저렴하게 제공하는 것임을 말해준다.

2) 행복한 가족여가 문화를 제안하다

가족이 함께 시간을 보내고 여가활동을 통해 몰입을 한다는 것은 가족단위의 문제를 예방하고 통합적으로 대처하기 위해 가족생활주기에 적합한 여가활동을 통해 궁극적으로는 가족의 행복을 창조한다는 점에서 의미가 있다. 즉, 가족여가를 활성화한다는 것은 궁극적으로 가족의 행복 창조이며, 이를 위해 가족구성원의 결합력을 발달시키는 통합성, 자기개발과 자기실현을 위한 창의성, 심리적 안정성 등의 긍정적인 기능을 지향한다는 것이다.

가족여가를 활성화하고 행복한 여가문화를 정착하기 위해서는 다음의 각각의 내용을 주의 깊게 인지하고 실천하는 자세가 필요하다. 각자의 생활주기에 맞게, 그리고 각 가정의 생활양식에 맞도록 실천을 제안한다.

첫째, 가족이 가장 즐거워하는 일을 조사하자. 나는 어떤 일을 할 때 가장 행복하고 즐거운가? 몇 가지의 항목까지 단숨에 적어 내려갈 수 있는가? 다른 가족원의 경우도 생각해 보자. 혹시 내가 다른 가족원에 대해서 제대로 알고 있는 정보가 없는 것은 아닌가? 진정으로 좋아하는 일이 무엇인지 알고 있는가? 알고 있다면, 그 일을 해보려고 노력했는지 기억해 보자. 나는 내가 가장 즐거워하는 일을 항상 하고 있는지, 다른 가족원이 원하는 일을 해본 적이 있는지 생각해 보자. 이 모든 것을 기록하고 목록으로 적어 본다면 가족 공통의 관심거리를 찾아낼 수 있을 것이다. 이것부터 시작한다면 가족 모두 만족하는 여가활동이 될 수 있을 것이다.

둘째, 가족을 하나의 동호회로 만들자. 이제 실천을 해야 할 때이다. 가족이 함께 즐거워하는 일을 찾아서 동호회로 만들어 보자. 가족들이 공통적으로 좋아하는 활동을 찾아 동호회처럼 즐기고 기록을 남기자. 마음에 드는 이름도 지어 보고 정기적인 모임 날짜나 구체적인 활동 내용도 정해 보자. 스포츠 활동이나 가족신문 만들기 등의 활동이 여기에 해당된다.

셋째, 가족끼리 의사소통을 잘하는 방법을 익히자. 메시지를 전달할 때는 상대방에게 강요하거나 명령하는 "너는~" 또는 "당신은~"이라는 너-전달법(you-message)보다는 "나는~"으로 시작하는 나-전달법(I-message)을 사용해 원활한 의사소통을 하도록 한다. 나-전달법은 나의 솔직한 감정이나 의견을 담아서 상대방에게 전달한다는 점에서 매우 개방적인 의사소통이 될 수 있다. 잘 말하기보다 더 중요한 것은 상대방의 말을 잘 들어주는 것이다. 즉 경청하여 듣는 습관이 필요하다. 이것은 상대방이 진달하고자 하는 메시지에 주의를 기울이고 수용하고 기억하고 반응하는 것이 중요하다. 얼굴표정이나 몸짓, 그리고 감탄사 등의 반응을 통해 가족 간 의사소통을 원활히 할 수 있다. 이는 가족여가활동을 결정하고 계획하는 단계에서부터 구체적인 실행을 할 때 생기는 갈등을 최소화하고 만족감을 높일 수 있다는 점에서 매우 중요하다.

넷째, 상대방의 눈높이에 맞추자. 자녀들이 연령이 많아지면서 부모들과 함께 여가활동을 하지 않으려는 경향이 있다. 자녀들은 부모들과 함께 하기보다 혼자서 또는 또래 친구들과 함께 시간을 보내고 싶다고 할 수 있다. 부모와 자녀들의 여가에 대한 눈높이가 다르기 때문에 그럴 수 있다. 더 정확히는 자녀가 좋아하는 여가활동을 부모가 이해하지 못하기 때문에 그런 경우가 많다. 예를 들어 자녀가 컴퓨터 오락을 하고 싶을 때 부모가 무조건 하지 못하게 하는 것은 서로의 관심사를 멀게 하는 결과만 초래한다. 이 경우 부모들이 자녀가 좋아하는 오락을 한번 해봄으로써 자녀를 이해하는 시간을 가져보는 것을 권할 수 있다.

다섯째, 생색내지 말자. 명절 연휴에 가족들이 함께 있는 시간이 많지만 훨씬 관계가 악화되는 경우가 많은데, 그 이유 중 하나가 서로의 노력에 대해 생색내기 때문이다. “내가 운전해 줬잖아…”, “난 하루 종일 음식 준비했는데…”, “내가 너에게 어떻게 했는데…” 등 자신이 가족을 위해 한 일을 스스로 자랑하고 상대방이 알아주길 원할 때 갈등이 생길 수 있다. 가족이 함께 즐거운 시간을 마련하고 나 역시 행복해 지는 시간은 누구 탓도 아니고 강제로 이루어지는 것도 아닐 것이다.

여섯째, “따로 또 같이” 노는 것도 가족여가이다. 취미생활과 관심사를 공유한다는 것과 여가시간에 모든 가족이 함께 해야만 한다는 것은 별개이다. 가족원 각자 자유 시간을 즐길 수 있는 여유를 인정해야 한다. 그러나 가족원 중에서 계속해서 따로 즐거움을 추구하고자 하는 경우가 생기는 것에는 주의해야 한다. 이 경우 가족이 함께 하는 것 자체가 즐거움보다는 강제적인 이유로 여겨지게 되어 혼자서 즐기기를 원한다면 한번 점검해 볼 필요가 있다. 가족관계의 평등성은 어떠한지, 강제성과 구속성의 정도는 어떠한지 살펴보아야 한다.

일곱째, 집에서 뒹구는 것도 여가활동이다. 바람직한 여가활동은 가족끼리 어딘가 꼭 가서 무슨 활동을 반드시 해야 한다는 강박관념에서 벗어나야 한다. 가족들의 의견이 모아지고 스스로 하기를 원하는 활동이라면 집에서 하루 종일 TV를 보거나 낮잠을 즐기는 것도 훌륭한 여가활동이 된다. 여가가 심신의 피로를 풀어 주고 활기를 되찾아 주는 역할이 있다면 집에서 가만히 쉬는 것도 여가활동에 포함된다. 주중에 가족원 모두 집밖에서 열심히 생활하고 주말에 집에서 뒹굴기를 원한다면 이러한 자유를 인정해 주어야 한다. 단 이러한 주말 보내기 모습이 계속 반복되거나 다른 활동을 찾을 수 없을 경우, 그리고 다른 가족원은 원하지 않는데 혼자서 고집하는 경우는 보다 적극적인 여가활동을 찾아보기를 권할 수 있다.

여덟째, 여가생활 가계부를 가족이 함께 쓰자. 많은 사람들이 가족여가와 관련해서 곤란함을 제시하는 내용이 여가관련 지출비용에 대한 부담이다. 주말에 가족단위로 여행을 하거나 무엇인가를 배우기 위해서 지출해야 하는 비용은 매우 크다. 더욱이 이러한 경우가 반복된다면 가계비에 커다란 타격을 줄 수 있다. 실제로 주 5일 근무제가 실시되면서 변화된 현상은 외식이나 여행, 그리고 쇼핑의 활동이 증가하였다는 것이다. 이는 준비 없이 주 5일 근무제를 맞이하면서 '무엇을 할까' 고민하는 가족들이 가장 일반적으로 선택할 수 있는 활동이었기 때문이다. 따라서 가장 먼저는 여가시간을 준비하는 자세가 필요하며, 주변에서 비용을 적게 들이고 여가활동을 즐길 수 있는 정보를 적극적으로 탐색할 필요가 있다. 그러나 여가생활에 들어간 비용이 있다면 반드시 기록하고 정리하는 방법이 필요한데, 이것을 가족이 함께 할 필요가 있다. 즉 전체 가계의 수입과 지출에 대해서 공유하고 가정 경제적 측면에서 공감대를 형성하게 된다면 가족원 전체가 만족하는 지출이 될 수 있을 것이기 때문이다.

아홉째, 함께 하기의 원칙을 반드시 세우자. 함께 하기의 원칙은 평등한 가족관계와 연관된다. 가족들이 함께 여가생활을 행복하게 즐기기 위한 전제조건으로는 가족들이 함께 집안일이나 노동에 대한 책임을 나누어 갖는 것이다. 혼자서 일하고 혼자서 가족들을 보살펴야 한다면 남는 시간에 다른 가족원들과 여가를 보낼 자유시간은 매우 적을 것이다. 공정하다는 느낌을 가질 수 있도록 서로가 배려하고 함께 한다면 자연스럽게 자유시간 동안 가족원들은 함께 지낼 시간이 많아질 것이고, 그렇다면 행복하고 평등한 가정생활을 할 수 있을 것이다.

열째, 사회성 여가에 눈을 돌리자. 자칫 가족단위의 여가활동만 강조하다 보면 사회의 다른 구성원들을 외면하게 되는 경우가 생길 수 있다. 가족이 함께 봉사활동을 하면 공동체가 살고, 반대로 공동체가 살면 가정이 함께 잘 살게 된다. 가족이기주의나 나-중심주의에서 벗어난 여가문화를 가꾸어 가는 노력이 필요할 때이다.

08 참고문헌

문숙재 · 윤소영 · 차경욱 · 천혜정 (2005). **여가문화와 가족**. 서울: 신정.

문화체육관광부 (2007). **2007 여가백서**.

미하이 칙센트미하이 (2005). **몰입, FLOW: 미치도록 행복한 나를 만난다**. 최인수 역. 서울: 한울림.

양영아 (1996). 중산층의 가족여가활동 실태와 요구 조사 연구. 숙명여자대학교 대학원 석사학위논문.

여성가족부 (2021). 2020 가족실태조사.

윤소영 (2009). 가족여가 활성화를 위한 정책방안. **한국가정관리학회지**, 27(4), 189-201.

윤소영 · 윤지영 (2003). 가족여가의 활동유형 및 본질에 대한 연구. **여가학연구**, 1(2), 1-30.

지영숙 (1999). 가족여가의 생활적 의미 연구. **한국가족자원경영학회지**, 3(1), 83-94.

지영숙 · 이태진 · 최보아 (2002). 가족여가 유형이 가족체계 역동성에 미치는 영향 연구-자녀교육기의 도시 가정을 중심으로-. **한국가정관리학회지**, 20(4), 189-197.

한국문화관광연구원 (2008). **여가 그리고 정책**. 서울: 대왕사.

Iso-Ahola, S. E. (1980). *Social psychological perspectives on leisure and recreation*. Iowa: WM. C. Brown Company.

Mattingly, M. J. & Bianchi, S. M. (2003). Gender Differences in the Quantity and Quality of Free Time_The US Experience. *Social Force*, 81(3), 1001-1030.

Orthner, D. K. (1975). Leisure activity patterns and marital satisfaction over the marital career. *Journal of Marriage and the Family*, 37(1), 91-102.

Orthner, D. K. & Mancini, J. A. (1990). Leisure impacts on family interaction and cohesion. *Journal of Leisure Research*, 22(2), 125-137.

Rapoport, Rhona & Rapoport, Robert N. (1975). *Leisure and the family life cycle*. Routledge & Kegan Paul.

Roberts, K. (2006). *Leisure in Contemporary Society*. UK: CABI.

Rojek, C. (2005). *Leisure theory: Principles and practice*, New York: Palgrave Macmillan.

Stebbins, Robert A. (2015). *Serious leisure : A Perspective for Our Time, Transaction Publishers*, New Brunswick: New Jersey.

CHAPTER 09

함께 주고받는 돌봄

1. 돌봄에는 성별이 없다
2. 돌봄을 나누다
3. 참여해야 알게 된다

Chapter 09

함께 주고받는 돌봄

1. 돌봄에는 성별이 없다

돌봄에 대한 정의는 학자마다 다양하지만, 돌봄이 인간의 삶을 재생산하기 위한 필수불가결한 노동이며, 삶을 유지하는 데 반드시 필요하다는 점에는 모두 동의한다. 아이는 태어나는 그 순간부터 의사, 간호사, 부모 등 다른 이들의 도움이 필요하며, 이것은 인간이 출생에서부터 돌봄을 필요로 한다는 것을 보여준다. 돌봄의 손길이 주어지지 않으면 아이는 홀로 생존할 수 없다. 돌봄은 어릴 때만 필요한 것이 아니라 아플 때도 간병과 간호가 필요하다. 그리고 장애를 갖고 있을 때 역시 돌봄을 필요로 한다. 나이가 들었을 때도 돌봄은 필요하다. 인간은 태어나 죽을 때까지 누군가를 돌보고, 누군가의 돌봄을 받게 된다. 특히 가족은 가족원 서로가 1차적 돌봄의 책임과 의무를 갖게 된다. 부모는 자녀양육의 책임을, 그리고 노인에 대한 부양과 돌봄의 책임도 가족들이 감당하고 있다.

사회적으로 공적 돌봄이 강조되면서, 돌봄의 형태도 사적 돌봄과 공적 돌봄 체계, 그리고 무보수 돌봄과 시장상품 돌봄으로 나뉘고 있다. 따라서 가족들은 어떤 돌봄 형태를 선택하고 수용할지 중요한 결정을 해야 한다.

1) 독박 육아는 그만

결혼과 출산을 포기하는 한국에서, 출산율은 둘이 결혼해도 한 명을 낳지 않는 정도로 떨어졌다. 2022년 통계청에서 발표한 조사에서, '10명 중 6명은 가사를 공평 분담해야 한다는 견해에 공감은 하지만, 현실은 10명 중 2명만이 공평하게 분담한다'는 결과가 나왔다. 결혼해서 출산을 하며 급격히 늘어나는 가사노동의 부담이 아직까지도 여성에게 집중되어 있음을 알 수 있다. 또한, 실제로 가사를 공평하게 분담하는 경우는 20% 남짓 수준이고 아내가 주도하는 경우는 76% 전후 수준이라는 결과에 근거해서 판단해 보면, 육아 역시 아내가 주도하는 경우가 훨씬 많을 것으로 짐작된다. 그러나 연령대가 낮을수록 부부가 가사를 공평하게 분담하는 비중이 높아지는 결과는, 변화가 일어나고 있는 것으로 볼 수 있다. 동일한 조사에서, 가사를 공평하게 분담하는 비율은 20대 이하에서는 그 비중이 43% 이상으로, 60세 이상과 비교할 때 2.4배 수준으로 나타났다.

표 9-1 가사 분담에 대한 견해

(단위: %)

구분	계	아내가 주도			공평하게 분담	남편이 주도		
			아내가 전적으로 책임	아내가 주로 하지만 남편도 분담			남편이 주로 하지만 아내도 분담	남편이 전적으로 책임
2018년	100.0	38.4	3.8	34.6	59.1	2.5	1.9	0.6
2020년	100.0	34.8	4.0	30.8	62.5	2.7	1.9	0.8
2022년	100.0	33.3	3.0	30.3	64.7	2.0	1.6	0.4
남자	100.0	38.0	3.6	34.4	60.0	1.9	1.6	0.4
여자	100.0	28.6	2.3	26.2	69.4	2.1	1.5	0.5

자료: 통계청 (2023). 2022년 사회조사 결과.

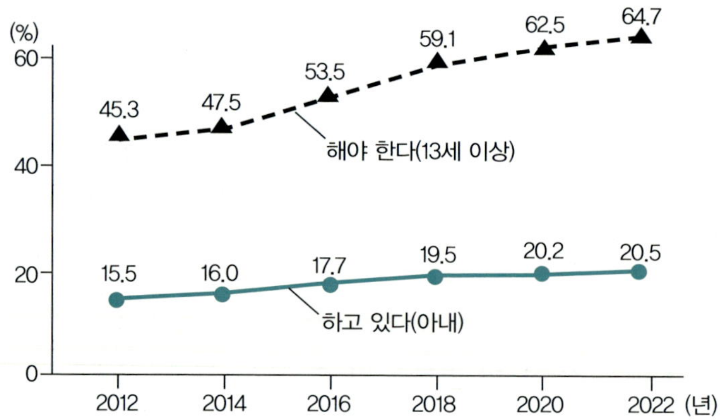

그림 9-1 가사분담 '공평하게' 비중의 변화

자료: 통계청 (2023). 2022년 사회조사 결과.

현재 가정에서 이루어지고 있는 성역할분담은 오랫동안 지속된 성역할 고정관념에 따른 사회화의 결과이다. 한국에서는 태어나는 아이가 아들이기를 바라는 '남아선호'사상 문제를 제쳐두고도, 특정 색이 특정 성(sex: 생물학적 성)과 연결이 되며, 자녀가 태어나기도 전에 자신의 생물학적 성에 의해 앞으로 좋아하게 될 색상이 미리 결정된다는 이야기는 너무 많은 것을 암시하고 있다. 즉, 남자아이는 태어나면서부터 파란색 옷이나 장난감이 많이 주어지고, 여자아이는 분홍색에 많이 노출되어 본인들이 좋아하는 것과 익숙한 것을 혼동하게 할 수 있다는 것이다. 아이들은 자라면서 이러한 구별 짓기에 매우 익숙하게 된다. 새 학기가 되어 문구점에서 학용품을 고르려 해도 여자아이인지 남자아이인지에 따라 똑같은 학용품이라도 그려진 캐릭터(보통은 만화영화의 캐릭터)는 달라진다. 동일한 스케치북이 겉면에 어떤 캐릭터가 그려져 있느냐에 따라 여아용과 남아용으로 구분되는 것이다.

이렇게 다른 환경에서 다르게 길러진(또는 사회화된) 남자와 여자는 성장하면서 자신에게 맞는 역할을 다르게 부여받는다. 이때 구분되는 성(gender, 사회문화적

성)은 앞서 이야기된 성(sex, 생물학적 성)에 따라 사회문화적으로 길러진 여성성과 남성성에 대한 논의를 말한다.

과거 남자와 여자가 태어나기도 전부터 각자 다른 역할이 부여되었다면 이제는 현재의 사회적 환경과 역할에 맞는 새로운 역할 찾기를 고민해볼 때이다. 아이를 많이 낳았던 농경사회에서는 출산과 양육의 전담자가 여성이 될 수밖에 없는 구조였다. 또한 남자는 '일', 여자는 '가정'으로 일터 공간이 성별에 따라 나뉘던 산업화 시대에는 정확한 돌봄 전담자가 지정되었다.

그러나 여성의 취업이 증가하고, 일터에서의 성별분업이 사라지면서, 후기 산업화사회에서 성별분업의 지속은 여성들의 과중한 노동시간을 만들어냈고, 특히 가사노동의 전담자로 출산과 양육을 축소시키는 원인이 되기도 하였다. 그럼에도 여성에게만 강요된 가정에서의 돌봄은 '독박 육아'라는 말을 낳았다. 독박 육아는 '우리말샘'에서 정의될 만큼 일상적인 용어이다. 한 방송국 프로그램에서 남편 때문에 독박 육아에 시달리던 아내는 '나 집 나갈 거야. 당신이 애들 봐'라며 결국 폭탄선언을 하기에 이르렀다(뉴스핌, 2017.01.08)는 기사에서 사용될 만큼 '독박 육아'는 배우자나 다른 사람의 도움 없이 혼자서 어린아이를 기르는 일을 비유적으로 이르는 말로 정의되고 있다. 이른바 '독박 육아' 논란 등으로 아빠 육아에 대한 사회적인 관심이 깊어지고 있지만, 아직 중소기업에서 남성 육아 휴직은 '그림의 떡'으로 여겨질 만큼 사용하기 어려운 실정이다.

자녀가 많았던 시기의 엄마들은 아이들에게서 육아 도움을 받을 수 있었다. 첫째와 막내의 나이 차이가 많을 때 가능한 사례이다. 과거, 첫째가 막내를 업어 키우고, 둘째가 막내 동생 밥을 먹이는 동안 엄마가 밭일을 할 수 있었다. 그 당시 엄마가 밭에서 일하다 아이를 낳았다는 우스게 소리조차 회자되기도 했다. 아마 엄마가 아이를 낳고 누워 있으면, 역시 엄마의 언니나 여동생, 올케, 친정엄마 등 친족 범주의 가까이 있는 여자들이 와서 어린아이들을 돌봐주고, 산후조리를 도와주었을 것이다.

그러나 여성의 취업 증가, 한부모의 증가, 맞벌이의 증가, 육아를 도와줄 주변 지원인력의 감소 경향이 계속되면서 독박 육아보다 남녀 공동육아에 대한 인식과 요구가 늘어나고 있다. 예를 들어, 어느 지역의 엄마들이 네이버 카페에 올린 글 중에 독박 육아에 대해 생각해 보게 하는 글이 있다.

> 늦은 결혼, 늦은 출산에 남편은 거의 아기 얼굴 볼새 없이 늦은 퇴근이라 독박 육아에 툴툴거렸는데, 아기가 두 돌 무렵 위암 4기 판정을 받고, 3년 정도 투병하시던 분. 그 분이 독박 육아에 툴툴거렸는데 그 당시 가장 하고 싶은 건 독박 육아라고….
>
> 출처: 네이버카페 성동구중구엄마들의 모임 (2020.12.18). "가장 하고 싶은 건 독박 육아!".

이 글을 쓴 이가 말한 것은 일상의 소중함, 특히 가족의 소중함으로 읽힌다. 일상이 소중하니 독박 육아조차 소중하고, 특히 아이와 함께 하는 시간의 소중함을 더욱 간절히 말하고 있다. 아이와 함께 하는 시간은 돌봄 노동의 시간이기도 하지만, 아이의 성장을 지지하고 지켜보는 시간이기도 하다. 밥도 서서 먹거나, 식사 시간을 놓치거나, 먹어도 짧은 시간 동안 먹는 등 아이를 키우며 지쳐갈 때, 남편은 원망의 대상이 된다. 특히 남편의 무관심은 부부관계의 악화, 더 나아가 이혼으로 이어지기도 한다. 가족 안에서 돌봄은 성별로 나뉠 수 있는 역할이 아니다. 육아를 전담하지 않는 사람들이 아이를 돌보며, 아이의 성장을 지켜보는 시간을 갖게 된다면 육아에 참여하며 아이와 함께 하는 시간의 소중함을 알게 될 수 있다. 한 방송국에서 하는 '슈퍼맨이 돌아왔다'라는 프로그램은 아버지가 짧은 기간 동안 독박 육아를 하며, 독박 육아의 어려움을 이해하고, 아이를 돌보는 시간을 선물로 표현하는 등 부모가 아이를 함께 돌봐야 한다는 인식 개선에 도움을 주고 있다. 그러나 이 인식 차이가 세대간, 그리고 성별 간에 변화 속도가 달라서, 갈등을 일으키기도 한다.

복지정책과 관련해서 스웨덴은 1970년대 초까지만 하더라도 임신한 여성 근로자를 합법적으로 해고할 수 있는 나라였다. 그러나 출산율 급락과 경제성장 둔화에 위기감을 느껴 결국 '라떼 파파'의 나라가 되었다. '라떼 파파'는 한 손에 카페 라떼, 다른 손으로 유모차를 끄는 아빠의 모습을 표현한 것이다. 현재 스웨덴은 아빠의 96%가 육아휴직을 이용하며, 라떼 파파의 모습이 흔한 일상이 되었다. 우리 사회에 시사하는 바가 크다.

2) 누구든지 돌본다

한국은 이미 초고령화 사회이다. 초고령화 사회에서는 부모와 자녀가 동시에 노인기에 들어서게 되는데 자녀는 한 명 또는 두 명인 경우가 대부분이다. 공적 돌봄에서 노인돌봄 체계를 준비해야 하는 이유이다. 자녀세대가 나이든 부모세대를 부양하리라는 기대는 계속 낮아지고 있으며, 부모의 수명은 점점 늘어나고 있다. 현재 부모들은 배우자와 사별하는 시기도, 사별 후 홀로 생활하는 기간도 점점 늘어나고 있다. 1인 노인가구가 늘어나는 이유이다. 이들의 경우 혼자서 생활하는 것이 불편해지면 노인요양원 등을 대안으로 선택하게 된다. 초고령화 사회에서는 치매 등 노인성 환자가 늘어나면서 배우자가 노인병원이나 요양원에 있어 배우자를 돌보는 경우도 많아진다. 아동 이외에도 노인이나 환자돌봄이 가족에게서 사회로 이전되고 있다.

2022년 통계청 사회조사 결과, 우리나라 사람들은 부모님의 노후를 가족 · 정부 · 사회가 함께 돌보아야 한다는 견해가 62.1%로 2년 전보다 0.5%p, 정부 · 사회가 돌보아야 한다는 견해가 4.4%로 2년 전보다 2.0%p 증가하였다. 가족(19.70%),

부모님 스스로 해결(12.6%)은 2년 전보다 감소한 것으로 나타났다. 특히, 부모님의 노후를 가족이 돌보아야 한다는 생각은 2012년 33.2%에서 19.7%로 크게 감소하였다. 고령화 사회로 빠르게 진입하는 시점에서, 부모님이 된 노인을 가족이 돌보아야 한다는 생각이 크게 감소한다는 것은, 정부의 지원이나 노인 스스로 돌봄 등의 대안이 빨리 마련되어야 한다는 의미이다.

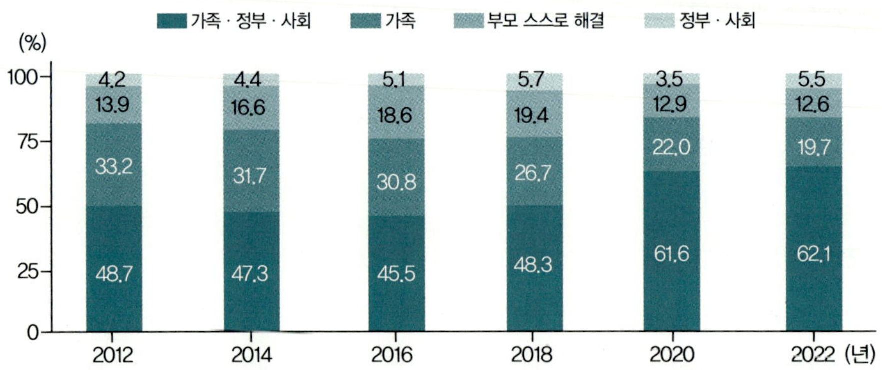

그림 9-2 연도별 부모 부양에 대한 견해

자료: 통계청 (2023). 2022년 사회조사 결과.

수명이 늘어남에 따라 치매나 노환으로 인해 돌봄을 필요로 하는 시기는 길어졌고, 가족들이 노인의 노후를 책임진다는 생각도 줄어들고 있다. 노인성 질환에 대한 돌봄 요구도 증가하고 있다. 그러나 돌봄을 전담할 사람이 줄어드는 상황에서 누구나 필요시 돌봄을 주고받을 수 있는 유연한 역할 변화가 필요하다. 사회 또한 정보화 사회를 넘어 지능화 사회로 진입하고 있다. 한 통신사가 집계한 AI가 돌보고 있는 어른도 1만 7,000여명으로 집계될 만큼(SK텔레콤, 뉴스룸, 2023.05.08) 응급상황 시 AI를 통한 SOS 구조가 확대되고 있다.

2020년 코로나-19의 확산은 업무 방식도 변화시키고 있다. 재택근무나 유연근무가 일상화되고 가정에서 머무는 시간이 길어진다는 것은 가사노동 시간이 증가하게 될 것을 예측하게 한다. 일과 가정에 AI의 접목도 가속화되고 있다. 돌봄 형태의 변화도 예상된다. 이와 같이 기존과는 다른 방식의 돌봄 분업, 다양한 방식의 돌봄 지원, 그리고 새로운 돌봄 기술의 활용 등이 가능해질 것이며, 현재의 가족은 이러한 다양한 방식에 대해 선택하고 적응해 가는 기로에 서 있다.

3) 스스로 돌본다

혼자서 스스로를 돌볼 수 있을 때 누군가를 돌볼 수 있다. 스스로의 돌봄 또는 자기 돌봄이라는 용어가 정책적으로도 사용되기 시작하였으며(여성가족부, 2023), 돌봄역량은 어릴 때부터 자연스럽게 성별분업의 고정관념을 갖지 않는 환경에서 자랄 때 자연스럽게 습득된다. 그리고 고령사회에서는 여성 노인이 많긴 하지만, 나 홀로 남성 노인도 늘어나게 된다. 노인이 된 부모를 부양하는 가족이 줄어드는 시점에서 노인부부로 살다가 배우자와 사별하면 이후는 1인 가구로 살아가게 될 가능성도 높아졌다. 누군가의 부양을 받기 전에, 나 홀로 자립과 스스로를 돌볼 역량을 갖추는 게 더욱 중요해졌다. 이제 돌봄은 여성의 돌봄 노동 부담을 줄인다는 사적인 차원을 넘어서 누구든, 언제든 돌봄을 제공하고 돌봄이 필요할 때 받을 수 있는 체제를 필요로 하고 있다.

따라서 여자는 집안일, 남자는 바깥일이라는 성별 분리에 따른 역할 고정관념에 맞추어진 관습을 버리고, 자연스럽게 가정과 사회에서 필요로 하는 일을 남녀 누구나 배우고 익힐 수 있는 가정생활과 사회관습의 변화가 필요하다. 특히 젊은 시절 가사노동 또는 집안일과 멀어진 남성들의 경우, 배우자의 질환 등에 대한 간호나 배우자가 먼저 세상을 떠났을 때 스스로 돌봄이 되지 않아 홀로서기 생활에 어려움을 경험할 수 있다. 또한, 남녀 모두 살아가면서, 육아나 간호, 부양 등의 역할을 요구받는 돌봄 제공자가 될 수도 있고, 돌봄이 필요한 사람이 되기도 한다는 점에서, 스스로 돌봄 역량이 가정생활에서 갖는 의미는 더욱 중요해진다.

스스로 돌봄은 가정생활 내에서 스스로 의식주 및 가사노동을 해결한다는 의미도 있지만, 사회경제적으로 타인의 도움 없이 사회생활을 영위하는 의미까지 확대할 수 있다. 인터넷뱅킹이 늘어나면서 은행 자동화 기기들은 사라져 가고 있다. 과거의 쇼핑 방식은 인터넷이나 스마트폰으로 하는 온라인쇼핑, 홈쇼핑으로 대체되고 있다. 국내에서만 가능하던 쇼핑이 지금은 해외 직구까지 확대되고 있다. 사회에서 새로 생겨나는 기술을 익히고, 나의 생활에 얼마나 유용하게 사용할 것인가 하는 선택조차 나의 생활양식에 영향을 미친다.

과거 노인의 연령과 개념은 현재의 개념과는 차이가 있다. 평균수명 증가와 건강상태에 따라 사회적으로 노인이라 규정짓는 연령대가 변화하였기 때문이다. 과거 환갑은 노인 연령대의 기준이었다. 그러나 2020년 50~69세에 해당하는 '신중년'이 응답한 노인의 연령 기준은 70~75세로 나타났다(연합뉴스, 2020.10.02.). 이렇듯 과거와 비교해 부양이 필요하다고 생각하는 노인의 기준 연령도 높아졌기에 노인이 아닌 중년으로서의 사회적 활동을 하는 시기도 70~75세까지 연장된 것으로 해석된다. 부양을 받는 시기와 부양하는 시기를 관리하기 위해 본인 스스로의 생활 관리와 돌봄이 더욱 필요하다.

2. 돌봄을 나누다

1) 마을이 함께 하다

"아이 하나를 온전하게 키우는 데 온 마을의 힘이 필요하다."는 말이 있다. 아이를 키우는 일은 개인 또는 가족만의 일이 아니라 마을과 국가가 함께 하는 것이라는 의미이다. 이와 같이 마을이 함께 하는 변화가 일고 있다.

요즘 아이들의 마을은 온라인 커뮤니티이기도 하고, 공동육아를 하는 이웃이기도 하다. 예를 들어 아이가 학교에 들어가면 같은 반 엄마들은 핸드폰으로 바로 연결가능한 '카톡방'을 만들고 아이들은 인터넷 학교 카페에 가입하여 모든 정보를 함께 공유하며, 아이의 학교생활을 함께 하게 된다. 임신과 출산도 카페에서 가상 이웃을 만들어 함께 정보를 나누고 고민을 해결한다. 더 나아가 정부는 인터넷 연결망을 넘어 지역사회 내 연결을 위한 공동돌봄을 지원하고 있다. 공동돌봄은 아직까지는 아이에 집중된 공동육아 중심으로 이루어진다. 공동육아의 개념은 '여러 집의 어린아이들을 모아서 양육자가 한 곳에서 기르는 일'(국립국어원 표준국어대사전)로 풀이된다. 육아를 '집합적'으로 한다는 의미로 해석된다. 이 의미를 적용하면 한 공간에서 '함께 모여 돌봄'을 하는 것만으로도 공동육아를 한다고 볼 수 있다.

공동육아는 시민사회에서 먼저 시작되었다(손태주 외, 2018). 시민사회의 공동육아는 방치되고 있는 아이들을 국가와 사회가 책임져야 한다는 인식에 기초해서 시작된 하나의 운동 개념으로 본다. 한국에서 가장 대표적인 시민사회 성격의 공동육아의 예는 '성미산마을'이다.

성미산마을은 성미산 아래에 있는 전국 최초의 공동육아협동조합 어린이집이 시작된 마을이다. 1994년 시작된 성미산마을에는 어린이집, 두레생협, 학교, 마을극장, 공방 등이 공동으로 운영되었다. 초기에는 교육 문제를 해결하기 위해 어린이집을 조직하는 것으로 시작되었지만, 점차 방과 후 교실 운영, 마을기업인 두레생협의 시작 등 소수공동체가 아닌 지역주민을 위한 마을공동체로 확산되어 가고 있다. 이 마을에서는 부모가 없을지라도 마을협동조합에서 운영하는 식당에 들러 밥을 먹을 수 있다. 이는 부모가 조합원이거나 이미 알고 지내는 이웃이기 때문에 가능하다. 길에 다니는 사람들이나 이웃들이 서로 아는 사이로 계속 인사를 하고 이름을 불러주는 친근한 마을 풍경은 외부인을 구별하게 만들어 아이들에게는 아주 안전한 마을이 된다.

성미산마을처럼 마을 전체가 아이를 함께 돌보는 것과 달리, 소규모로 공동육아를 하는 사례도 있다. 공동육아는 육아 품앗이라고 불린다. 나의 자녀를 어린이집이나 전문가에게 맡기는 개념과는 달리, 부모들이 함께 모여 아이들을 품앗이로 함께 키우는 개념이다. 전문가가 아이를 키우는 것에 비해 부모들과 보내는 시간이 늘고, 아이들과 부모 간의 교감이 늘어난다는 장점이 있다. 반면 그만큼 부모들은 아이 키우는 데 본인의 시간과 노력을 투자해야 한다. 공동육아는 마을단위로 진행되기도 하지만 보통 가족정책전달체계인 '가족센터'를 통해 참여하거나 공동육아 어린이집을 이용하게 된다.

공동육아 어린이집은 입학 시 출자금을 납입하고 졸업할 때 반환받는 형태로 운영된다. 공동육아 어린이집은 공동육아와 공동체 교육 사이트 등을 찾아 가입하면 된다. 공동육아에서는 부모의 참여만큼이나 아이가 스스로 참여하는 것이 중요하기 때문에 아이들의 자율성과 공동체 의식과 사회성을 성장시키는 데 도움이 된다. 그러나 체계화되어 있지 않다고 느낄 수 있으며, 교육의 비중이 약하다는 특징을 보인다. 그리고 출자금도 부모들에게는 부담이 될 수 있어, 아이의 성향과 부모의 상황을 고려한 선택이 필수적이다.

마을로 향하는 길이 소뿔 모양처럼 굽었다 해서 지어진 '우각로'라는 인천의 마을이 있다. 우각로 문화마을은 인천 남구 숭의동 109번지 일대에 조성되어 있으며, 2011년 겨울에 예술인들이 이 지역에 모여 살기 시작하면서 문화마을로 변모하기 시작했다. 예술인들은 그들만의 감각으로 마을을 칠하고 벽화를 그리고, 마을 어르신들을 대상으로 프로그램을 만들어 그림과 도예를 가르치기 시작했는데, 방문객들의 입소문을 다 문화마을로 거듭나세 된 것이다. 비어 있는 마을이 문화마을로 변하자 대낮에도 다니던 경찰의 순찰도 필요 없어졌으며, 사회적기업이 생겨나면서 노인들과 중장년층의 새로운 일자리도 창출되는 효과를 보고 있다.

서울 성북구에는 '성북마을문화학교'가 있다. 몇몇 엄마들이 아이들이 학교에 가지 않는 토요일, 이른바 '놀토'에 아이들을 위해 마술, 연극 등과 같은 체험 프로그램을 만들어 운영하기 시작하면서 시작된 마을문화학교이다. 외부에서 강사를 초청해서 아이들에게 체험 프로그램을 제공하면서 일하는 엄마들의 호응에 힘입어 자리 잡게 된 프로그램이다. 이 프로그램은 아이들을 위한 프로그램을 운영하다가 차츰 엄마들을 위한 프로그램도 만들고, 또 지역 중장년들을 위한 봉사활동도 하면서 사단법인으로 등록까지 마친 학교이다. 배움을 중심으로 모였기에 마을문화학교라 부르고 있지만 학교를 중심으로 돌봄과 생활이 공유되고 있다. 어머니들은 편집 기술을 익혀 라디오 방송을 만들고, '아빠 밴드'를 위해 퇴근 후 연습실로 모인 아빠들은 색소폰이나 드럼 등을 연습한다. 지역 내 소외된 이웃들을 돌보는 활동도 이루어지고 있다. 이 지역에서 소외된 노인 20명과 모임 회원 20명을 일대일로 연결하는 '일촌 맺기' 운동을 펼쳐 소외된 1인 노인들의 돌봄 사각지대를 보완하는 역할도 해내고 있다. 성북구에서는 적어도 '고독사'로 죽는 노인이 한 명도 없도록 하겠다는 게 일촌 맺기 운동의 시작이었다고 한다. 아이들을 공동으로 돌보는 데서 시작해 노인돌봄까지 확대된 대표적인 사례이다.

지역의 공동돌봄은 도서관을 중심으로 시작되기도 한다. 대전 유성구의 모퉁이 도서관은 지역주민들이 함께 운영하는 작은 도서관이다. 아이들이 편하게 책을 읽을 수 있는 공간을 만들어 주자는 취지로 1998년 개관되었는데, 2000년에는 전민동의 작은 지하 건물로 이전한 뒤 2010년에 평생학습센터로 옮겨 시설 중심으로 공동돌봄이 시작된 경우이다. 운영비는 주민의 후원금으로 충당하고 활동가들이 직접 사서를 맡아 인건비를 절감하면서 도서관 내에서 아이들이 참여할 프로그램을 제공하고 있다.

2) 일터도 함께 하다

일과 삶의 균형은 곧 가족생활의 질을 좌우한다. 부모와 가족들의 적절한 가정 내 돌봄을 위해서는 일-가정 양립이 가능한 사회 환경이 전제가 되기 때문이다. 그러나 한국은 G5 국가(미국, 영국, 독일, 프랑스, 일본) 대비 고용과 해고가 가장 엄격하고 근로시간도 경직되어 있어 노동시장의 유연성이 꼴찌인 나라이다. 한국인의 근로시간은 2000년 2,512시간에서 매년 꾸준히 줄어, 2021년 기준 1,915시간으로 줄어들었다. 그러나 이는 비교대상 국가들 가운데 가장 긴 시간으로, OECD

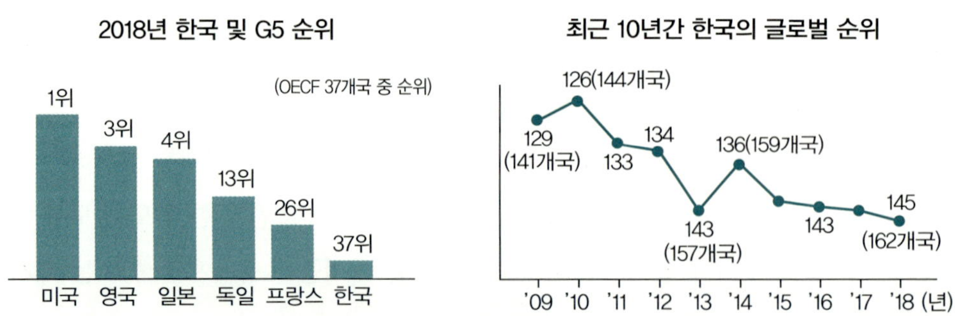

자료: 프레이저연구소('20년, 발표 · 분석년도 간 2년 시차 존재)

그림 9-3 2015년 한국 및 G5 노동시장 유연성 비교

자료: 증권일보 (2020.11.19). '한국 노동시장 G5 국가 대비 경직돼...'에서 재인용.

31개국의 2021년 기준 연간 근로시간 평균은 1,601시간으로 나타났다. 근로시간이 가장 낮은 독일(1,349시간)에 비하면 한국의 근로시간은 연간 50% 가량 더 많다(노혜진, 2023). 이는 2004년부터 시행된 주5일 근무제를 비롯해, 주당 최대 근로시간을 60시간에서 52시간으로 단축하는 근로기준법 개정 등 근로시간을 줄이기 위한 다양한 방법들이 효과가 나타나 근로시산은 매년 감소하고 있다. 그럼에도 불구하고, OECD 31개 국가 비교에서는 연간 근로시간이 가장 긴 나라로 대한민국이 자리잡고 있다.

한국경제연구원이 한국의 노동시장과 G5(미국, 영국, 독일, 프랑스, 일본) 국가의 노동시장 유연성을 비교한 결과, 고용 · 해고 규제, 근로시간 규제, 노동비용 등 세 가지 지표 비교에서 더 경직적이라는 결과가 나왔다(증권일보, 2020.11.19).

노동시장과 근로제도의 경직성을 풀고 유연성을 늘린 국가에서는 가정생활이 탄력적으로 조화롭게 운영될 수 있다는 사례가 나오고 있다. 스웨덴의 경우, 왕위 계승 서열 1위인 빅토리아 왕세녀는 에스텔 공주와 오스카 왕자가 태어났을 때 부부가 번갈아 출산 · 육아휴직을 쓴 것으로 유명하다. 스웨덴에서 젊은 장관들이 자녀의 등하교를 돕거나 학교 행사에 참석하기 위해 일찍 사무실을 떠나는 건 흔히 볼

밀레니얼 직장이 507명 대상 설문조사 복수응답 결과

항목	비율
워라벨 보장	49.9%
급여/성과급 등 금전적 만족	48.9%
우수한 복지제도	30.6%
수평적이고 자유로운 근무 분위기	20.3%
정년 보장	12.0%

그림 9-4 밀레니얼 직장인 선정, 좋은 직장 조건 TOP 5

자료: 뉴시스 (2020.01.02). 밀레니얼 직장인 선정, 좋은 직장조건 Top 5.

수 있는 풍경이다. 독일은 전일제 학교를 운영하며, 일하면서 아이를 낳고 키울 수 있도록 지원하는 정책을 펴고 있다. '아이 없는 나라'라는 오명까지 썼던 독일의 출산율이 오른 것은 정부가 출산정책의 패러다임을 바꾸면서부터였다.

이와 같이 가정생활은 일, 학교제도, 고용제도, 취업규칙 등과 밀접한 관련이 있다. 따라서 직장에서의 변화는 개인의 가정생활과 일상생활도 바꾼다. 특히 밀레니엄세대와 같은 젊은 세대들은 '좋은 직장'과 '워라벨(WLB)'을 떼놓지 않고 연결시킨다. 최근 (주)잡코리아에서 밀레니엄 직장인 507명을 대상으로 좋은 직장의 조건에 대해 조사(복수응답)한 결과, 1위는 '워라벨(WLB) 보장'(49.9%)이라고 응답하였다. 그 다음으로 '급여/성과급 등 금전적 만족'(48.9%), '우수한 복지제도'(30.6%), '수평적이고 자유로운 근무 분위기'(20.3%), '정년 보장'(12.0%) 등으로 응답하였다(뉴시스, 2020.01.02).

이러한 일터문화 개선을 위해, 대한민국에서는 「가족친화 사회환경 조성 촉진에 관한 법률」을 제정하여 시행 중이다. 가족친화제도는 탄력적 근무제도(시차출퇴근제, 재택근무제, 시간제근무 등), 자녀의 출산 · 양육 및 교육 지원제도(배우자 출산휴가제, 육아휴직제, 직장보육 지원, 자녀교육 지원 프로그램 등), 부양가족 지원제도(부모돌봄 서비스, 가족간호휴직제 등), 근로자 지원제도(근로자 건강 · 교육 · 상담 프로그램 등)를 말하며, 이러한 제도들을 도입하고 실제로 활용하고 있는 기업에 대해 '가족친화기업'으로 인증하고 있다. 대표적으로 (주)포스코는 국내기업 최초로 2020년 7월부터 '경력단절 없는 육아기 재택근무제'를 시행하고 있다. 급여, 복리후생, 승진 등은 육아기 재택근무자와 일반 직원이 동일하게 적용된다. 근무시간 또한, 8~12시, 10~16시, 13~17시 중 육아 환경에 맞게 선택할 수 있도록 하였다(뉴데일리경제, 2020.06.24).

한편, 코로나-19의 여파는 많은 변화를 불러오고 있다. 자녀가 다니는 어린이집이나 유치원, 학교 개학이 연기되면서 아이를 돌봐줄 사람이 없다면 '가족돌봄 휴가제'를 신청하고 지원금을 주는 제도가 2020년 시행되었다. 가족돌봄 휴가제는 근로자가 질병, 사고, 노령 등 특정한 사유로 가족을 돌봐야 할 때 휴가를 내는 제도로, 1년에 최대 10일까지 쉴 수 있지만 무급이었다. 다만 코로나-19와 관련된 이유로 가족을 돌보기 위해 근로자가 휴가를 내면 하루에 5만원씩 최대 5일, 25만원, 한부모가정은 50만원까지 가족돌봄 비용을 국가가 지원하는 등 적극적인 일과 돌봄을 지원하는 제도가 2020년에 시도된 것이다. 특히 조부모, 부모 등 가족들이 코로나 확진 판정을 받았을 경우, 이로 인한 자가격리 등의 문제는 가족의 일과 생활 모두에 영향을 미치며 새로운 제도의 고안과 정착을 돕는 전환점이 되었다. 특히 재택근무, 스마트워크 등에 대한 수요와 관심이 높아지고 있다.

3) 국가가 함께 하다

직장생활과 가정생활을 조화롭게 병행하기 위해서는 먼저 모든 가족구성원이 집안일에 참여하고 서로 배려하며, 관련 제도와 사회적 지원에 대해 알고 활용할 수 있어야 한다. 오늘날 기업은 직장 어린이집 운영, 가족친화 경영 등을 통해 일-가정 양립을 위한 기업문화를 확산하고 있다. 또한, 국가는 「남녀 고용 평등과 일 · 가정 양립지원에 관한 법률」, 「근로기준법」, 「가족친화 사회환경의 조성 촉진에 관한 법률」 등을 통해 일과 가정의 양립을 돕는 여러 가지 제도를 시행하고 있다. 정부가 법을 만들며 공동육아에 관심을 갖는 것은 저출산 문제 해결이라는 국가적 문제 때문이다. 공동돌봄은 공간 나눔, 돌봄 나눔, 정보 및 자원 나눔이 가능하도록 일정 지역 내에서 사람들 간의 네트워크를 구성해 내는 것이다. 이러한 지역 돌봄 네트워크를 만들게 하는 기본적인 법이 「가족친화 사회환경의 조성 촉진에 관한 법률」이다.

약칭 가족친화법으로 불리는 이 법은 가족친화 사회 환경의 조성을 촉진함으로써 국민의 삶의 질 향상을 목적으로 2016년에 제정되어 사회적 돌봄 체계의 근간이 된다. 이 법에서 사용하는 '가족친화 사회환경'이란 일과 가정생활을 조화롭게 병행할 수 있고, 아동양육 및 가족부양 등에 대한 책임을 사회적으로 분담할 수 있는 제반 환경을 말한다. 또한, '가족친화 직장환경'이란 근로자가 일과 가정생활을 조화롭게 병행할 수 있도록 가족친화제도가 운영되고 있는 직장환경을 말한다. 가족친화제도에는 탄력적 근무제도(시차출퇴근제, 재택근무제, 시간제 근무 등), 자녀의 출산 · 양육 및 교육 지원제도(배우자 출산휴가제, 육아휴직제, 직장보육 지원, 자녀교육 지원 프로그램 등), 부양가족 지원제도(부모돌봄 서비스, 가족간호휴직제 등), 근로자 지원제도(근로자 건강 · 교육 · 상담 프로그램 등)가 있다.

한편 같은 법에서는 '가족친화 마을환경'이라는 용어도 사용하고 있다. '가족친화 마을환경'이란 노인부양이나 아동양육 등 가족돌봄을 지역사회 차원에서 분담할 수 있는 환경 및 다양한 가족구성원이 필요로 하는 시설과 공간을 충족시킬 수 있는 가족생활 여건이 갖추어진 마을환경을 말한다. 여기에는 가족친화 시설 조성 지원, 지역사회 가족돌봄 프로그램 개발 · 지원, 마을 환경의 가족친화적 요소에 대한 평가가 시행될 것을 제안하고 있다.

그 결과, 2011년부터 여성가족부는 건강가정지원센터를 통해 공동육아나눔터 사업을 시작하였으며, 서울시에서는 2012년부터 마을공동체 기본계획을 수립하고 공동육아를 지원하는 사업을 시작하였다. 경기도는 2015년부터 경기육아나눔터를 설치하며, 육아나눔터 설치를 양적으로 확대하고 있다. 2016년에는 제주특별자치도가 공동육아 사업을 본격화하면서, 부모들을 공동육아를 위한 팀으로 엮어내는 사업과 공용 공간 제공을 위한 시설 지원 사업을 동시에 시작하여, 2017년에는 37개의 공동육아팀과 20개소의 공동육아나눔터 개설 운영의 성과를 보였다. 또한, 2016년에 제주가족친화지원센터를 설립하고, 종합복지관, 민간단체, 공공기관, 아파트관리사무소, 교회 등에 공동육아나눔터를 설치하는 데 중점적인 역할을 담당하게 하고 있다.

공동육아를 할 때 가까운 거리에 이용할 수 있는 공간에 대한 요구가 많고 지자체들은 이를 좀 더 적극적으로 지원하고 있다. 여성가족부에서는 일반기업, 경기도시공사, 한국토지주택공사(LH) 외 민간 기업들과 협업하여 공동육아나눔터 설치를 확대하고 있다(김은지 외, 2017). 지자체에서는 2017년 세종시, 익산시, 공주시가 공동육아나눔터 공간 조성에 관한 조례를 제정하였고, 2018년부터 세종시, 시흥시, 천안시 등에서 지자체 예산을 투입한 공동육아나눔터 조성사업이 펼쳐지고 있다. 특히, 지방자치단체의 장은 관할 지역 안에서 가족친화 마을환경이 조성될 수 있도록 지원할 수 있는데, 대표적으로 서울시와 제주도에서 적극적인 지원이 이루어지고 있다.

3. 참여해야 알게 된다

국가가 법을 세우고 돌봄의 나눔과 공간의 나눔을 통해 부모들의 돌봄 문제를 해결할 하나의 방안을 세우고자 한다면, 참여하는 부모들은 가정 육아를 사회 육아 방식으로 전환함으로써 소외감이나 육체적 부담, 시간적 제약의 문제를 해결하고자 하는 목적이 크다. 특히 자녀를 건강하게 성장 · 발달시키고자 하는 부모 역할 수행의 목적, 성과 중심의 경쟁적 교육 방식의 대안으로서 공동체 돌봄 가치의 실현 목적, 나아가 공동체 돌봄뿐만 아니라 공동체 가치를 행복한 삶의 가치로 구체화하려는 목적 등 다양한 동기에서 공동육아에 참여하고 있다(손태주 외, 2018).

공동육아 참여자들의 참여 동기나 공동체 가치 공유 정도는 다르지만, 어떤 경우든 공동육아가 성공적으로 이루어지기 위해서는 참여하는 사람들의 노력과 의지가 가장 중요하다. 참여하는 공동체가 안정화되고, 지속적으로 유지되며, 이기적 돌봄 모임이 아닌 돌봄 공동체로 발전해야만 그 속에서 함께 자라는 아이들의 안정성과 다양한 경험이 자라날 수 있기 때문이다.

이를 위해서 공동체 돌봄에 참여하는 사람들의 서로에 대한 신뢰와 믿음이 우선적으로 이루어져야 한다. 약속된 시간의 만남과 서로 논의한 내용의 실천이 이루어진다는 신뢰가 가장 기본이다. 또한, 서로 배려하고 소통하며, 일방적으로 받거나 일방적으로 주는 것이 아닌 공동체의 회의문화가 있어야 한다. 이러한 회의문화를 만들고 상호 신뢰를 쌓는 과정조차 참여하는 부모들과 아이들이 직접 만들고 실천해야 한다. 또한, 공동체에 참여하는 기간이 길어지고 사람들의 원하는 바가 다양하기 때문에 어른들 간 갈등뿐만 아니라 아이들 간 싸움과 폭력도 발생할 수 있다. 이럴 때 대처하는 방법과 갈등 해결을 위한 노력도 참여자들의 몫이다. 또한, 경험이 쌓인 사람들은 새로 참여하는 사람들을 도와주는 리더의 역할을 맡게 된다.

이와 같이 공동돌봄은 국가가 하는 정책 중 참여자의 의지와 뜻, 노력이 가장 많이 필요한 사업이다. 아이가 외동이일 때 공동육아를 통해 동생과 형, 누나나 언니를 만날 수 있고 아이들 간의 연령 차이를 넘어선 조화로움을 경험할 수 있게 된다. 과거 형제가 많았던 가족의 환경을 부러워하는 사람들이라면 적극적으로 공동육아에 참여하여 형제가 많은 대가족 속에서 자라나는 것과 유사한 경험을 아이에게 제공할 수 있다. 아이들은 공동돌봄체를 통해 자연스럽게 축구팀이나 농구팀을 만들고 함께 운동할 수 있는 법을 배우게 된다. 또한, 한부모들이 참여한다면 다른 이성의 성인과 아이와의 관계를 맺는 기회로 활용할 수 있다. 예를 들어 아들과 함께 농구하는 아빠, 딸과 함께 목욕하는 엄마 등 한부모이기에 아이가 원하지만 제약이 있던 활동들을 공동육아에서 해결하는 것도 가능하다.

09 참고문헌

김은지 · 김소영 · 선보영 · 성 경 · 양난주 · 김수정 · 김혜영 (2017). **지속가능한 돌봄정책 재정립방안 연구(1) : 여성 · 가족 관점의 진단과 정책과제.**
노혜진 (2023). 일–생활 균형시간 보장의 유형화. **보건사회연구**, 43(2), 192–214.
박주현 · 임상록 (2009). **건강가정정책론.** 서울: 파란마음.
손태주 · 차성란 (2018). **제주지역 사회적 돌봄 공동체 활성화 방안.** 제주여성가족연구원.
통계청 (2023). 2022년 사회조사.

국가법령정보센터 https://www.law.go.kr
국립국어원표준국어대사전 https://stdict.korean.go.kr/

SK텔레콤 뉴스룸 (2023.05.08). "아리아, 살려줘" 독거어르신을 돌보는 AI돌봄의 현황은?
뉴데일리경제 (2020.06.24). 포스코, 경력단절 없는 육아기 재택근무제, 7월부터 시행.
뉴스핌 (2017.01.08). SBS 스페셜 아빠의 전쟁 2부, 한달간 가족 저녁식사 가능할까.
뉴시스 (2020.01.02). 밀레니얼 직장인 선정, 좋은 직장조건 Top5.
연합뉴스 (2020.10.02). 5060 '신중년'이 보는 노인 기준은? '70~75세 미만'이 최다.
증권일보 (2020.11.19). 한국 노동시장 G5국가 대비 경직돼.

CHAPTER

10

지속가능성을 고민하는 가족들

1. 편리함과 불편함 사이에서
2. 불편을 감수하는 작고 다양한 노력들
3. 가족의 작은 습관이 미래를 바꾼다

Chapter 10 지속가능성을 고민하는 가족들

1. 편리함과 불편함 사이에서

1) 불편함의 시작, 쓰레기

오늘날 넘쳐나는 쓰레기의 재활용과 재사용을 위한 노력이 다방면으로 시도되고 있지만, 현재의 재활용의 양은 너무 적어서 절대적으로 많은 양이 방치되어 버려지고 우리의 생활환경을 파괴하고 있다. 쓰레기는 크게 생활쓰레기와 산업쓰레기로 나뉜다. 우리가 가정에서 버리는 음식물, 플라스틱, 알루미늄 캔 등이 생활쓰레기로, 음식물과 포장재가 대부분을 차지한다. 산업쓰레기는 공장(사업장)이나 건설현장 등에서 버리는 기름, 쓰다가 버린 농약, 건축폐기물 등이다.

우리나라의 총 폐기물 쓰레기의 발생량(지정폐기물 제외)은 2021년 19,738만톤으로, 매년 1~3%씩 증가해왔으나 코로나-19 이후 전년대비 2019년 11.5%와 2020년 7.7%로 급격히 증가하였다. 쓰레기 중 가장 많은 것이 사업장 폐기물(43.0%)이고, 그 다음이 건설폐기물(42.5%)과 생활계 폐기물(11.5%)이다. 코로나-19 이전에는 건설폐기물이 가장 많았으나 최근 5년간 사업장 배출 폐기물이 빠른 속도로 증가하였다. 우리가 가정생활에서 매일 마주하게 되는 생활계 폐기물의 양은 1일 평균 1인당 1.06kg으로, 2013년도(0.94kg/일/인) 이후 매년 꾸준히 증가하고 있다(환경부, 2018).

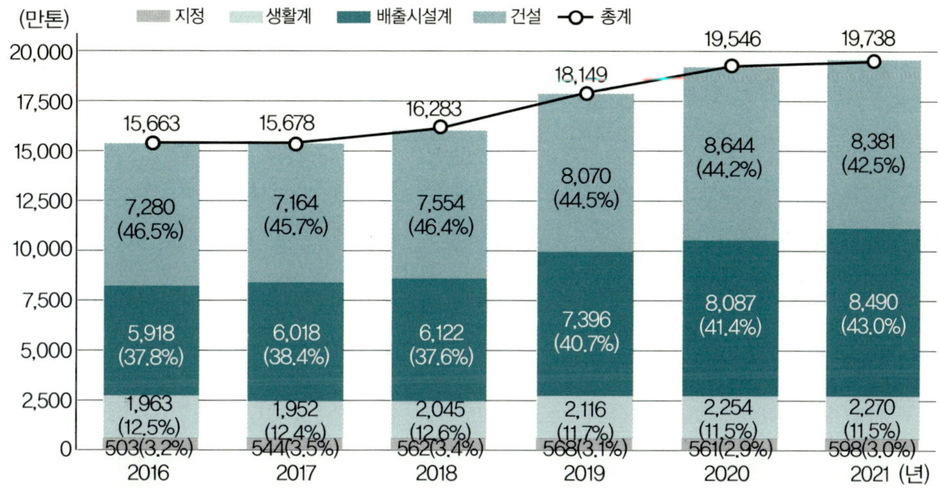

그림 10-1 연도별 폐기물 종류별 발생량 변화추이

자료: 환경부 · 한국환경공단 (2022). 2021 전국 폐기물 발생 및 처리현황.

매년 증가하는 쓰레기는 우리의 생활 주변에서 다양한 문제를 일으키고 있다. 지역주민 간 갈등에서 시작하여 지역 간 갈등, 국가 간 갈등으로까지 번지고 있다. 주민 간 갈등은 주로 마을 주변 쓰레기의 무단투기나 자신의 집을 쓰레기 집으로 만들어 이웃에게 악취와 오염을 일으킴으로써 갈등이 발생한다. 쓰레기 무단투기의 경우는 전국적으로 지역마다 공통적인 현상으로, 특히 주택가에서 매우 심각하다(경인매일, 2020.10.20). 이러한 쓰레기 무단투기를 제재하기 위해 지방자치단체별로 CCTV 설치와 단속, 벌금형을 강화하고 있으나 완전히 근절되지 않고 있다. 이에 쓰레기 무단투기는 분리수거, 재활용 등과 함께 주민 개인 간의 갈등 문제를 넘어 마을 단위, 지역공동체가 함께 해결하여야 할 생활문제로 확대되어,

지역 환경개선사업과 시민운동으로 확산되고 있다(매일일보, 2019.02.28).

쓰레기 매립과 소각 문제도 지역 간 갈등 문제가 되고 있다. 우리나라의 생활 쓰레기는 2018년 기준 62% 이상 재활용되었고, 소각과 매립은 각각 24.6%와 13.4%로 2012년 이후 지속적으로 감소하고 있다. 그러나 소각 시 발생하는 유해가스인 '다이옥신'은 발암물질을 대기 중에 배출하고, 매립은 쓰레기가 썩을 때 나는 메탄가스와 토양오염 물질을 발생시켜 우리 생활에 해를 끼치고 있다.

쓰레기 문제로 도시와 농촌 간 지역 갈등도 첨예해지고 있다. 최근 광주광역시와 나주시 간 쓰레기 소각장(SRF열병합발전소) 갈등과 김해시와 진영읍 사이의 소각장 증설 반대가 있었다. 서울시도 2025년 수도권 쓰레기매립지 사용 종료를 앞두고 대체매립지 확보로 고민이 많다. 과거 서울시와 경기도는 인천시에 유료로 쓰레기를 매립해 왔으나, 인천시가 환경오염 문제로 타 지역 쓰레기 매립을 거부하면서 여러 번 법적 분쟁을 다투어왔다(서울신문, 2020.09.29). 서울시는 1993년까지 쓰레기매립장으로 사용해왔던 난지도를 친환경 · 친생태 공원으로 조성하여 2002년 월드컵공원과 상암지구 신도시개발에 성공한 기술력과 경험을 지니고 있으나 이후 쓰레기매립지를 찾지 못해 가장 큰 지역문제로 남아 있다.

우리나라 전국 곳곳에 불법 폐기물이 쌓인 '쓰레기 산'이 400여 곳에 이른다. 일단 생겨난 쓰레기는 땅에 묻거나 태우는 수밖에 없는데, 모든 지역에서 쓰레기 매립지나 소각장 건설을 반대하기 때문이다. 이로 인해 '쓰레기 대란'이 각 지방자치단체의 시급한 해결 과제가 되었고 쓰레기를 줄이고 '재활용'하는데 시민들이 나서고 있다. 소비자단체 '쓰담쓰담'은 통조림의 '플라스틱 뚜껑 반납운동'을 하였고 업체에서도 이에 화답하여 뚜껑을 없애고 포장재를 줄인 세트상품을 출시하면서 2022년 86톤의 플라스틱 배출을 줄였다. 시민들이 소셜미디어를 통해 '일회용 빨대 거부 운동'을 벌였고 매일유업 등 식음료업계에서는 일회용 빨대를 없앤 음료팩을 출시하게 되었다(연합뉴스, 2021.07.29).

2) 편리함이 낳은 고통

(1) 코로나로 인한 생활 쓰레기의 폭발

최근 5년간 우리나라의 가정에서 플라스틱 배출량은 연평균 6~8%씩 증가해 왔으나 코로나-19의 발생으로 2020년부터 그 속도가 더욱 빨라졌다. 환경부에 따르면 2020년 1~8월 배출된 플라스틱은 전년 동기 대비 14.6%, 비닐은 11% 늘었다. 이처럼 재활용 폐기물이 급증한 배경에는 2020년 2월 이후 전 세계를 강타한 코로나-19의 확산으로 사람들이 집에 머무는 시간이 늘어나면서 비대면 소비, 특히 택배와 음식 배달이 폭발적으로 늘어났기 때문이다(동아일보, 2020.10.23).

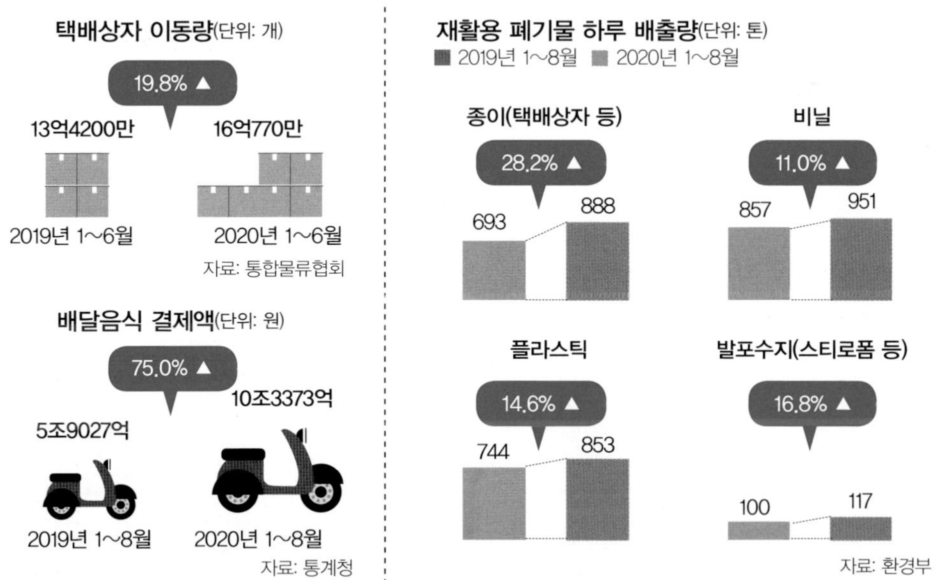

그림 10-2 재활용 폐기물 하루 배출량, 택배상자 이동량, 배달음식 결제액

자료: 동아일보 (2020.10.23). 비대면 소비 늘자 재활용 쓰레기 홍수. 분리배출, 이젠 필수과제.

특히 매년 10% 내외의 상승세를 보이던 택배도 2020년 상반기에는 19.8%로 두 배 가까이 늘어났으며, 이로 인해 물품 수령 후 버려지는 택배상자와 테이프, 택배 송장, 완충재 등 생활쓰레기가 그만큼 증가하였다. 집에서 시켜 먹는 배달음식 역시 2019년 상반기에 비해 75% 이상 급증하여 비대면 소비가 증가하였다. 대부분의 음식 배달은 일회용 플라스틱 용기를 사용하는데, 1건 주문 시 보통 2~3개씩 배달 플라스틱 쓰레기가 발생하게 되어 1일 약 830만 개 정도의 플라스틱 쓰레기가 발생하는 것으로 추정된다. 실제로 2020년 상반기의 플라스틱 쓰레기는 1일 848톤으로 전년 동기 대비 15.6%나 급증하였다. 이는 코로나-19 위기 경보가 '심각'단계로 격상되자 비말 및 접촉성 감염을 우려한 중앙재난안전대책본부에서 일회용품을 사용을 한시적으로 완화하였기 때문이다. 그러자 「자원재활용법」에 따라 꾸준히 줄어들던 카페 내 일회용 컵 사용량이 2월(3만6,572kg)에 비해 8월(6만 1,547kg)에 2배 가까이 급증하였다. 플라스틱 재질로 만드는 일회용 마스크와 장갑 역시 코로나 상황이 종식되지 않는 한 사용량이 계속 늘 것으로 전망된다.

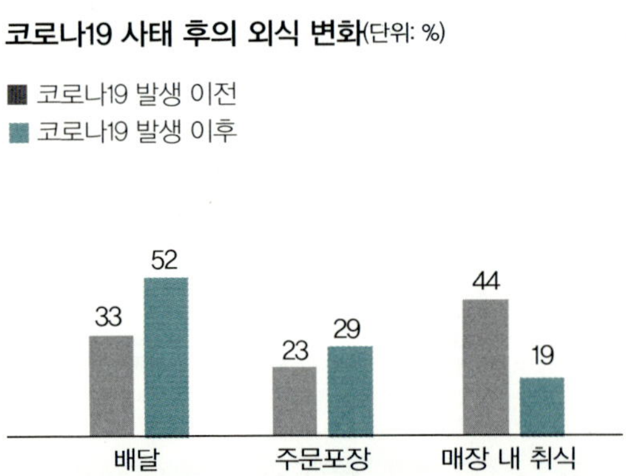

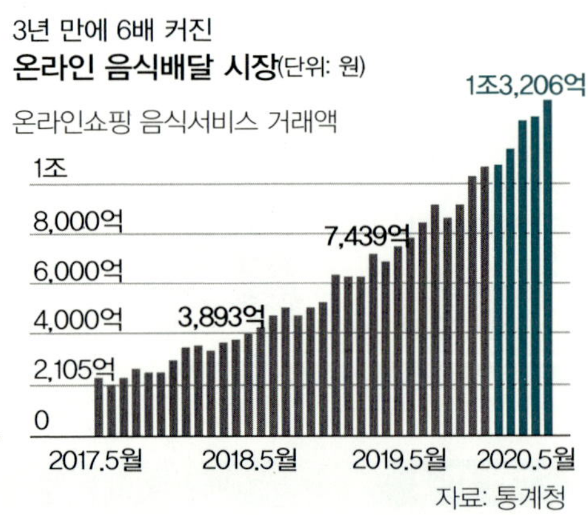

그림 10-3 코로나19 사태 후 의식 변화와 온라인 음식배달 시장 증가 통계

자료: 중앙일보 (2020.07.03). 배달음식 시켜먹고 집 꾸미고. 코로나가 끌어올린 온라인쇼핑.

그러나 사람들은 일회용품 사용에 대한 죄책감을 느끼고 있으며, 적극적인 규제 정책이 필요하다고 생각하고 있다. 녹색연합이 2020년 9월부터 10월까지 시민 750명을 대상으로 설문조사를 한 결과, 응답자의 76%가 배달쓰레기를 버릴 때 마음이 불편하고 죄책감을 느끼며, 40%는 다회용기 사용의 확대가 필요하고, 33%는 일회용품 사용을 규제해야 한다고 생각하였다(허승은, 2020).

이러한 시민의식 변화는 행동으로 나타나고 있다. 녹색연합은 배달 쓰레기를 모아 배달 애플리케이션(앱)기업으로 보내고 소셜미디어에 배달 쓰레기 사진을 올리는 '배달 쓰레기 어택'운동을 벌여 국내 3대 배달사인 배달의 민족, 요기요, 배달통에서 일회용 수저와 포크를 소비자가 요청해야 배달하는 시스템으로 바꾸었다. 경기도는 2020년 12월 공공 배달 앱 '배달특급'을 통해 식시 렌탈 및 세척 전문업체를 정하여 가맹점에 친환경 다회용기를 세척하여 제공하는 방식을 도입하였고, 서울시 강동구는 재활용 쓰레기 현금보상제를 실시함으로써 지자체들도 적극적인 지원에 나서고 있다. 기업들도 이러한 분위기에 발맞추어 쓰레기에 투자하는 쓰테크(쓰레기+재테크)사업에 적극 뛰어들고 있다. 폐기물 자원화 기업들이 쓰레기봉투 안에서 순환자원을 골라내어 재활용률을 높이거나 AI기반의 순환자원 회수 로봇 '네프론'을 개발하고 사물인터넷(IoT) 기반의 분리수거함(WeBin)과 동신제지의 우유팩 재활용 화장지 등 다양한 하이테크 친환경 기업들이 등장하고 있다(연합뉴스, 2021.07.29).

(2) 태평양에 생긴 쓰레기섬의 정체

우리가 사는, 쓰는, 버리는 쓰레기들은 해류를 타고 전 세계를 돌고 돌아 태평양 한가운데 모여 마치 섬처럼 보이는 곳, 일명 GPGP(The Grate Pacific Garbage patch) 태평양 거대 쓰레기 지대를 형성하였다. 태평양 거대 쓰레기 지대는 각각 하와이섬 북동쪽과 일본과 하와이섬 사이에 형성된 두 개의 거대한 쓰레기섬이다.

이 쓰레기섬들은 지금까지 인류가 만든 인공물 중 가장 큰 것들로, 대한민국의 약 16배, 한반도의 7배, 프랑스의 3배 정도의 크기이고, 무게는 9만톤 정도라고 한다. 쓰레기섬이 형성된 것은 원형 순환해류와 바람 때문으로, 주로 북서태평양 동쪽에 집중적으로 분포되어 있는데 90%가량이 썩지 않는 비닐과 플라스틱류로 이루어져 있고, 비슷하게 대서양과 인도양, 남태평양에도 만들어지고 있다.

그림 10-4 쓰레기섬의 경고와 쓰레기섬 국기

자료: 매일신문 (2020.09.22). DALANDMIKE 홈페이지. 쓰레기섬의 국기(http://www.ilemonde.com).

태평양 거대 쓰레기 지대(GPGP)는 플라스틱 문제의 심각성과 그것의 존재를 널리 알리고 해결하기 위한 환경운동의 일환으로 '쓰레기섬 국가'라는 뜻의 'The Trash Isles'라는 국명으로 UN에 등록된 나라이다. 1조8천억 개에 이르는 부유 쓰레기들이 떠 있어, 바다 쓰레기 자체로도 문제지만 미세플라스틱으로 분해돼 우리가 먹는 해양생물들을 거쳐 다시 우리의 체내로 들어와 축적되어 문제가 된다. 코로나로 늘어난 쓰레기들은 자연환경을 파괴하고 동물들의 서식처를 위협해, 또 다른 코로나로 돌아올 것이라는 경고와 함께, 기업의 일회용품 줄이기 자율 규제만으로는 현재 정부 정책의 한계가 있다는 지적이 제기되고 있다(매일신문, 2020.09.22).

3) 환경이 주는 경고

환경오염은 오늘날 산업화의 영향으로 인간생활이나 생산 · 소비의 과정에서 배출되는 매연, 분진, 악취, 소음, 진동, 오수, 오물, 폐기물, 방사능 물질 등에 의해 생활환경이 오염되어 인간이나 생물의 건강과 생존, 활동에 장애를 주는 현상이다(한국민족문화대백과사전, 2020). 즉 인간이 생활상 유발하는 대기, 수질, 해양, 토양 오염으로 인간뿐 아니라 모든 생물의 생존과 활동 및 건강에 나쁜 영향을 주고 있다.

쓰레기 소각과 자동차 및 화력발전 등으로 인한 매연과 분진 등은 대기오염을 유발하고, 음식물과 플라스틱 등 생활쓰레기는 악취와 오수, 오물 등 수질과 해양, 토양을 오염시키고 있다. 이러한 무절제한 인간의 소비와 파괴에 따른 생활환경의 오염은 이제 자원의 순환 과정을 거쳐 인간만이 아니라 동 · 식물까지 생태계 전체에 유해한 영향을 미치고 있다. 환경오염과 파괴, 그리고 쓰레기로 인해 아프리카에서는 코끼리들이 쓰레기를 먹고, 북극에선 온난화로 얼음이 줄어들면서 북극곰들이 사냥을 할 수 없는 여름 동안 굶주리다 쓰레기장에서 플라스틱을 먹고 쓰레기 트럭에 구걸하는 상황이 벌어지고 있다.

그림 10-5 쓰레기 먹는 코끼리와 비닐봉지 뜯어먹는 북극곰

자료: BBC (2020.10.10). 쓰레기 먹는 코끼리.
뉴욕포스트 (2018.08.06). 비닐봉지 뜯어먹는 북극곰.

미세플라스틱에 의한 해양오염은 우리나라 남 · 동 · 서해안 모두에서 나타나고 있으며, 해수보다 밀도가 낮은 미세플라스틱은 해수 표면에 부유하다가 해변에 퇴적되어 토양오염을 일으키거나 다양한 해양생물 체내에 축적되어 우리의 몸에 쌓이고 있다. 해양 미세플라스틱은 우리나라에서도 2013년 거제 해역 갯지렁이와 2016년 거제와 마산, 진해만 일대의 굴, 담치, 게, 바지락 등에서 발견되었으며, 2020년에는 청정지역인 제주도까지 미세플라스틱으로 오염된 것으로 나타났다(오마이뉴스, 2020.09.21). 또한 우리가 먹는 수돗물, 즉 4대강 정수장에서도 미세플라스틱이 검출되었다. 미세플라스틱은 우리의 일상생활 중 1차적으로 화장품과 같은 개인 관리 제품, 세재, 의약품 또는 의료기기에서 발생하고, 2차적으로는 타이어 마모분진, 미세섬유, 펠릿 등에 의해 발생된다(오마이뉴스, 2020.11.14). 토양오염을 일으키는 미세플라스틱 주 유입원은 하수와 유기질 비료, 농업용지 피복 필름, 대기 입자, 쓰레기 매립 유출수 등으로 밝혀졌다. 건국대 환경보건과학과 연구진에 의하면 땅속 미세플라스틱을 먹은 지렁이의 체내에서까지 나노플라스틱이 확인되었다고 한다. 또한 먹이사슬에 따라 지렁이를 포식하는 닭의 배설물과 조류의 내장에서도 미세플라스틱이 검출되어, 사람 역시 식음료나 먼지 흡입 등으로 미세플라스틱에 노출되었을 가능성이 있다(서울신문, 2020.10.19). 플라스틱 젖병을 사용하는 유아도 하루 평균 160만개의 미세플라스틱 입자를 섭취한다. 아일랜드 더블린 트리니티대학 연구진은 유아가 쓰는 젖병에서 대량의 미세플라스틱이 만들어지며, 위생을 위해 젖병을 고온 소독하고 우유나 이유식 등을 담는 과정에서 수백만 개의 미세플라스틱 입자와 더 작은 나노플라스틱 입자들이 유아에게 고스란히 섭취된다고 설명하였다(국민일보, 2020.10.21).

이러한 미세플라스틱에 의한 환경오염은 다각적으로 우리의 신체와 생활환경에 부정적인 영향을 미친다. 명확한 오염질환 외에도 면역체계를 파괴함으로써 원인이 명확하지 않는 피부병, 아토피와 알레르기 등 일상생활에 직간접적인 불편함을 초래하고 있다. 알레르기는 환경적 요인이 더 중시되는 반면, 아토피는 유전적 소인이 중시되는 경향이 있으나 우리의 몸에서 나타나는 현상은 유사하다. 아토피는 장 점막, 피부, 호흡기, 눈 점막 등 우리 몸 여러 곳에서 붉은 반점으로 나타나 가렵고 고통을 주는데, 곰팡이, 새집증후군, 항생제와 해열제의 오남용, 방부제, 첨가제, 소미료 등 먹거리의 오염과 인스턴트 음식, 공해 등에 의해 우리 몸의 면역계와 피부계가 자극되어 나타난다. 특히 아토피성 피부염은 심한 가려움증, 피부건조, 발진, 진물, 부스럼딱지, 피부비늘 등이 나타나고, 과거엔 성장하면서 자연스럽게 치료되었으나 오늘날 환경오염이 심각해지면서 25%는 청소년기까지, 나머지 25%는 성인이 되어도 없어지지 않고 지속되어 건강만이 아니라 성격에도 심각한 악영향을 미치고 있다.

2. 불편을 감수하는 작고 다양한 노력들

1) 버리고 정리하기

미니멀 라이프(minimal life)는 문자 그대로 삶에 필요한 최소한의 물건만 갖추고 사는 생활방식이다. 우리나라는 과거 식민통치시대와 6.25전쟁을 거치면서 가난 속에서 물자와 상품이 절대적으로 궁핍하던 시대를 지내왔다. 당시의 영향으로 지금 70세가 넘으신 해방둥이와 6.25전쟁을 겪은 어르신들은 전기와 물, 불 등 기본 물자를 아끼는 것이 습관화되어 있으며, 예쁜 포장 용기와 유리병을 공병이나 보관 상자로 재사용하는 것을 당연시하고, '저장'과 '축적'을 미덕으로 여기며 생활해

왔다. 그래서인지 오늘날 중장년의 사람들 중 많은 사람들은 아직 사용할 수 있는 물건들을 버리는 데 죄의식을 지니고 있고, 필요한 사람이 재활용할 수 있도록 기부하거나 주는 데 익숙하지 않다. 따라서 오랫동안 자주 사용하지 않는 살림살이가 계속 쌓여 복잡하게 생활한다. 또한, 지난 70여 년간 세계에서 유래 없이 빠른 속도로 산업화하고 2023년 OECD 국가 경제성적 평가에서는 우리나라가 35개국 중 2위의 결과를 받을 만큼 경제적 발전이 이루어지면서 우리나라에서 신상품의 개발 속도가 빠르고 제품의 교환주기 역시 빨라지고 있다. 그 결과 한 가정에서 전기밥통이나 믹서가 3~4대씩 있는 경우도 생겨난다.

최근에는 이처럼 많이 가진 것, 복잡한 생활에 대한 회의가 일어나면서 단순한 삶과 소박한 생활에 대한 열망으로 필요한 것 외에는 가지지 않는 생활방식, 즉 미니멀 라이프(minimal life)가 인기를 끌고 있다. 미니멀 라이프는 2010년 웹사이트 '미니멀리스트닷컴(TheMinimalists.com)'의 창업주 조슈아 필즈 밀번(Joshua Fields Millburn)과 라이언 니커디머스(Ryan Nicodemus)에 의해서 처음 시작되었다. 그들은 이전까지 좋은 직장을 얻어 고급 자동차와 좋은 집에 살고 있었지만 행복하지는 않았던 이유가 과다한 노동시간과 소비욕구로 공허감을 채우는 생활방식 때문이었음을 깨닫고 미니멀 라이프 멘토링을 시작하였다(조슈아 외, 2013). 우선 불필요한 물건을 버리고 줄이면, 정리와 청소에 소모하던 시간이 줄어들어 생활이 간소해지고 여유시간이 생긴다. 또한 과도한 소비를 줄여, 대신 마음의 여유를 찾고 환경을 보호하며 중요한 일에 자신을 집중한다. 즉 생활을 단순하게 만들어 불필요한 일에 쓰던 에너지를 자신이 하고 싶은 일에 사용하는 것이다. 미니멀 라이프는 무조건 적게 가지는 것이 아니라 단순한 삶을 통해 더 큰 만족과 공간을 만드는 데 집중한다. 인생에서 중요한 것을 만들 수 있도록 시간과 공간을 재배치하는 생활방식이다.

2) 아껴 쓰고, 나눠 쓰고, 바꿔 쓰고, 다시 쓰기(아나바다)

아나바다 운동은 IMF 구제금융 요청 사태가 발생한 이듬해인 1998년에 우리 국민들이 스스로 불필요한 지출을 줄이자고 만든 운동으로 '아껴 쓰고, 나눠 쓰고, 바꿔 쓰고, 다시 쓰자'의 준말이다(한국소비자보호원, 1999). 아나바다 운동은 자원의 재활용과 재순환을 위한 매우 훌륭한 운동이다. 버려지고 일회용 소비로 끝날 제품들에게 생명력을 불어넣어 '나눠 쓰고, 바꿔 쓰고, 다시 씀'으로써 제품의 생명주기를 늘리고 지나친 소비를 억제하여, 이로써 발생된 여유분의 자원을 우리의 다음 세대에게 물려주기 위한 운동이다. 자원 재활용 운동이면서 자원 재생산의 한계를 극복하는 자연환경 운동으로, 최근 많은 지방자치단체에서 '아나바다 장터'를 운영하여 자원의 선순환과 재활용을 촉진시키고 있다. 한번 보고 바꿔볼 수 있는 책들, 장난감과 작아져 입지 못하는 옷들, 사용하지 않는 물품들을 저렴한 가격에 함께 바꿔 쓰고 나눠 쓰고 다시 사용하는 것이다.

아나바다 운동은 오늘날 '공유경제'란 이름으로 새롭게 등장하고 있다. 즉 소유의 반대로, 제품이나 물건, 부동산 등을 인터넷을 기반으로 다른 사람들과 함께 소비하는 협력소비경제 활동을 말한다. '소유'는 돈을 지불하고 사서 집에 놓고 쓰는 것이지만, '공유'는 여러 사람과 함께 같이 나눠 쓰는 것이다. 예를 들어, 택시를 공유하는 '우버 택시'나 집을 공유하는 '에어비앤비(Airbnb)', 공유 자전거와 공유 차량, 공유 장난감(장난감대여) 등 다양한 형태가 증가하면서 우리 가족의 소비생활문화도 변화되고 있다. 서울 시민 대상 집단심층인터뷰에서 서울시민이 가장 활발하게 이용한 공유 경제 서비스는 교통수단(88%)이었다. 공유 자전거인 따릉이(71%), 나눔카 등 공유 자동차(56%), 전동 킥보드(33%) 순으로 이용도가 높았다는 사실이 이를 반증한다. 이외에도 공유 숙박(75%)과 물품 공유 서비스(72%)의 이용 경험률도 높게 나타났다(헤럴드경제, 2020.12.21). 일상생활에서 물건을 아끼는 습관을 들여 버려지는 쓰레기의 양을 줄이는 것도 환경을 보전하는 방법이지만 물품을 아예 소유하지 않고 공유함으로써 자원의 낭비를 방지하는 것도 또 다른 방법이다.

3) 일회용품 줄이기

인간에게 있어 일회용품이란 매우 편리한 제품이다. 그러나 인간이 추구하는 편리함으로 인해 발생하는 환경 문제는 인간과 환경 모두에게 매우 심각한 문제로 돌아오고 있다. 이제 일회용품으로 인해 발생하는 환경오염 문제는 크나큰 사회적 이슈가 되었고, 우리나라를 넘어 세계적 문제가 되었다.

음료수 병의 재료인 유리는 땅속에서 1,000만년 이상, 알루미늄 캔은 500년을 보내야만 분해가 되고, 1년 동안 신문을 모아야 30년생 나무 한 그루를 살릴 수 있다. 종이컵, 나무젓가락, 비닐봉투 등 일회용품의 소비를 줄이고 아끼면, 쓰레기 처리 비용뿐만 아니라 환경오염까지 줄일 수 있다. 자연과 환경보호 의식이 커지면

그림 10-6 제주도 환경보전과 세계자연기금에 적립 · 후원하는 제주패스의 플라스틱프리챌린지운동

자료: 제주패스(www.thejejupass.com)

서 우리나라에서도 세계적인 추세에 발맞추어 '플라스틱프리챌린지(plastic free challenge, #plasticfree)'가 시도되고 있다.

플라스틱프리챌린지는 플라스틱을 줄이기 위해 텀블러를 사용하자는 캠페인이다. 자신이 보유하고 있는 텀블러와 챌린지(도전) 내용을 인스타그램이나 트위터에 업로드 하면, 'No More Plastic Islands'에서 천 원씩 적립되어 제주도 환경보전 활동과 세계자연기금에 기부되는 후원운동이다. 2017년 11월 여행정보서비스 업체인 제주패스(www.thejejupass.com)가 세계자연기금(WWF)과 업무협약을 체결하고, 제주도 내 카페와 기념품점에서 기념텀블러를 판매하여 그 수익금을 기부하는 캠페인으로 시작되었다(매일경제, 2019.06.07). 이 운동은 네티즌들의 호응을 얻으면서 '플라스틱 줄이기 운동', '플라스틱 안 쓰기 운동'을 넘어 전국적으로 '일회용품 안 쓰기 운동'으로, 친환경을 넘어 반드시 지켜야 하는 필(必)환경 트렌드로 전국적으로 확산되고 있다.

한편, 환경보호 운동이 빨리 일어난 유럽연합국가 중 프랑스는 플라스틱을 줄이기 위해 여러 환경운동을 우리나라보다 먼저 시행해왔다. 제로 플라스틱 운동을 시작으로 2016년부터 '비닐봉지 사용 금지법'안을 만들고, 2020년부터 일회용 플라스틱 식기(접시와 컵 등)의 사용을 금지하고 있으며, 학교 급식에서 플라스틱 용기에 담긴 생수를 제공하지 못하도록 하고 있다. 또한, 2017년부터 미세플라스틱이 함유된 화장품의 판매를 전면 금지하고, 2022년부터는 과일 및 채소의 플라스틱 용기 포장 금지와 패스트푸드 구매 시 플라스틱 장난감 제공 금지, 공공시설에 음수대 설치를 필수로 하고 있다. 2025년까지 모든 플라스틱 제품과 용기를 100% 재활용 가능한 플라스틱으로 전환하고, 2040년까지 일회용 플라스틱 포장을 중단하기 위해 법안을 마련하고 실시해 나가고 있다. 동시에 시민운동차원에서 플라스틱 사용에 대한 경각심을 일깨우는 캠페인을 적극적으로 진행하고 있다. 그 중 최근 우리나라에서도 시작된 '플라스틱 공격(Plastic Attack)' 캠페인은 기업들의 플라스틱 사용에 대한 소비자의 분노를 표출하는 방법으로, 물건을 구매 후 과대포장된 플라스틱과 비닐 등을 매장에 그대로 버리고 오는 운동이다. 또한, 플라스틱 과대포장 제품을 찍어서 소셜 네트워크와 블로그에 비판 글과 사진을 게시하는 '플라스틱 바보(Plastique Stupide)' 캠페인도 상당히 널리 시행되고 있다(플라스틱사이언스, 2020.06.23).

4) 친환경적으로 살기

(1) 자연주의로 살기

자연주의로 산다는 것, 자연주의 생활방식은 대량화와 현대화를 버리고 과거로 돌아가 느리고 소박하게 사는, 그리고 지역의 자연에서 나온 친환경 유기농 제품으로 의식주생활과 일상생활을 유지하는 것이다. 자연과 교감하면서 성장하고 인간과 지역, 가족의 가치를 중요시하고 텃밭에서 먹거리를 조달하고 건물까지 친환경 방식으로 짓는 모든 생활방식이다.

예를 들어, 영국의 자연주의 마을 토트네스는 자연주의 삶, 웰빙을 유지하는 마을이다. 자연과 함께 하는 교육을 받으며 성장하고, 마을에서 유기농으로 농사지은 친환경제품들을 구매하여 의식주생활을 함으로써 건강을 유지하고 에너지 낭비를 막아준다. 신발까지 친환경 수제화를 신는다. 또한 독일인들은 자연주의 절약생활을 강조한다. '자연주의 절약 생활'이란 돈을 써가며 물질에 얽매이지 않고, 소박하고 단순한 생활 속에서 참된 풍요를 찾는 것이다. 구체적으로는 이웃과 함께 텃밭을 일구고, 필요 없는 살림을 줄여 바람을 잘 통하게 하고 에어컨을 안 쓰는 것, 일주일 쓰레기가 작은 봉지 하나일 정도로 자연에 부담을 주지 않는 생활을 하는 것(야마자키 에리코, 2005)이다.

자연주의의 열풍은 주로 화장품과 생활용품, 친환경 벽지나 의류에 적용되어,

친환경적이며 신체와 피부에 해를 주지 않는 재료로 제품이 만들어진다. 이외에 가전제품에도 자연주의 기능이 더해져 인위적인 모든 것을 배제하고 천연소재를 이용한 필터 기술을 적용해 자연 그대로의 물을 만들기 위한 정수기가 등장하는가 하면, 전통방식의 황토를 이용한 '황토 오븐기', 그리고 친환경 주택까지 다양하다.

한편, 이처럼 만들어진 제품 구매하지 않고 직접 친연제품을 만들어 사용하는 노케미족(No-Chemi族)이 늘고 있다. 가습기 살균제 파동 이후 화학제품을 거부하고 천연성분이 든 안전한 재료를 직접 구매하여 비누와 화장품, 편백수 살균제, 천연 모기 탈취제, 진드기 기피제 등 다양한 제품을 직접 만들어 사용함으로써 화학제품의 피해를 방지하고 신체 건강뿐 아니라 환경까지 생각하는 사람들이 늘고 있다(우먼센스, 2016.10.08).

(2) 친환경제품 사용하기

플라스틱과 생활쓰레기로 인한 생태계의 파괴와 오염이 심각해지면서, 환경을 보호하기 위한 노력이 플라스틱 섬유를 추출하여 활용하는 신발과 옷 등 패션용품에서 시도되고 있으며, 의식 있는 소비자들에게 좋은 호응을 얻고 있다. 미국 샌프란시스코의 스타트업(신생 벤처기업) 로티스(Rothy's)는 썩는 데만 500년이 걸린다는 플라스틱 페트병으로 2016년 '친환경 신발'을 만들었다. 약 3,500만개의 플라스틱 병에서 뽑은 실로 짠 여성용 단화를 만들어, 설립 2년 만에 한화로 약 1,600억원의 매출을 기록하고, 글로벌 투자은행 골드만삭스로부터 약 400억원을 투자받았다(한국경제, 2019.07.25). 베자(Veja) 역시 친환경 운동화로 미국에서 '세상에서 가장 쿨 하고 윤리적인 상품'이라는 평가를 받았다. 2004년 프랑스에서 만들어진 베자는 유기농 면과 가죽, 야생 아마존 고무를 사용하여 만들어진다. 미국 실리콘밸리에서 만들어진 올버즈(Allbirds)는 천연 양모로 갑피(발등을 감싸는 부분)를 만들고, 버려진 페트병으로 운동화 끈을 만들며, 사탕수수 폐기물로 샌들 밑창을 만든다. 이 신발도 역시 양모로 만들어져 합성섬유로 만든 신발보다 에너지 소비량이 60% 적고, 무게가 가볍고 통기성이 뛰어나 실리콘밸리 직장인들에게 '가볍고 편한 신발', '운동화계의 애플'로 불린다.

패션 분야에서도 친환경에 대한 관심이 높아지고 있다. 영국 온라인 패션 검색 플랫폼 리스트(www.lyst.com)에 따르면, 2018년 이후 지속가능한 패션을 찾는 검색량이 66% 증가하였다고 한다. 미국 시장조사 업체 글로벌웹인덱스 조사에서도 밀레니얼세대의 61%가 비싸더라도 친환경제품을 사겠다고 응답하였다. 이로 인해 경기불황에도 파타고니아(patagonia.co.kr)나 에버레인(www.everlane.com) 같은 친환경 패션기업들이 성장하고 있다(한국경제, 2019.11.06).

(3) 친환경 전통 살리기

전통적으로 우리나라에서는 물건을 담고 싸는데 보자기를 많이 활용함으로써, 자원 재활용의 가치와 전통의 미(美)를 실현해왔다. 보편적으로 활용되어 왔던 보자기는 인공미를 배제하고 주변 자연환경을 살려서 가옥을 만들고 정원을 꾸미던 '자연친화 사상'이 의식주생활 안에서 서로 함께 어우러져 나타난 것이다. 서구화로 점점 사라져 가던 이러한 생활문화의 전통이 최근 몇몇 친환경 활동가들에 의해 편리한 보자기 포장이나 조각보 공예 등으로 새로이 소개되고, 실제 활용되고 있다.

보자기 포장은 전통적으로 결혼의 예단이나 함, 상견례 선물 등 혼례의 과정에 많이 남아 있으나, 최근 친환경 재활용 운동과 어우러져 보다 다양하게 개선된 방식으로 사용되고 있다. 사용하지 않고 장 속에 두었던 물건이나 직접 만든 음식 등을 보자기에 싸서 보관하거나, 포장하여 이동 시 활용함으로써 일회용 포장재 대신 다회용 혹은 반영구적으로 사용할 수 있다는 점에서 전통적인 자원 재활용 및 친환경 행동 중 하나이다. 또한, 선물 줄 때 포장재를 '뜯는' 것보다 보자기를 '푸는' 것이 더 정감 있고 정서적으로 안정적인 효과가 있다는 점도 장점이다.

조각보는 전통적인 규방공예의 하나로, 비단이나 천연염색 모시 등의 남은 천 조각을 이어서 보자기와 주머니, 반짇고리 등의 생활용품을 만드는 것을 말한다. 남은 자투리 조각 천을 활용함으로써 쓰레기로 버려질 수 있는 자원의 재활용이 가능하고, 포장 자원을 반복하여 다양한 방법으로 사용할 수 있는 현대의 업 사이클링(up-cycling)과 같은 전통공예이다. 최근에는 전통의 미를 재해석하거나 자수나 매듭을 함께 적용하여 개량된 현대식 노리개와 장신구, 방석, 조각보 액자 등을 만들고, 서구식 인테리어 용품인 큐션, 러너, 테이블보, 커튼, 가리개, 인테리어 소품 등까지 활용 분야를 넓혀가고 있다. 자연과 자원을 아끼고 활용하던 우리 선조의 지혜와 생활양식이 묻어나는 자연 재활용 방법이다.

그림 10-7 전통의 멋을 더하는 보자기 포장법(상단)과 조각보 공예 작품들(하단)

3. 가족의 작은 습관이 미래를 바꾼다

1) 환경을 살리는 가족의 힘

자연과 환경보호를 위한 운동에서 가족 단위의 노력도 다양한 방식으로 이루어지고 있다. 가족 내에서 환경보호를 위한 노력은 주로 자원 재활용을 통해 물건을 아껴 쓰고 나눠 쓰는 리사이클링(아나바다 운동)과 쓰레기 분리수거 등에 가족이 역할분담을 하고 함께 참여하는 형태로 가장 많이 나타나고 있다.

부모와 함께 자녀들이 주말장터나 벼룩시장에서 잘 사용하지 않거나 시기가 지나 활용하지 못하는 재활용품을 판매하거나 구매하고, 상호 교환하는 활동을 통해 자원 사용과 환경보호의 소중함을 배우고 가르치는 가족들이 늘어나고 있다. 특히 유치원이나 어린이집, 초등학교 교육에서 자연보호와 자원 재활용에 대한 교육활동과 행사를 통해 경험해 보고, 지역사회의 재활용 장터를 계속 이용하는 습관을 키우게 된다.

한편, 2020년 코로나-19의 확산으로 대면활동이 제한되어 사람들이 많이 모이는 마을장터나 벼룩시장이 공식적으로 열리지 못하게 되면서, 인터넷상에서 가까운 마을단위로 사용하지 않는 물품이나 중고물품을 거래하는 사이트가 각광을 받고 있다. 우리동네 중고 직거래 마켓인 당근마켓(www.daangn.com)이 바로 그 예이다. 또한 예스24(www.yes24.com)나 알라딘 중고 숍(used.aladin.co.kr)과 같이 읽지 않는 책을 거래하는 중고도서 거래 사이트도 활성화되어 한 번 읽고 버려질 도서들이 다시 재활용되고 있다.

가정에서의 자원 리사이클링 운동은 과거 주로 자원 아껴 쓰기(물, 전기, 석유 등)에서 시작하여 리사이클링 제품의 제작 활용(의류 및 가방과 악세서리 등 소품 리폼)

및 구매가 많았는데, 최근에는 자원 리사이클링을 통한 기부와 연말정산도 함께 받는 일거양득의 활동 참여도 나타나고 있다. 각 가정에서 자원 재활용이 가능한 제품들–의류, 도서, 식기류 및 소형가구, 가전제품 등을 모아서 아름다운 가게에 기부하면 기부금만큼 연말정산을 받을 수 있다(아름다운가게, www.beautifulstore.org/donation).

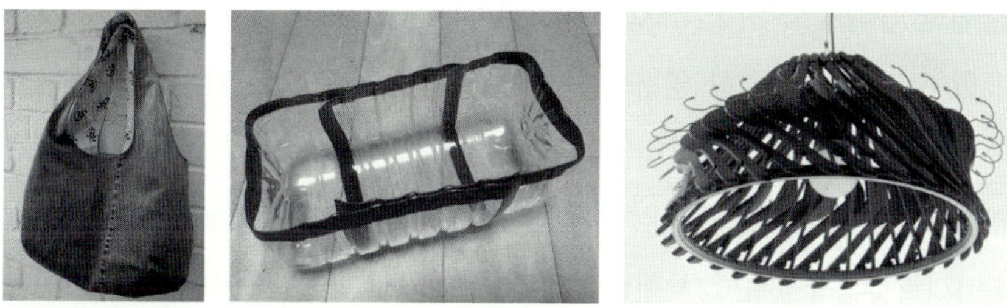

그림 10-8 리사이클링 제품(청바지로 만든 가방, 패트병 서랍정리함, 옷걸이로 만든 등갓)

자료: Daum블로그(http://blog.daum.net/handpain)

최근에는 자원관리 및 쓰레기 분리수거에 가족 단위의 역할분담 방식과 가족문화가 반영되고 있다. 자원관리나 쓰레기 분리배출 시 가족원마다 각자의 역할분담이 이루어지고 가정교육 차원에서 실천된다. 예를 들어 신문과 잡지, 박스 등 부피가 크고 무거운 것들은 남편과 큰 자녀들이 주로 담당하고, 음식물 쓰레기는 아내가, 그리고 작은 크기의 병이나 깡통, 플라스틱 등의 분리수거는 주말에 남편과 자녀들이 함께 가사 일을 돕는 차원에서 수행하거나 자녀들에게 용돈 벌이로 책임을 부여하는 경우도 있다. 최근 가정 내 쓰레기는 냄새와 지저분한 것들이 많고 분리배출 전까지 여러 날 집안에서 보관되어야 하므로, 가족 참여의 유도와 지저분하고 부정적 이미지를 줄이기 위해 분리 용기가 친근감 있고 다양하고 디자인적 감각을 반영하여 아름다운 형태로 변신하고 있다.

주부모임을 중심으로 플라스틱 쓰레기를 줄이기 위한 활동도 적극적으로 이루어지고 있다. '쓰맘 쓰맘'(쓰레기에 맘 뺏긴 쓰레기 구출 맘의 약자) 포항시 맘 카페 회원들은 우리나라의 청정한 미래를 위해 '플라스틱 독립운동(제로 웨이스트)'을 선언하고 5일간 플라스틱 없이 살기에 2년째 도전하고 있다. 또한, 장난감 물물교환, 굿바이 플라스틱 장터(용기 가져가 장보기), 책가방 물려주기 캠페인 등에 참여하고, 천 기저귀 사용, 화장지 대신 소창 사용, 물티슈 대신 행주 삶아 쓰기 등 플라스틱 없는 불편한 생활을 실천을 하고 있다. 1년 넘게 포항 해변의 쓰레기 줍기 활동도 펼치고 있는 엄마들의 선한 영향력이 퍼져 지역 공공단체와 기업들이 엄마들의 용기 있는 도전을 지원하기 시작하였다(KBS 다큐온, 2020.11.06).

가족들이 함께 봉사단에 가입하여 환경보호 및 정화활동을 하는 단체도 있다. 전국 240개 지역 가족서비스 제공기관(가족센터)에서는 '모두가족봉사단'의 이름으로 가족 2인 이상(보통 부모와 자녀)이 지역사회의 다양한 봉사활동에 참여하는데, 그 중 지역 환경과 자원보호 활동에도 정기적으로 참여하고 있다.

그림 10-9 가족봉사단의 환경보호 활동

자료: 시민일보 (2021.07.10). 함양군 모두가족봉사단 'EM 흙공' 맑은 물을 부탁해!
연합뉴스 (2022.03.15). 하동군가족센터 모두가족봉사단의 '줍깅데이' 봉사활동.

2) 국가와 가족, 함께 지속가능한 미래 만들기

가족 단위에서 자연과 환경보호 활동이 다양한 분야에서 자발적으로 일어나는 반면, 우리나라의 정부 차원에서 쓰레기 정책과 환경보호 정책은 다소 소극적인 편이다. 그 이유는 우리 정부의 쓰레기 정책이 대부분 기업의 자발적 규제를 중심으로 이루어져 실질적인 쓰레기 감축에 한계가 있기 때문이다.

2016년부터 정부는 6차례에 걸쳐 한국야구협회(KBO), 대형 마트, 커피전문점, 패스트푸드점, 제과점, 유통업계, 배달의민족, 프랜차이즈협회 등과 자율협약을 맺고, 일회용 컵과 비닐의 사용을 줄이기 위한 노력을 해왔다. 그러나 점차 감소하던 일회용 쓰레기의 양이 2020년 코로나-19로 외부 활동이 제한되고 일회용 배달 용기의 사용이 한시적으로 허용되면서 다시 급격히 증가되었다. 이에 대처하기 위해 환경부는 2020년 9월 23일 '자원순환 정책 대전환 계획'을 발표하고, 2024년까지 제품 생산 후 판매, 재활용품의 배출, 처리 등 전 과정에 대한 개선 방안을 마련하였다. 우선 생산자가 제품을 생산할 때부터 플라스틱 사용을 줄이게 하고, 지자체가 재활용 폐기물 수거를 책임지고 관리하게 할 뿐 아니라, 재활용품 선별업체에 대한 지원을 강화하여 재생원료의 품질을 높이고 폐기물 처리시설을 확장함으로써 폐기물 처리를 안정화하고자 하였다. 그러나 몇몇 국회의원들은 기업과의 자율적 협약에 의한 단계적 감축 정책이 아니라 보다 환경부가 적극적인 일회용 쓰레기 규제 정책을 도입해야 한다고 지적하고 있다. 배달 시 다회용기 사용 정보를 소비자에게 정확하게 알리고, 일회용 용기 사용에 대한 규제 강화와 함께 다회용기 사용에 대한 정부 지원을 늘려야 한다는 것이다(인터넷 환경일보, 2020.10.22).

우리나라뿐 아니라 유럽연합 등 세계 각국에서 '플라스틱세'를 부과함으로써 쓰레기 등 폐기물 처리대책 마련에 고심하고 있다. 특히 코로나-19로 전자상거래와 배달 수요가 급증하여 글로벌 패키징 시장이 가파르게 성장하면서, 각국 정부와 기업이 환경에 악영향을 끼치는 일회용 플라스틱 문제 해결에 본격적으로 나서고 있다. 유럽연합(EU)은 2018년 플라스틱 포장재 오염으로부터 환경을 보호하고 지속가능한 경제발전을 추구하기 위해 2030년부터 EU 시장에 출시되는 모든 플라스틱 포장재를 재사용하고 재활용하려 하고 있다. 2019년부터 재활용되지 않은 플라스틱 쓰레기 1kg당 0.8유로(약 1,000원)의 플라스틱세를 시행하고 있다. 이외에 인도네시아도 이미 2016년 22개 대도시에서 비닐봉지 플라스틱세를 도입하였고, 뉴질랜드는 2019년 일회용 비닐봉지 사용 금지법을 시행하였으며, 태국도 일회용 플라스틱 쓰레기 줄이기 운동을 정부 차원에서 펼치고 있다.

그러나 단순히 일회용 플라스틱 사용을 줄이는 것만으로 쓰레기 문제가 해결되는 것은 아니다. 정부가 좀 더 적극적인 쓰레기와 재활용 정책을 통하여 자연과 환경 보건에 선제적으로 대응하기 위해서 다음과 같은 정책 방향을 고민하고 대책을 마련하여야 한다.

첫째, 과대포장 및 포장 크기의 제한과 판매자 수거 방식의 도입 등 쓰레기 문제에 대한 정부의 적극적 개입, 즉 법 개정과 행정적 지원이 이루어져야 한다. 상점에서 판매되는 상품들은 보존, 홍보, 보관 및 이동의 편의성을 위해 포장되지만, 과대포장으로 인해 심각한 쓰레기의 발생을 초래하고 있다. 따라서 정부는 상품 판매를 통해 수익을 올리는 기업에게 과대포장으로 발생하는 환경 문제에 대한 사회적 책임을 지도록 강제하여야 한다. 즉 내용물의 크기에 비례한 포장지의 크기를 최소화하여 과대포장을 피하고 포장지의 쓰레기양도 줄이도록 해야 한다. 또한 유통기간을 늘리기 위해 사용하는 진공 비닐 포장 대신, 지속가능한 친환경 포장방법인 종이 포장지를 사용하고 포장지의 재료도 친환경 재료로 바꾸어야 한다. 이를 위해서 '포장지의 규격화'와 '친환경 재료'의 사용을 장려하는 정부의 정책적 뒷받침이 필요하다. 예를 들어 대형 가전제품은 스티로폼 대신 재활용이 가능한 플라스틱 보호재를 만들어 규격화하고, 만들어진 모든 포장재의 수거와 재활용을 판매자가 의무적으로 수행하게 하는 것이다. 생산하는 상품의 모든 포장 재료를 판매자가 직간접적인 방법으로 수거하고 쓰레기를 줄이는 '판매자 수거 방식'을 도입하여야 한다. 국가가 일회용품을 생산하거나 판매하는 기업에 대해 판매와 수거의 총량제를 정하고, 수거되지 않는 쓰레기에 대해서 환경분담금을 부과해야 한다. 삼성전자는 선제적으로 이미 재활용 박스에 친환경 포장방식인 폴딩 방식을 적용하여 설치 후 '작은 부피로 회수해 가는 방식'을 사용하고 있다.

둘째, 지속가능한 용기의 사용과 가족의 생명과 환경을 생각하는 '실천적 의식'을 확대해야 한다. 일회용품으로 사용되는 테이크아웃 컵, 빨대, 배달 도시락, 패스트푸드 포장지, 비닐 포장지, 생필품 포장지 등은 우리의 생활환경과 밀접하게 연관되어 있고 너무 편리해서 사용을 억제하기 어렵다. 따라서 사회의 자의적 실천만으로는 안 되고, 공동체의 지속적인 관심과 노력뿐 아니라 국가의 '지속가능한 환경정책'이 제시되어야 한다. 일회용품을 줄이는 방법은 알루미늄 용기, 친환경 플라스틱, 스테인리스 등 지속가능한 용기를 사용하는 것이다. 처음에는 지속가능한 용기의 재활용으로 생활이 불편하겠지만 점차 자연스러운 생활방식이 될 수 있으므로, 정부가 나서서 일회용품의 사용을 억제하고 지속가능한 환경정책을 통해 환경 문제를 해결하겠다는 확고한 의지를 표명하여야 한다. 한편, 일반 시민들도 일회용품 사용이 자기 가족의 생명과 환경을 위협한다는 점을 인식하고 불편함을 감수하는 자세가 필요하다.

셋째, 일회용품 문제에 대한 '정부의 적극적 의지'와 '확고한 지속가능 환경정책'을 펼쳐야 한다. 일회용품 쓰레기가 만들어 낸 환경 문제는 단순히 쓰레기처리의 문제가 아니라 생활방식의 문제이다. 정부가 '나 하나쯤이야' 하는 국민의 생활습관을 바꾸고 환경 문제의 심각성에 대한 교육과 홍보를 통해 '실천적 의식'을 갖게 해야 한다. 정부의 확고한 환경정책으로 국민이 행동해야 할 방향을 제시하여 의무감을 부여하여야 한다.

10 참고문헌

국립국어원 (2002). 2002년 신어 보고서.

윤경진 (2008). 폐기물 처리시설과 시민의식에 관한 연구: 자원회수시설 중심으로. 연세대학교 행정대학원 석사학위논문.

야마자키 에리코 (2005). **자연주의 절약생활**. 이근아 역. 서울: 이아소.

죠수아 필즈 밀번 · 라이언 니커디머스 (2013). **두 남자의 미니멀라이프**. 고빛샘 역. 서울: 책읽는수요일.

한국민족문화대백과사전(encykorea.aks.ac.kr)

허승은 (2020). 2020년 9~10월 녹색연합 시민의식설문조사.

환경부 (2018). 1일 평균 1인당 쓰레기 1kg.

아름다운가게 www.beautifulstore.org/donation

DALANDMIKE 홈페이지. www.ilemonde.com.

경인매일 (2020.10.20). 남동구 구월4동, 빌라 밀집지역 쓰레기 불법투기 근절 총력.

국민일보 (2020.10.21). 젖병 사용 유아 1명이 하루 160만개 입자 섭취 "미세플라스틱의 역습", 아일랜드 더블린 트리니티대학 연구 결과.

녹색연합 (2020.10.13). 보도자료. 배달할수록 쓰레기가 쌓이는 사회, 시민들은 강력한 대책을 촉구한다. https://docs.google.com/document/d/1eWBhr-_ifUg8erQ50nfRH_y2h9dzU6fVDkoGcprkcsY/edit?usp=sharing.

뉴욕포스트 (2018.08.06). 비닐봉지 뜯어먹는 북극곰. 쓰레기에 신음하다.

동아일보 (2020.10.23). 경기 수원시 자원순환센터 야적장에 실내 저장 공간 포화로 넘쳐나 쌓여 있는 폐플라스틱.

동아일보 (2020.10.23). 비대면 소비 늘자 재활용 쓰레기 홍수… 분리배출, 이젠 필수과제.

매일경제 (2019.06.07). 우리 모두 플라스틱프리챌린지!.

매일신문 (2020.09.22). 쓰레기 섬의 경고.

매일일보 (2019.02.28). 더 깨끗한 원주시 만들기…시민동참 청소시책 추진.

서울신문 (2020.09.29). 코앞에 닥친 수도권 '쓰레기 재앙'… 5년 뒤엔 버릴 곳이 없다.

서울신문 (2020.10.19). 땅 기름지게 하는 지렁이가 미세플라스틱 토양오염 가속화시킨다.

시민일보 (2021.07.10). 함양군 모두가족봉사단 'EM 흙공' 맑은 물을 부탁해!!

연합뉴스 (2021.07.29). [쓰레기 대란] ⑤ 쓰레기 버리기 전에 줄이는 것이 급선무... 시민들 나섰다.

연합뉴스 (2022.03.15). 하동군가족센터 모두가족봉사단의 '줍깅데이' 봉사활동.

오마이뉴스 (2020.09.21). [미세플라스틱의 습격①] 제주 함덕해수욕장에서 바다거북 1830마리를 구했습니다.

오마이뉴스 (2020.11.14). [미세플라스틱의 역습②] 오늘 먹은 음식에?…대변 10g당 20개 우리나라 발생 잠재량 연간 최대 21만6000톤 해외 연구, 식품 통해 미세플라스틱 섭취 확인.

우먼센스 (2016.09.08). 노케미족의 초간단 천연 제품 레시피.

월간 플라스틱사이언스 (2020.06.23). 순환경제를 향한 세계의 움직임 – 프랑스, 제로 플라스틱을 향한 움직임.

인터넷 환경일보 (2020.10.22). 포스트 코로나19, 배달 쓰레기 대책 시급하루 음식서비스 거래액 1조 6730억, 플라스틱 쓰레기 830만개.

중앙일보 (2020.07.03). 배달음식 시켜먹고 집 꾸미고. 코로나가 끌어올린 온라인쇼핑.

한겨레 (2016.07.28). 나눔카 이용자 100만 명 시대 '씽씽'.

한국경제 (2019.07.25). 플라스틱으로 만드는 '착한 신발'. 3D프린터로 6분이면 한 켤레 뚝딱.

한국경제 (2019.11.06). 플라스틱 프리 챌린지 1주년 기념, 유통업계 친환경 트렌드를 살펴보자.

헤럴드경제 (2020.12.21). 차은우 탔던 '따릉이', 관광 · 여가 공유경제 이용률 1위.

환경부 · 한국환경공단 (2022). 2021년 기준 전국 폐기물 발생 및 처리현황, 1인당 1일 생활계폐기물 발생량 변화. http://www.me.go.kr/home/web/index.do?menuId=128.

BBC (2020.10.10). 영국 왕실생물학회 사진 공모전 1위는 쓰레기 먹는 코끼리.

KBS 다큐 온 (2020.11.06). 엄마들의 플라스틱 독립운동.

04

PART

가족문화 만들어 가기

CHAPTER

11

가족정책에서 가족문화 자리찾기

1. 가족정책에서 읽는 가족문화
2. 현장에서 만나는 가족문화정책
3. 가족문화사업과 프로그램

Chapter 11

가족정책에서 가족문화 자리찾기

1. 가족정책에서 읽는 가족문화

1) 가족문화는 목표인가, 도구인가?

가족문화는 가족들이 가족생활을 통해 만들어내는 문화이다. 일상적인 의식주 생활과 신체적 · 비신체적 자녀돌봄, 가계관리와 같은 가족 기능을 수행하는 과정, 그리고 그 결과가 축적되어 가족문화를 이룬다. 가족마다 가족생활을 영위함에 있어 중요하게 여기는 가치와 태도가 다르고, 그에 따라 가족의 기능이 수행되는 방식이 다르기에 가족마다 특유의 가족문화를 형성한다. 가족의 기능 수행에 영향을 미치는 가족 환경, 근접 환경, 광역 환경의 조건과, 그 환경과 상호작용하는 방식에 따라서도 가족문화는 달라진다. 말하자면, 가족구성원, 주택의 유형, 실내의 거주환경, 지역사회의 이웃주민, 지역 시설 및 서비스, 나아가 거시적인 정치 · 경제 · 사회환경은 가족기능과 그에 따른 가족문화의 모습에 영향을 미친다. 때문에, 우리는 바람직한 가족문화를 형성하기 위해 가족들이 서로 좋은 관계를 유지하려고 노력하고, 필요하면 이웃이나 지인 또는 전문가에게 고민을 털어놓고 조언을 구하기도 한다. 중앙정부와 지자체가 전국의 가족센터를 비롯하여 가족관련 공적 서비스를 제공하고 있는 것은 이러한 가족의 요구가 좀 더 잘 해결될 수 있도록 공적 영역에서 지원하는 것이라 할 수 있다.

이는「건강가정기본법」을 통해서도 파악된다.「건강가정기본법」제28조에 의하면 "국가는 건강가정의 생활문화를 고취하고 그에 대한 지원정책을 수립해야 한다"고 명시하고 있다. 건강한 생활문화가 가족정책의 목표인 것이다. 구체적으로 가족여가문화, 양성평등한 가족문화, 가족단위 자원봉사활동, 건강한 의식주생활문화, 합리적인 소비문화, 지역사회 공동체 문화가 향상될 수 있도록 지원 정책을 시행해야 하는 것으로 제시하고 있다. 또한「건강가정기본법」시행령 제4조에는 가족서비스 전달자 역할을 하고 있는 건강가정사의 직무 중 하나로 가정생활문화 운동의 전개를 명시하고 있다.

가족들이 바라는 가족문화의 구체적인 모습은 가족과 사회환경의 변화에 따라 달라질 수 있다. 시대적 환경에 따라 강조되는 가족문화도 달라진다. 우리가 원하는 바람직한 가족문화는 시간이 흐르면서 변화하겠지만, 우리는 그러한 가족문화를 만들어 가려고 계속 노력할 것이다. 그리고 가족정책 영역에서는 그 사회가 동의하는 바람직한 가족문화를 하나의 목표로 삼아 가족서비스를 제공할 것이다.

건강가정기본법

제28조 (가정생활문화의 발전) ① 국가 및 지방자치단체는 건강가정의 생활문화를 고취하고 그에 대한 지원정책을 수립하여야 한다. ② 국가 및 지방자치단체가 지원하여야 하는 건강가정의 생활문화는 다음 각 호의 사항을 포함한다.

1. 가족여가문화
2. 양성평등한 가족문화
3. 가족단위 자원봉사활동
4. 건강한 의식주생활문화
5. 합리적인 소비문화
6. 지역사회 공동체문화
7. 그 밖에 건강가정의 생활문화와 관련된 사항

한편 가족서비스를 제공하고 있는 가족센터에서는 한때 사업영역을 가족생활교육, 가족상담, 가족문화로 구분한 바 있다. 2020년에는 사업영역을 가족관계, 가족돌봄, 가족생활, 가족과 함께 하는 지역공동체로 구분하고 있는 것과 비교된다. 이전의 사업 영역은 수단적 차원에서 가족서비스를 제공하는 방식으로 구분한 것이라면, 이후에는 가족기능 또는 가족기능을 수행하는 과정을 가족서비스의 사업 대상 및 목표 영역으로 구분한 것이라 할 수 있다. 이전의 구분을 좀 더 구체적으로 표현하면, 가족생활과 관련된 교육을 통해, 그리고 가족을 대상으로 하는 상담과 문화 프로그램을 통해 가족 사업을 진행하고자 한 것으로 이해된다. 사업 영역으로 제시된 가족문화에서 사용된 문화의 개념은 좁은 의미의 문화활동이며, 가족서비스를 제공함에 있어 문화 프로그램을 도구적으로 활용하고 있음을 알 수 있다.

2) 가족정책이 이끄는 가족문화

(1) 합리적 생활문화를 위해 시작된 가정의례정책

가족문화가 가정생활문화라는 용어로 가족정책에서 공식적으로 다루어진 것은 2004년 제정된 「건강가정기본법」에서부터라 할 수 있다. 그러나 가족문화라는 단어를 사용하지는 않았지만, 정책 영역에서 가족문화가 다루어진 것은 이보다 훨씬 이전인 1969년으로 거슬러 올라간다. 1969년 1월 16일 제정된 「가정의례준칙에 관한 법률」에는 약혼식 폐지, 혼인 당일 혼인신고, 5일 이내의 장례 기간 등의 내용을 담고 있다. 1973년에 개정된 '가정의례준칙'에서는 의례의 범위를 기존의 혼례, 상례, 제례에서 수연례까지로 확대했으며, 구체적인 절차와 양식을 규정하고 있다. 혼례의 경우, 약혼식, 함잡이, 청첩장 발송을 금지하며, 혼인식 식순, 혼인서약, 성혼선언의 양식도 제시하였다. 상례에서는 3일장으로 장례 기간 제한, 단체명

의의 신문부고 금지, 화환 진열, 답례품 증여, 경조기간 중 주류 및 음식물 접대 금지 등을 규정하였으며, 상례와 제례의 식순과 절차도 제시하였다. 청첩장이나 부고장 발송, 장식물 진열, 음식물 접대 등 일부 행위에 대해서는 벌금형에 처한다는 내용도 담고 있다. 계몽과 권고 수준에서 시행하던 것을 처벌로 수위를 높여 강력한 단속의지를 보인 것이다.

그 당시 호화, 사치, 과소비를 억제하고 사회적 갈등을 낮춤으로써 사회통합을 이루고자 하는 정책적 의도로 시도되었으나, 이에 대한 의견은 다양했다. 전통가정의례의 현대적 표준화, 범국민적 생활 규범 제시를 통해 가계경제 부담, 가사노동의 부담을 줄여줄 수 있으며, 허례허식에 따른 계층적 갈등을 완화시킬 수 있다는 점에서 바람직한 정책 개입으로 평가된다. 다른 한편에서는 국민의 자유 억압, 일상생활에 대한 정부의 지나친 간섭과 개입이라는 비판적 시각도 공존했다. 해당 가정의례준칙은 1999년에 폐지되었으며, 이후 시대의 변화와 풍속을 감안하여, 기준과 절차를 대폭 간소화시킨 '건전가정의례준칙'이 새로 제정되었다(국가기록원). 현재는 2012년 2월 1일 일부 개정된 「건전가정의례의 정착 및 지원에 관한 법률」과 2019년 7월 2일 일부 개정된 '건전가정의례준칙'이 시행되고 있다. 여기에는 '성년례, 혼례, 상례, 제례, 수연례를 가정의례에 포함시키고 있으며, 약혼식은 따로 하지 않는다', '혼인 예식은 친인척을 중심으로 잔치는 간소하게, 상례에서 발인제는 하되 노제나 삼우제 등은 생략할 수 있고, 신문 부고 시 공공기관이나 단체 명의를 사용하지 않는다', '기제사는 2대조까지, 수연례는 가정에서 간소하게 한다' 등의 내용이 제시되고 있다. 그리고 이와 관련된 처벌 조항은 없다. 우리 국민 대부분 '건전가정의례준칙'이 아직도 존재한다는 것조차 잘 알지 못하는 것이 현실이며, 그만큼 유명무실하다고 볼 수 있다.

가정의례와 관련된 정책 사례로는 '작은 결혼식' 정도가 가장 두드러진다. 성년례의 경우, 공공이나 민간기관, 학교 등이 중심이 되어 집단 방식의 의례를 진행하는 사례들이 있지만, 전통의 관례와는 의례의 목적이 다소 다르다. 혼례 · 상례 · 제례 등의 경우, 정책 개입이 간소화의 방향이었다면, 성년례는 성인됨의 의미를 강조함으로써 사회구성원으로서의 역할을 지지하는 데 더 중점을 둔다. 상례는 병원과 장례식장으로 의례 서비스의 상품화가 이루어지고, 제례는 4대 봉사에서 2대 봉사, 합사, 주문 상차림 등으로 대상과 절차가 이미 간소화되고 간편화됨으로써 정책적 개입의 필요성이 점차 축소되고 있다. 혼례의 경우, 공공시설을 예식장으로 사용할 수 있도록 하고, 작은 결혼 준비와 관련된 상담, 전국 건강가정지원센터를 통한 예비부부교육, DIY 작은 결혼 준비 정보 제공 등 작은 결혼 지원 사업을 여성가족부에서 시행한 바 있다.

그림 11-1 작은 결혼 캠페인 포스터

자료: 여성가족부(www.mogef.or.kr)

'스몰 웨딩 선호시대, 작은 결혼식 트렌드' 등의 기사(위클리서울, 2020.11.03)에서 가늠할 수 있듯이 합리적인 혼례문화로의 변화가 시작되었으며, 여기에 코로나-19라는 초유의 사태가 발생하면서 사회적 거리두기 단계에 따라 결혼식 초청 인원이 50명 또는 100명으로 제한되는 상황에 이르렀다. 결혼문화에 대한 인식이 변화하고 있는 즈음에, 외부환경적 요인이 간소한 결혼에 더욱 박차를 가하고 있는 모습이다. 의례에 대한 매우 제한적인 정책 개입마저도 최근에는 그 필요성이 줄어들고 있다.

(2) 건강한 가족문화 조성을 위한 정책

1970년대 이후 가족문화 영역에서 추진된 가족정책이 건전가정의례였다면, 2004년「건강가정기본법」이 제정되면서 그 자리는 가정의 건강성을 위한 가족문화 영역이 차지하고 있다. 가족정책의 근간인 '건강가정기본계획'을 살펴보았을 때, 가족문화 정책 영역의 주요 이슈는 '양성평등', '일과 가정의 양립', '가족-지역사회-정부가 함께 하는 돌봄', 그리고 '가족 다양성 포용'으로 요약된다.

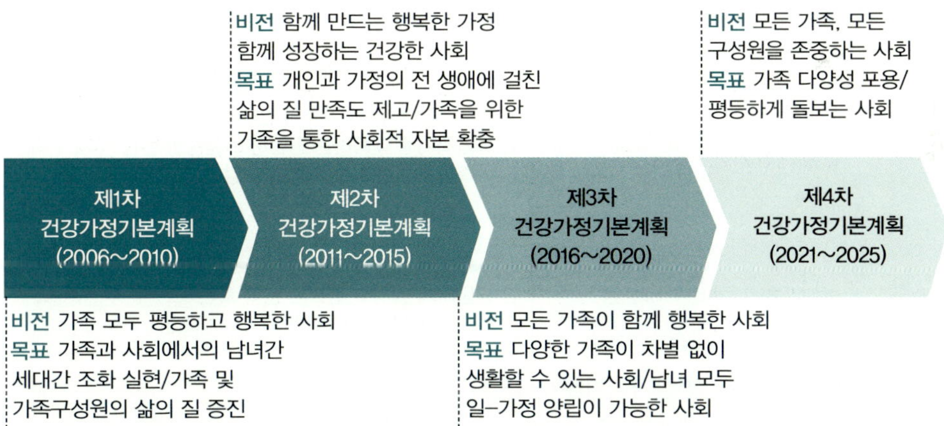

그림 11-2 제1~4차 건강가정기본계획의 구조

자료: 여성가족부 (2020). 2025 세상모든가족함께, 제4차 건강가정기본계획(2021~2025) 재구성.

가족문화 정책 영역의 주요 이슈인 '양성평등', '일과 가정의 양립', '가족-지역사회-정부가 함께 하는 돌봄', 그리고 '가족 다양성 포용'은 제4차 '건강가정기본계획'에 제시된 정책 과제에서도 확인된다.

구분		
비전	“2025 세상 모든 가족 함께” 모든 가족, 모든 가족구성원을 존중하는 사회	
목표	가족 다양성 인정	평등하게 돌보는 사회
정책과제	**영역(4개)**	**중과제(12개)**
	1. 세상 모든 가족을 포용하는 사회 기반 구축	1. 가족 다양성 포용을 위한 법 · 제도 마련 2. 가족 다양성 인식 및 평등한 가족문화 확산 3. 가족 내 폭력 대응 강화
	2. 모든 가족의 안정적 생활 여건 보장	1. 가족 변화 대응 경제력 기반 강화 2. 가족 특성을 고려한 자녀양육 여건 조성 3. 모든 가족을 위한 가족서비스 제공 기반 구축
	3. 가족 다양성에 대응하는 사회적 돌봄 체계 강화	1. 지역 기반 다양한 가족의 돌봄지원 확대 2. 돌봄위기에 대응하는 안전하고 촘촘한 돌봄 체계 구축 3. 가족돌봄 지원의 양적 · 질적 강화
	4. 함께 일하고 돌보는 사회환경 조성	1. 일하면서 돌볼 수 있는 권리 보장 2. 평등하게 일하고 돌보는 문화 확산 3. 가족과 돌봄에 친화적인 지역사회 조성

그림 11-3 제4차 건강가정기본계획의 구조

자료: 여성가족부 (2020). 2025 세상 모든 가족 함께, 제4차 건강가정기본계획(2021~2025).

‘양성평등’은 가족을 포함한 사회 전반에서 지향하는 근대적 가치이다. 1996년 제정된 「여성발전기본법」이 2015년 「양성평등기본법」으로 전면 개정되면서 정부의 양성평등 실현을 위한 정책적 노력이 본격화되었다. 같은 법 제1조에 의하면 국가와 지자체의 양성평등 이념 실현을 위한 책무 및 기본사항을 규정함으로써 정치,

경제, 사회, 문화의 모든 영역에서 양성평등을 실현하는 것을 목적으로 한다고 공표하고 있다. 각 조항에는 일정 비율 이상 정책결정 과정에 여성이 참여토록 한다거나 고용 및 승진에 있어 차별을 받지 않도록 하고, 모성과 부성의 권리를 보장해주며, 성별 차이로 인한 차별과 폭력으로부터 보호받을 수 있도록 하는 내용을 담고 있다. 제35조에는 국가와 지자체가 민주적이고 양성평등한 가족문화 조성을 위한 노력을 기울여야 하는 책무를 규정하고 있다. 가족정책의 기본계획인 '건강가정기본계획'은 이를 충실히 반영하고 있다. '제1차 건강가정기본계획(2006-2010)'은 정책비전을 '가족 모두의 평등', '제2차 건강가정기본계획(2011-2015)'에서는 '함께 만들고 함께 성장하는'이라는 단어를 통해 가족구성원의 평등 메시지를 담고 있다. '제3차 건강가정기본계획(2016-2020)'에서는 '모든 가족이 함께', '제4차 건강가정기본계획(2021-2025)'이라는 '모든 가족, 모든 가족구성원을 존중하는'이라고 명시하고 있다. 여성, 즉 어머니만의 희생이 아니라 모든 가족이 함께 노력함으로써 가족의 행복과 건강한 삶을 만들어야 함을 말하는 것이다. 2005년 시작된 가족정책에서 아직까지는 양성평등한 가족문화가 궁극적 목표가 되고 있으나, 이는 가정생활시간이 확보되는 일-가정 균형의 가족문화, 가족단위 여가가 일상화되는 가족문화와 같이 초점이 옮겨갈 수 있을 것이다.

두 번째 가정건강성을 위한 가족문화 이슈인 '일-가정 양립'은 그동안 우리 사회의 일 중심, 성과 중심의 문화에 대한 반성이라 할 수 있다. 일-가정 양립의 가족문화는 모성 역할을 담당하는 여성뿐만 아니라 근로자의 역할과 가족원의 역할을 공유하는 남녀 모두에게 적용되는 과제이다. 그럼에도 출산 및 양육의 사회적 기능을 과소평가해 왔던 직장문화가 저출산사회에서 큰 문제가 되다 보니 모성 역할을 담당하는 여성근로자만의 문제로 인식하는 경향이 높다. 일-가정 양립은 가족들의 안정적 생활을 위한 경제활동만이 아니라 가족들과 함께 하는 일상, 가족들이 함께 하는 여가생활, 개인으로서 의미 있는 활동과 쉼도 삶에 있어 큰 의미가 있음을 깨닫고 실천하도록 하는 가족문화 정책 목표를 갖고 있다. 일과 가정의 균형에서 나아가 일, 쉼, 삶의 균형이 유지되는 가족생활 또는 가족문화는 남녀, 기혼과 미혼, 젊은 세대와 노년 세대 모두가 관심을 가져야 할 질적인 삶의 문제로 접근해야 할 가족정책 사업이다.

세 번째, 가족-지역사회-정부가 함께 하는 돌봄은 '돌봄기능에 대한 사회적 분담'의 주제로 설명할 수 있다. 가족기능으로서 어머니 혼자 자녀돌봄을 전담하던 것을 이제 사회가 그 역할을 함께 나누겠다는 것이다. 특히 중앙정부나 지자체의 입장에서 돌봄의 사회적 분담을 돌봄 방식에만 초점을 두고 본다면 가족문화 정책이라기보다는 직접 가족서비스를 제공하는 정책으로 생각될 수 있다. 가족의 입장에서 보면, 돌봄의 사회화는 오로지 개별 가족이 책임지던 자녀돌봄을 이웃과 함께 돌보는 방식으로의 변화, 즉 가족생활 방식이 바뀌는 새로운 가족문화이다. 더 정확히는 새로운 문화가 아니라 전통에 한 발자국 다가서는 회귀이다. 이웃들과 서로 도움을 주고받으며 살아가던 공동체적 마을생활의 좋은 점을 다시 되살리고자 하는 것이다. 사회적 돌봄의 대표사업이라 할 수 있는 센터의 가족품앗이 사업은 지역사회가 참여하는 돌봄 공동체 조성이라는 목적을 명시함으로써(여성가족부, 2020) 이 점을 명확히 하고 있다.

마지막으로 '가족 다양성 포용 문화'는 최근 우리 사회의 가족 형태 변화에 따라 필요해진 가족정책 과제이다. 2000년대에 본격화된 국제결혼으로 인한 다문화가족을 비롯해, 이혼 및 재혼가족, 한부모가족, 조손가족 그리고 최근 가장 큰 비중을 차지하고 있는 1인 가구에 이르기까지 가족구성 여부나 구성 방식이 매우 다양해지고 있다. 다양한 형태의 가족들이 현실임에도 우리의 인식은 그 현실을 바로 따라가지 못하고 있다. 부부와 자녀로 구성된 가족을 가족의 전형으로 여김으로써, 이와 다른 형태의 가족들은 가족기능 수행에서의 어려움뿐만 아니라 부정적 사회적 인식에 따른 심리적 · 정서적 어려움을 겪게 된다. 각자가 어떤 형태의 가족구성과 삶을 선택하든 선택적 자유가 인정되고, 행복한 삶을 살아갈 권리가 보장되는 사회문화 조성이 정책 목적이 된다. 가족 다양성을 포용하는 가족문화는 개별 가족들의 인식 변화를 통해 궁극적으로 가정생활 환경의 문화, 즉 사회문화를 바꾸어나가는 상위 차원의 가족문화 정책이라 할 수 있다.

2. 현장에서 만나는 가족문화정책

1) 가족문화정책의 지향성

가족정책 영역에서의 가족문화는 정책을 통해 달성하고자 하는 목표에 해당하는 것들이었다. 정책적으로 사회 분위기를 바꾸기 위해, 새로운 문화를 만들어 가기 위해 지향하는 가족정책의 목표는 크게 양성평등한 문화 조성, 가족친화적 문화 조성, 공동돌봄 문화 확산, 다문화시대에 맞는 가족의 다양성 포용문화로 나누어 볼 수 있다.

(1) 평등하게 일하고 돌보는 가족문화 조성

양성평등한 가족문화 조성을 위한 문화 프로그램으로는 캠페인이 대표적이다. 가족정책에서 양성평등은 단지 남녀의 평등을 넘어 가족원 전체를 대상으로 한다. 모든 가족원들이 가족생활을 영위함에 있어 평등하고 민주적인 가족관계를 유지하는 것을 목표로 한다. 부부의 가사노동 분담, 남성의 육아참여 문화를 조성하기 위한 정책 사업들이 추진되고 있다. 여성가족부는 남녀가 함께 준비하고 함께 즐기는 명절문화 조성을 위한 캠페인을 매년 추석을 즈음해 시행하고 있다. 전국의 건강가정 · 다문화가족지원센터의 가족문화 사업 영역에서도 이러한 주제를 담고 있는 프로그램들이 시행되고 있다.

그림 11-4 양성평등한 명절보내기 캠페인 포스터

자료: 여성가족부(www.mogef.or.kr)

남성의 육아참여를 위한 '아버지-자녀가 함께 하는 돌봄 프로그램'은 주로 토요일을 이용해 아버지와 자녀가 함께 다양한 놀이를 할 수 있는 문화활동의 기회를 제공한다. '아버지 자조모임'은 아버지 역할 수행, 육아정보 공유를 위한 아버지들의 정기적 모임으로 진행된다. 남성이 육아에 친숙해질 기회를 제공하고, 아이를 돌보며 자녀와 함께 하는 시간을 늘리기 위해 기획되는 프로그램들이 주를 이룬다.

남편은 자녀교육의 최고의 파트너~
같이하는 교육의 시작
책읽는 아빠 절찬 모집
아빠~ 책놀이하러 가즈아 ===== 33333
(기관신청)

아빠와 30분 이상 이야기를 하는 아이의 경우 창의성이 더욱 높다는 연구 결과가 존재한다.
이는 아빠가 아이의 마음을 읽어주고 들어주는 것이 바로 정서에 직접적인 영향을 제공한다는 것을 의미한다. 아이에게 시간을 할애해 주고 놀 때 재미있게 활동해 주는 것이 바로 긍정적인 정서를 가지도록 한다는 것을 보여주는 예라고 할 수 있다.
아빠가 아이, 다른 가족들에게 믿음직한 모습을 보이면, 아이는 아빠를 사회에서 자신을 지켜주는 울타리로 인식하고 심리적으로 안정감을 느끼게 된다.
또한 성취동기가 높아져서 자아실현의 욕구가 강해지는 부분도 함께 성장한다.

[신청은 797-6895로 전화주세요~!!]

초초보아빠	4세 이하반 10명 이상
초보아빠	4~7세 이하반 10명 이상
신베테랑아빠	초등 1~초등 3학년 이하반 10명 이상
베테랑아빠	초등 4~초등 6학년 이하반 10명 이상

그림 11-5 남성 육아참여 프로그램 사례

자료: 광양시 가족센터(www.danurischool.kr)

(2) 함께 일하고 돌보는 일–가정 양립 문화 조성

가족봉사단은 가족원 2인 이상이 지역사회에서 다양한 봉사활동에 참여하는 센터 프로그램으로 시작되었다. 가족들이 함께 참여할 수 있는 활동은 봉사활동 외에도 다양한 활동이 많을 것이다. 봉사활동은 가족들이 함께 할 수 있는 다양한 가족 공유 활동 중 하나로 선택된 것이라 할 수 있다. 가족여가문화 또는 가족친화적인 문화 조성에 기여하는 프로그램으로 볼 수 있다. 가족봉사단 프로그램에서는 어떤 봉사활동을 할 것인가가 중요한 것이 아니다. 봉사활동을 통해 가족원들이 경험을 공유하고, 공유된 경험이 가족 간 소통을 할 수 있는 대화 주제가 되며, 공유 경험이 문제해결 과정에서 회복탄력성으로 작용하고, 활동 과정에서 그 가족만의 가치가 전달되는 교육 기회가 될 수 있도록 하는 데 초점을 둔다.

가족봉사단 프로그램은 가족단위의 봉사활동을 통해 지역사회와 교류가 이루어지고, 지역공동체의 유대를 형성할 수 있다는 점에서 가족의 건강성을 높이는 데도 도움이 된다. 지역의 공동체 돌봄이 가족정책의 주 관심사로 중요성이 커지면서, 최근에는 노인, 장애아, 환자 등 돌봄이 필요한 지역주민을 대상으로 한 가족단위의 돌봄 봉사활동을 하도록 권장되고 있다(여성가족부, 2020). 지역아동센터의 아이들에게 배드민턴이나 오카리나 등을 가르쳐주는 활동부터, 연극이나 합창을 통해 공연을 지원하기까지 다양한 봉사활동이 돌봄과 연계되어 실시되고 있다.

그림 11-6 가족봉사단 활동 사례

자료: 부평구 자원봉사센터, 횡성군 자원봉사센터

일–가정 양립의 가족친화적 문화 조성을 위한 가족문화 사업으로는 가족센터의 '가족 사랑의 날' 프로그램이 있다. 가족 사랑의 날은 여성가족부에서 2009년부터 매월 셋째 주 수요일을 '패밀리 데이(family day)'로 지정하여 운영하던 캠페인을 2010년부터 한글이름 공모전을 통해 '가족 사랑의 날'로 변경하여 매주 수요일로 확산 추진 중인 정책 사업이다. 바쁜 주중에 수요일 하루라도 가족과 함께 시간을 보내는 작은 실천이 가족 사랑의 첫걸음이 된다는 의미에서 실시되고 있는 캠페인으로, '직장'에서는 '알찬 일과, 정시 퇴근 일터 만들기'를 위하여 매주 수요일에 정시 퇴근을 하여 가족과 함께 하자는 내용이다. 이를 위한 캠페인에서는, '가정'에서는 '가족 사랑 약속을 실천'하여 가족 사랑을 키우고 가족의 사랑이 이웃까지 확산되도록 하자는 실천행동도 캠페인으로 안내하고 있다. 선국의 센터(1577-9337, www.familynet.or.kr)에서는 가족 사랑의 날 캠페인 지원을 위해, 가족이 함께 하고, 가족이 이웃과 활동할 수 있도록 수요일 저녁에 다양한 프로그램을 운영 중이다.

그림 11-7 가족 사랑의 날 캠페인 포스터

자료: 여성가족부(www.mogef.or.kr)

가족과 함께, 그리고 아버지와 자녀가 함께 가족여가활동을 지원하는 프로그램으로 진행된다. 기업 및 기관 등에서 가족친화 직장 환경 조성을 위해 주중 하루를 정시 퇴근하는 날로 정해 운영하고 있으며, 이와 연계된 프로그램이 가족센터에서 실시하는 '가족 사랑의 날' 프로그램이다. 그밖에도 가족캠프, 가족축제 등 가족문화 프로그램은 가족단위의 여가활동 기회를 제공하는 것으로 가족 유대를 견고히 하는 가족친화 문화 프로그램이라 할 수 있다.

(3) 가족과 돌봄에 친화적인 지역사회 문화 조성

돌봄 공백의 문제를 개별 가정의 문제가 아닌 지역과 사회의 문제로 보면서 돌봄을 함께 하는 공동체 돌봄 확산 노력이 정책적으로 이루어지고 있다. 공동체 돌봄의 대표적인 정책 사업으로는 공동육아나눔터 사업이 있다. 가족센터에서 지원하는 가족품앗이와 그들이 모여 함께 육아를 하는 장소인 공동육아나눔터 공간 지원 사업을 공동육아나눔터 사업이라는 간략한 명칭으로 부르고 있다. 품앗이는 마을에 사는 이웃들이 서로 노동력, 물품, 정보 등을 서로 주고받으며 경제적, 정서적 지지를 얻을 수 있는 사회적 지원체계라 할 수 있다. 이를 통해 자녀돌봄은 물론, 일상적인 가족생활에서 필요한 다양한 요구를 해결할 수 있다. 가족품앗이 사업 중 현재 가장 활발하게 운영되고 있는 것은 육아품앗이이다. 적게는 2~3가정, 많게는 10여 가정 이상이 모여 하나의 그룹을 구성한다. 이웃에 사는 부모들이 자녀돌봄을 함께하는 과정을 통해 돌봄의 어려움을 덜고, 필요한 육아정보를 주고받는다. 반복되는 함께 돌봄 활동은 서로에 대한 신뢰를 만들어 주며, 이렇게 해서 형성된 공동체 유대는 긴급한 돌봄 또는 일상적인 돌봄에서의 공백을 해결할 수 있는 지원체계로 기능한다.

그림 11-8 공동육아나눔터 이용 안내지

자료: 광양시 가족센터(www.gwangyang.familynet.or.kr)

다양한 놀이활동, 체험활동, 나들이, 캠핑 등의 모둠활동을 하게 되는 품앗이육아는 아이들에게도 좋은 경험과 교육 기회가 된다. 외동이가 많고, 사교육으로 인해 자유롭게 놀 수 있는 시간이 부족하고 언제든 함께 놀 수 있는 친구를 만나기 어려운 요즈음, 품앗이육아는 또래친구들과 즐겁게 놀 수 있는 기회를 제공하며, 친구들과 자유롭게 놀면서 얻게 되는 공동체 경험은 배려와 협동, 그리고 주도력과 창의성을 높여준다.

가족품앗이 사업은 지역주민들이 자발성과 주체성을 가지고 마을단위의 공동체로 지역사회 내에서 자녀양육 및 가족부양을 분담하고 공유하는 사업이다. 따라서 이 사업이 성공적으로 안정화되고 확대될 경우, 궁극적으로는 안전하고 쾌적한 가족원들의 생활과 여가 및 문화체험의 기회가 보장되는 가족친화마을을 기대하게 된다. 이를 위해 돌봄 공동체 지원 사업이 지역 센터를 중심으로 시작되고 있다.

아동이 안전하고 부모가 안심할 수 있는 돌봄 생태계 구축이 목적으로, 돌봄 공동체 지원 사업은 지역사회가 자발적으로 틈새 돌봄을 책임지는 공동체성 회복을 통해 지역사회의 공동체 돌봄 체계를 구축하고 지역경제를 활성화한다.

구분	품앗이형	마을 공동체형	주민 경제조직형
공동체 유형	지역의 공동육아나눔터 등을 기반으로 조성되어 돌봄 활동을 하는 부모 자조 모임 및 품앗이 그룹 등	부모 및 지역 주민이 마을의 커뮤니티 공간*을 기반으로 돌봄활동과 돌봄을 매개로 한 지역사회 활동을 하는 공동체 등 * 북카페, 마을카페, 마을밥상, 마을농장, 쉼터, 녹색가게 등	돌봄활동을 하는 비영리 민간 단체, 협동 조합, 마을 기업, 자활 기업, (예비) 사회적기업 등 지역 주민이 주도하는 사회적 경제 조직 등
돌봄대상	만 0세~만 12세 이하 돌봄이 필요한 모든 아동		
운영시간	지역별 · 구성원별 틈새 돌봄 시간에 따라 주중/주말 자유롭게 운영		
돌봄장소	지역 주민이 함께 육아에 참여할 수 있는 공간이면 어디나 공동육아나눔터, 마을카페, 마을농장, 작은도서관, 경로당, 마을회관, 아파트 유휴 공간, 체험학습장 등		
프로그램	학습 · 놀이 · 체험, 등하교 지원, 급식 지원 등		

그림 11-9 돌봄공동체 지원사업

자료: 패밀리넷 홈페이지(www.familynet.or.kr)

(4) 가족 다양성을 포용하는 문화 조성

가족의 다양성을 포용하는 문화를 조성하기 위해서는 다양한 가족과의 어울림, 만남, 소통이 필요하다. 즉, 다문화가족과 비(非)다문화가족, 한부모가족, 장애인 가족이 함께 모여 공통 관심사를 나누고 익힐 때, 상호 수용성은 높아지기 때문이다. 비슷한 연령대의 아이를 키우는 부모들의 모임, 지역사회의 문제에 관심을 갖고 같이 참여하는 봉사활동 등은 다양한 가족에 대한 수용성을 높이므로 가족 다양성 포용을 위해 활용되기 좋은 프로그램이다. 따라서 가족서비스전달기관에서 정책적으로 지원하는 가족품앗이 프로그램, 다양한 가족 캠페인, 자조모임 등을 통한 다양한 가족들 간의 소통과 모임의 장에 참여하는 것이 필요하다.

그림 11-10 다문화 인식개선 캠페인 포스터

자료: 다문화교육 다누리배움터(www.danurischool.kr)

다문화가족을 비롯해 최근에는 1인 가구, 한부모가족, 조손가족 등 다양한 가족에 대한 인식 개선, 역량강화를 지원하기 위한 문화 프로그램들이 시행되고 있다. 다양한 가족을 가족구성의 선택적 자유로 인정하는 캠페인, 다문화가족과 비(非)다문화가족이 함께 하는 다문화축제, 1인 가구의 사회적 관계 증진을 위한 다양한 체험활동, 한부모가족 및 조손가족들의 상호지지를 위한 자조모임 등이 시행되고 있다(여성가족부, 2020).

2) 가족문화 프로그램으로 스며들기

가족정책에서 건강한 가족문화 조성을 위해 양성평등한 문화, 일-가정 균형 문화, 함께 키우는 공동돌봄 문화, 가족 다양성을 수용하는 문화를 지향하고 있음을 살펴보았다. 이는 목표로서의 가족문화라 할 수 있다.

한편, 가족문화 프로그램을 기획할 때 가족문화는 가족을 대상으로 한 문화 프로그램 기획이라는 포괄적 개념으로 접근할 수 있다. 가족문화 프로그램 기획에서 가족문화는 가족을 대상으로 한 문화 프로그램의 의미, 즉 도구의 의미로 접근된다. 다시 말하면 효과를 기대할 수 있는 문화 프로그램을 기획할 수 있는 방법에 대해 이야기해 볼 수 있다. 범위를 가족으로 한정한다는 점을 제외하면 문화 프로그램의 강점을 잘 활용하는 방법이라 할 수 있다. 가족서비스의 방법으로 사용하는 교육 프로그램이나 상담 방법과 비교할 때 문화 프로그램은 여러 가지 강점이 있다. 때문에 건강가정지원사업 안내(여성가족부, 2020)에서도 교육이나 상담 한 가지 방법으로 진행하는 것보다는 교육과 문화, 상담과 문화의 방법들을 혼용하는 통합적 성격의 프로그램을 권장하고 있다.

문화 프로그램이 갖는 가장 큰 강점은 참여자에게 즐거움을 줄 수 있다는 점이다. 다양한 문화 프로그램에 참여하여 활동을 하는 과정에서 프로그램에 특성에 따른 다양한 즐거움을 누릴 수 있다. 만들고, 그리고, 붙이고, 뛰어 놀며, 감상하는 등 다양한 활동에서 오는 즐거움을 스스로 느낄 수 있다. 또한, 문화 프로그램은 참여자가 활동의 주체가 됨으로써 목표 달성이나 높은 프로그램 효과를 기대할 수 있다. 교육 프로그램에서는 참여자들이 교육생의 입장이 되며, 상담에서는 피상담자가 된다. 이에 비해 직접 참여함으로써 이루어지는 문화 프로그램에서는 아빠와 아이들, 남편과 아내, 조부모와 손자녀 등의 가족들이 활동의 주체가 되기 때문에 프로그램에 대한 참여가 높고, 집중력을 갖는다. 그만큼 프로그램의 목표 달성이용이하다.

그러나 이러한 문화 프로그램의 특징은 프로그램 기획을 단지 문화체험 기회 정도로 여기고 기획에 대한 고민을 덜 하게 하는 경향을 만들기도 한다. 모든 프로그램의 기획은 문제 및 욕구 파악, 목표 설정, 프로그램 설계라는 단계를 거쳐 만들어야 한다.

문제 및 욕구 파악		목표 설정		프로그램 설계
• 객관적으로 프로그램의 개발이 필요하고 타당함을 제시 • 가족의 문제 발생, 이로 인한 사회적 문제 발생, 가족들의 요구 등을 기초로 함	→	• 프로그램을 통해 이루고자하는 목표 혹은 결과 • 기관이나 센터의 사회적 소명이나 목적과 부합 • 프로그램 평가기준 고려	→	• 목표 달성을 위한 방법, 서비스 대상자의 필요, 흥미, 능력을 고려 • 실용성, 효과성, 지역성 등 고려 • 프로그램 실행 과정을 고려

그림 11-11 프로그램 기획 과정

다른 프로그램과 달리 문화 프로그램의 강점과 효과성을 높이기 위해서는 기획 단계에서 다음과 같은 사항이 더 주의 깊게 고려되어야 한다.

첫째, 대상자의 욕구를 매우 구체적인 수준에서 파악하고 이를 프로그램 목표로 설정한다. 목표 설정을 위해 먼저 해야 할 것이 사업의 필요성에 대한 분석이다. 당연한 이야기이지만 일반적으로 교육 프로그램의 사업 목표가 문제에 초점을 맞추는 구체적 목표가 설정되는 데 비해, 문화 프로그램은 문화활동 체험 기회로만 인식하는 경우를 볼 수 있다. 문화 프로그램의 경우에도 이 프로그램이 대상자에게 왜 필요한지 그 이유가 분명해야 한다. 대상자가 겪을 것으로 예상되는 어려움이나 문제점, 그리고 그들의 욕구가 무엇인지 제시하여 프로그램 시행의 타당성을 입증

할 수 있어야 한다. 이때, 프로그램의 목표가 구체적이지 않다면 타당성이 입증되었다고 보기 어렵다. 예를 들어, 일-가정 균형이라는 목표는 지나치게 포괄적이다. 일-가정 균형을 위해 노력할 수 있는 방법들은 많다. 궁극적 목표는 일-가정 균형이 될 수 있지만, 개별 프로그램에서는 상위의 궁극적 목표가 아니라 해당 프로그램에서 달성하고자 하는 목표를 제시할 수 있어야 한다. 가족 사랑의 날 프로그램을 예로 든다면, 궁극적 목표는 일-가정 균형이지만, 해당 프로그램은 일-가정 균형을 이루는 데 있어 겪는 문제를 해결하기 위한 '자녀와 친밀하게 지낼 수 있는 노하우 경험하기', '아이와 함께 할 수 있는 취미활동 찾기' 등과 같은 하위 차원의 목표 설정이 필요하다. 프로그램 목표를 '아빠와 자녀가 함께 하는 놀이 프로그램'과 같이 단순히 아빠와 자녀가 함께 놀이할 수 있는 기회 제공으로 설정하고, 놀이를 위한 준비물과 장소, 진행자만 제공하는 것으로는 충분치 않다.

둘째, 문화 프로그램에 담는 활동은 하나의 소재일 뿐이다. 센터에서 문화 프로그램을 담당하는 실무자들이 하는 흔히 하는 실수는 문화 프로그램 기획이 활동을 정하는 것이라고 생각한다는 점이다. 문화 프로그램으로서 활동은 가족들에게 재미를 줄 수 있는 것이기에 대상 선정은 중요하다. 하지만 가족서비스로 진행하는 센터 문화 프로그램의 일차 목표가 재미가 될 수는 없다. 좀 과하게 이야기하자면, 문화 프로그램으로 어떤 활동을 시행하든 상관이 없다. 목표로 하는 바를 이루어내는 것은 노래 부르기, 그림 그리기, 모형 만들기, 바깥 활동하기 등 그 무엇이든 다 가능하다. 활동 안에서 프로그램이 목표하는 참여자들의 욕구나 문제가 해결되도록 '기획'을 하는 것이 필요하다. 예를 들어, 가족나들이를 활동으로 정했다고 했을 때, 나들이 장소와 준비물, 그리고 장소에 도착해서 간단한 게임하기, 점심 도시락 먹기, 보물찾기, 해산하기와 같은 일정만 계획하는 것은 엄밀히 말해서 가족서비스로서 문화 프로그램이라고 하기 어렵다. 가족나들이라는 활동을 이용해 문화 프로그램을 하게 된 이유가 무엇인지 명확해야 하고, 그 이유를 해결할 수 있는 구체적 기획 요소가 프로그램에 담겨야 한다.

셋째, 재미가 문화 프로그램의 일차적 목표는 아니라고 했지만, 문화 프로그램의 강점이 발휘될 수 있는 요소가 재미이다. 문화 프로그램에 담을 활동 선택을 할 때, 참여하는 가족들의 연령, 성별, 생애주기, 가족 유형 및 환경 등을 고려해야 할 것이다. 이들의 연령이나 성별에 따라 선호하는 활동이 다를 것이며, 한부모가족이기에 원하는 활동, 또는 다문화가족이 필요로 하는 활동이 있을 수 있다. 하지만 재미있는 문화 프로그램 기획에 있어 이러한 고려는 기본에 해당된다. 참여자들이 재미있다고 느끼는 수준을 높이려면 창의력이 요구된다. 문화 프로그램 기획이 어려운 이유이다. 그렇다고 해서 새로운 것을 창조해 내야 하는 것은 아니다. 무엇인가 조금 다른, 새로운 요소를 더하는 것으로 충분히 재미를 더할 수 있다. 이를 위해 문화 프로그램 담당자가 할 수 있는 방법은 우선 문화 프로그램 소재로 사용하기 위해 다양한 콘텐츠에 관심을 갖고, 흥미로운 자료들을 스크랩해 두는 것이다. 타 지역 가족센터에서 실시했던 프로그램뿐만 아니라 신문기사, 지자체 홍보 자료, 문화 프로그램 관련 기관에서 정기적으로 발행하는 온라인 또는 오프라인 자료들을 수집해, 적재적소에 활용할 수 있는 아카이브를 만들어 놓도록 한다.

3. 가족문화사업과 프로그램

1) 1인 가구 프로그램

가족정책 영역에서 가족서비스 전달체계는 가족문화를 계승하고 보완함으로써 가족의 기능 향상을 꾀한다. 따라서 가족센터를 통해 이루어지는 많은 프로그램들이 사회의 변화나 전통 문화, 가족의 가치를 반영하게 된다. 1인 가구의 증가로 인해 가족센터에서 진행되는 프로그램에 대해서 살펴본다.

(1) 소셜 다이닝

소셜 다이닝은 1인 가구의 생활이 증가하면서, 불규칙해진 식사와 불균형한 식사로 인한 가족구성원들의 건강 악화를 예방하고자 기획되었다. 따라서 기존의 식사를 굶는 사람들 또는 식사를 준비하기 어려운 사람들에게 음식을 제공하던 서비스와는 달리, 지역사회에서 사람들이 서로 만나 식사를 할 수 있는 기회를 제공하는 데 목표를 둔다.

소셜 다이닝 프로그램 운영을 위해서는 주방 시설 확보가 필요하지만, 없을 경우 야외에서의 바비큐 준비, 또는 김밥이나 비빔밥 등 사전에 각자 재료를 하나씩 준비해서 함께 만들어 먹는 방법, 샌드위치 등 불 없이 하는 음식 재료와 준비과정 선택 등 응용도 가능하다. 이를 위해서는 모둠별 마무리 시간에 각자 만들어 올 수 있는 재료를 뽑게 하고, 뽑은 재료에 대해서 준비과정을 프로그램 이후 서로 다양한 방식으로 공유하고 알려주는 방법도 안내한다면 다음 모임 전까지 계속 소통을 이어갈 수 있다.

1인 가구의 경우 혼자 준비하는 음식 준비와 혼자 식사에 따른 불편함 등을 많이 호소하고 있어, 특히 소셜 다이닝은 1인 가구에게 적합한 프로그램이다. 이때, 월 1회 또는 월 2회 등의 회기 수는 모임 참여자들의 특성과 수요에 따라 정하되, 프로그램 장기화를 위해서는 참여하는 각자의 재료비 부담과 수요 반영이 더 중요하다.

표 11-1 소셜 다이닝 프로그램 사례

소셜 다이닝 프로그램	
목표	• 지역 내 이웃과 함께 할 수 있는 지역활동 참여 기회의 제공 • 개개인의 식생활 유지의 중요성과 식생활 관리 역량 증진
회기	단회기 진행 / 음식 주제를 다양화해서 매주 마지막 주 수요일 운영
대상	• 남성 대상: 남성의 식생활 관리 역량 증진으로 양성평등한 가사분담 • 1인 가구 대상: 혼자 식자재를 준비하고 관리할 수 있는 역량 증진 • 노인 대상: 사람들과 대화하며 함께 식사할 수 있는 여가 시간 제공

단계	세부목표	활동내용	시간	사전 준비
도입	인사 나누기	• 모둠별 자기 소개하기(별칭 정하기 등) • 프로그램 취지 소개(필요시 모둠 구성) • 각자 오늘의 식사 회수와 식사 내용 나누기	10분	발표자 선물
전개	음식 만들기	• 재료 손질하기 • 음식 만들기 • 식사하기 • 정리하기	100분	요리실습 재료와 강사
마무리	소감 나누기	• 소감 나누기 • 다음 회기 음식 주제 추천하기 • 감사인사 나누기	10분	
주의		• 재료 손질이 서툴 때 서로 배려하는 소통법 • 모둠별 이야기 나누게 유도		

자료: 조성은 (2023). 1인 가구 사회적관계망 형성 운영 매뉴얼 개발. 한국건강가정진흥원.

그림 11-12 서울시 행복한 밥상 & 건강한 밥상 프로그램 사례

자료: 서울특별시 홈페이지

(2) 자원 공유 및 리사이클링

1인 가구의 경우 주거 공간이 규모가 크지 않을 경우, 큰 가전이나 자주 사용하지 않는 물품 구입을 주저하게 되고, 이로 인해 오히려 생활의 편의성을 누리는 데 어려워하기도 한다. 그리고 취업이나 학업을 이유로 이동이 잦아 이동이 쉽도록 주택을 관리하는 경향이 있고 쉐어 하우스도 증가 추세이다. 따라서 가족센터에서는 정리 공간의 부족과 어려움으로 정리 수납 교육, 또는 정리나 이삿짐을 함께 품앗이 하는 자조모임 등을 운영하기도 한다.

가구원 수가 줄어들면서 여럿이 힘을 합쳐 물건을 옮기거나 함께 하는 일이 어려워지기 때문에 외부에서 자원을 공유하려는 수요가 증가하고, 특히 잉여자원에 대한 나눔에 적극적이다. 환경적인 측면에서도 리사이클링이 촉진되며, 이를 계기로 지역주민들과 소통하고 만날 수도 있기에 이러한 수요를 프로그램에 반영할 수 있다.

표 11-2 캠핑을 주제로 한 물품 공유 안내와 활동 기획안

함께 해요, 캠핑, 함께 써요 물품	
목표	• 혼자 보다 여럿이 하기 좋은 활동을 할 수 있는 기회의 제공 • 개개인이 쓰지 않는 캠핑 용품과 캠핑 지식 공유 • 1인 가구의 야외 여가 체험 활동
회기	• 단회기를 캠핑 장소, 캠핑 음식을 다양화해서 캠핑은 년 4회 운영 • 캠핑 용품을 기증받고 자원을 빌려갈 수 있는 공간 연중 운영
대상	• 1인 가구 연령대별 모집: 청년층, 중년층, 노년층의 캠핑 활동 기획 • 가족별 모집: 가족단위 여가활동 프로그램으로 기획 • 아빠와 자녀 단위 모집: 남성 육아 역량 강화 프로그램으로 기획

단 계	세부목표	활동내용	시간	사전 준비
도입	인사 나누기	• 모둠별 자기 소개하기(별칭 정하기 등) • 프로그램 취지 소개(필요시 모둠 구성) • 안전수칙 알려주기	10분	프로그램 안내지
전개	식사 준비	• 재료 손질하기 • 음식 만들기 • 식사하기 • 정리하기	100분	요리실습 재료와 강사
	산책하기	• 보물찾기, 오징어 게임, 윷놀이 등 함께 할 수 있는 놀이장을 찾아다니며 모둠별 주변 둘러보기	100분	게임동선 게임도구
마무리	소감 나누기	• 소감 나누기 • 캠핑용품 기부 및 공유 안내 • 감사인사 나누기	10분	물품 보관 공간과 신청지
주의		• 외부활동일 경우 상해보험 가입 • 내부활동일 경우 안전주의		

자료: 조성은 (2023). 1인 가구 사회적관계망 형성 운영 매뉴얼 개발. 한국건강가정진흥원.

그림 11-13 광진구 1인 가구 지원센터 물품대여(공유) 온라인 신청 페이지

자료: 광진구 1인 가구 지원센터 홈페이지(www.1lifegj.or.kr)

물품 공유 신청 가입 회원의 수요와 가족센터의 물품 보유 공간 규모에 따라 공유 물품의 량과 내용을 결정할 필요가 있다. 특히 음식물을 나눔할 때는 각별한 냉장고 관리 및 상호 소통이 원활하도록 지원해야 한다. 한편, 캠핑은 야외에서도 가능하나 옥상정원이나 학교 운동장 등을 활용해 볼 수도 있으며, 지역 주민들이 지역의 풍경을 누리고 아낄 수 있도록 구성하는 것이 도움이 된다.

2) 전통문화 계승 프로그램

우리나라의 전통문화는 명절문화, 식생활문화, 주생활문화 등에서 이어져 오고 있고, 또 변화해가고 있다. 어느덧 많은 전통은 우리가 애쓰지 않으면 쉽게 공유하기 어려운 경우도 생겨나고 있다. 가족정책 영역에서는 가족이 문화를 함께 향유하고, 만들고, 이어가는 것을 다양한 프로그램으로 지원하고 있다. 또한 새로운 문화를 창조하는 데도 앞서고 있다.

(1) 음식문화 계승하기

음식은 사람들이 모여 함께 하고, 많은 일상에서 관심 있어 하는 소재이다. 특히 우리나라에서 김장, 장 담그기는 연중행사로 과거 가족 내에서도 큰 행사로 여겨지던 활동들이다. 이것을 프로그램으로 기획해서 지역 행사에서 다문화 가족에게 한국 음식 문화를 소개하는 프로그램으로, 또는 음식을 만들어 이웃과 나누는 자원봉사 프로그램 등으로 활용되고 있다.

김장 담그기 체험은 가족센터 외에도 많은 이벤트 프로그램이나 행사로 다양하게 기획되고 운영되고 있다. 배추김치 이외에, 파김치, 깍두기, 동치미, 백김치 등 시리즈물로 1인 가구 월 1회 정기 프로그램으로 운영이 된다면 1인 가구 식생활 지원을 통해 지역활동에 참여하는 기회도 만들고, 전통문화를 계승하고 확산하는 효과도 기대할 수 있다. 또한 김치를 만들기 어려운 노인 가정 등에 전달할 수 있다면 지역봉사 활동과 나눔으로도 확장할 수 있는 프로그램이다. 김장 이외에도 떡국 끓이기, 만두 만들기, 송편 빚기, 경단 만들기 등도 가족센터 프로그램에서 활용될 수 있다.

표 11-3 김장 담그기 프로그램 기획안

김장 담그기 프로그램	
목표	• 지역 내 이웃과 함께 할 수 있는 지역활동 참여 기회의 제공 • 우리의 음식 김장 만드는 체험을 통한 한국 문화 알려주기
회기	단회기
대상	• 남성 대상: 남성의 식생활 관리 역량 증진으로 양성평등한 가사분담 • 1인 가구 대상: 혼자 준비하기 어려운 김장을 함께 하며 이웃과 교류 • 노인 대상: 김장을 통해 이웃을 만나 이야기 하고 교류하는 시간 제공

단계	세부목표	활동내용	시간	사전 준비
도입	인사 나누기	• 모둠별 자기 소개하기(별칭 정하기 등) • 프로그램 취지 소개(필요시 모둠 구성)	10분	김치통 절인 배추 주방섭외
전개	김장하기	• 재료 손질하기 • 배추 속 만들기 • 배추 버무리기 • 돼지고기 삶기 • 함께 먹고 정리하기	100분	속재료와 도마, 칼 등 수량 확보 강사
마무리	소감 나누기	• 소감 나누기 • (필요한 가구에게 김장 전달) • 감사인사 나누기	10분	
주의		• 재료 손질이 서툴 때 서로 배려하는 소통법 • 모둠별 이야기 나누게 유도		

자료: 조성은 (2023). 1인 가구 사회적관계망 형성 운영 매뉴얼 개발. 한국건강가정진흥원.

그림 11-14 김장 체험 프로그램 사례

자료: 평택시민신문 (2023.11.30). 평택시 로컬푸드재단 다문화가족과 함께한 김장 체험.

(2) 놀이문화 계승하기

가족센터에서 가족단위 놀이 프로그램으로 가장 많이 기획되는 프로그램은 윷놀이이다. 윷을 만들고 윷의 규칙을 정하는 것부터 시작해서, 가족 규칙 만들기로 연결하기도 하고, 윷놀이라는 남녀노소 함께 할 수 있는 프로그램을 통해 가족여가 활동 방법을 알려주기도 한다.

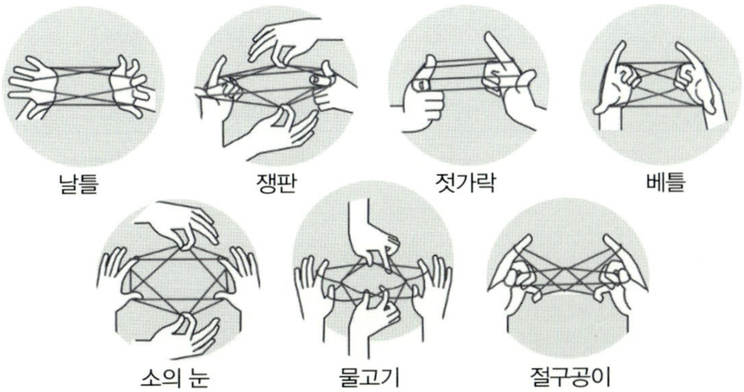

그림 11-15 한국 전통 놀이 실뜨기

자료: 전통문화포털(kculture.or.kr)

표 11-4 전통 놀이 체험 프로그램 기획안

전통 놀이 체험 프로그램	
목표	• 혼자 보다 여럿이 하기 좋은 활동을 할 수 있는 기회의 제공 • 전통놀이 체험 기회 제공 • 세대간, 가족간 공통 체험 여가 활동
회기	놀이별 단회기 구성, 또는 한 회기에 다양한 놀이 구성 기획 가능
대상	• 1인 가구 모집: 함께 하는 지역 참여 활동 기회 • 가족별 모집: 가족단위 여가 활동 프로그램으로 기획 • 아빠와 자녀 단위 모집: 남성 육아 역량 강화 프로그램으로 기획

단계	세부목표	활동내용	시간	사전 준비
도입	인사 나누기	• 모둠별 자기 소개하기(별칭 정하기 등) • 프로그램 취지 소개(필요시 모둠 구성)	10분	놀이 재료
전개	놀이 규칙 정하기	• 놀이 규칙 설명하기 • 강사가 질문하고 어린이가 맞추기 • 놀이 도구 만들기	10분	선물
	체험하기	• 규칙에 따라 함께 놀기 (윷놀이, 공기놀이, 실뜨게 놀이, 딱지치기, 연날리기, 제기차기 등)	80분	놀이도구
마무리	소감 나누기	• 소감 나누기 • 함께 할 수 있는 놀이 소개해 보기 • 감사인사 나누기	10분	
주의		• 가족이 함께 인증 사진 올리기 등을 통해 계속 활용하도록 하는 후속 조치 필요 • 놀이 시 지나친 승부경쟁이 되지 않도록 주의		

자료: 조성은 (2023). 1인 가구 사회적관계망 형성 운영 매뉴얼 개발. 한국건강가정진흥원.

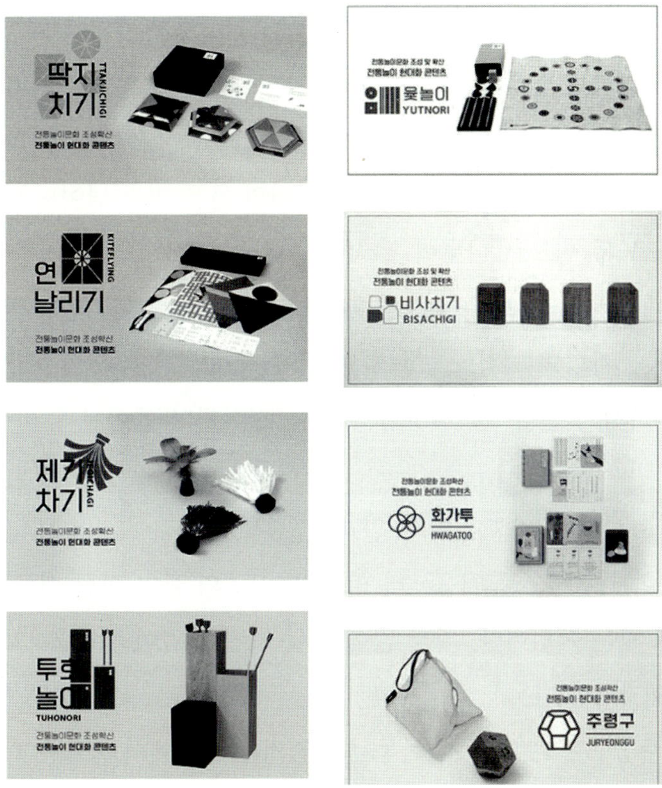

그림 11-16 한국 전통 놀이들

자료: 전통문화포털(kculture.or.kr)

- **연날리기:** 연을 만드는 작업, 연을 날리는 활동을 프로그램에서 활용할 수 있으며, 연싸움 등을 통한 승부를 건 활동으로 단체전으로도 만들어 볼 수 있다.
- **딱지치기:** 다양한 용지로 딱지 만들기와 딱지치기 놀이, 딱지치기 왕 찾기 등을 프로그램 목표에 맞춰 운영해 볼 수 있다.
- **제기차기:** 가위, 바위, 보를 통해 제기 재료를 선택하게 하고, 제기를 만들어 보게 운영할 수 있으며, 아버지가 아이와 번갈아 가며 차는 등 다양한 규칙을 만들어가며 놀이를 할 수 있다.

- **투호 놀이**: 야외활동 시 활용하기 좋으며, 투호 성공 숫자를 게임이나 상품과 연결해서 재미를 추가해볼 수 있다.
- **비사치기**: 많이들 비석치기로 알려져 있지만 사전에는 '비사치기'로 나온다. 비사치기는 작은 돌을 차거나 던져서 상대의 돌을 먼저 넘어뜨리는 놀이이다. 참가자들을 두 편으로 나누어 두 편은 나란히 선을 그리고 기준선에 서서 팀원이 상대편의 돌을 모두 맞추면 다음 단계로 넘어간다. 돌을 맞추지 못하면 상대편에게 기회를 넘긴다. '두 발로 뛰어 상대방 비석을 맞춘다', '발등에 돌을 얹고 가서 맞춘다' 등 다양한 규칙을 정하거나 뽑아가며 놀이를 해볼 수 있다.
- **화가투**: 조선시대 카드놀이라 알려진 전통놀이로 시조놀이라고도 알려져 있다. 사회자가 시조를 처음부터 읽으면, 시조의 끝이 적힌 패를 바닥에 30장 깔아놓고 찾는 게임이다. 가장 많이 패를 가진 사람이 이기고 그 사람이 다음 판의 사회자가 된다.
- **주령구**: 주령구는 1975년 경주 동궁과 월지(안압지)에서 출토된 14면체의 참나무 주사위이다. '술을 마실 때 그 방법을 알려주는 주사위'라는 뜻으로 붙여진 이름이다. 직경 5센티미터 정도의 작은 크기로, 정사각형 면 6개와 정육각형 면 8개로 구성돼 있고, 각 면에 여러 놀이 규칙이 적혀 있다. 주령구는 일반 주사위와 달리 사각형과 육각형 면이 섞여 있지만, 모든 면의 면적을 거의 같게 제작해서 각 면이 나올 확률은 1/14로 비슷하다. 주령구는 신라 상류층의 놀이 문화임을 알려주며, 벌칙을 만들어서 붙여가며 프로그램 참여자들이 소통하고 과정을 즐기게 기획해 볼 수 있다.

그림 11-17 신리시대 놀이기구 '주령구'

자료: 전통문화포털(kculture.or.kr)

전통 놀이는 이미 사람들에게 많이 잊혀지고 있는 것들도 있다. 우리가 하는 각각의 놀이를 어린이의 발달 연령에 맞추거나 노년기 신체 활동량에 맞춰 기획하는 등 다양한 응용이 가능한 프로그램이다. 학령기 아이들이 좋아하는 보드게임도 부모와 함께 하는 프로그램에 도구로 활용해서, 부모들의 어릴 적 놀이와 자녀들의 놀이를 세대가 모두 다 같이 경험하게 한다면 서로 이야기 거리가 많아질 수 있다.

3) 가족다양성 수용을 위한 프로그램

(1) 다문화가족을 위한 프로그램

다문화가족을 위한 프로그램은 크게 두 가지 방식으로 구성된다. 하나는 우리나라에 와서 한국인과 결혼하여 자녀를 낳고 키우며 생활하는 '다문화가족'과 거주 외국인들이 자국의 다양한 문화를 알리는 인식 개선과 차별을 해소하기 위한 다문화 알림 축제 및 홍보 프로그램이다. 다른 하나는 다문화가족과 외국인 유학생 및 노동자 등이 한국 생활에 잘 적응할 수 있도록 생활 적응 및 한국어 교육을 지원해

주는 프로그램이다.

우리나라의 명절 문화 계승을 위한 문화 프로그램이 있다면, 과거 다문화가족지원센터에서 지역가족센터로 통합되면서 다문화가족의 음식을 먹고 이해하기 위한 프로그램도 가족센터에서 많이 이루어지고 있다. 특히 지역축제에서 지역 내 여러 나라의 결혼이민자들이 각 나라의 전통음식과 복장, 전통놀이를 서로 체험해 보는 프로그램을 진행하고 있는데 지역주민들에게 큰 인기를 얻고 있다. 예를 들어 베트남 음식으로는 월남쌈 만들기가 가장 많이 활용된다. 또 지역축제에서 각 나라 전통의상을 입고 사진을 찍거나 전통놀이 도구나 음악을 서로 소개하면서 축제의 장을 펼치기도 한다. 또한 서로 만나면 각 나라의 말로 인사하기 위해 각자 등 뒤에 출신국을 써서 붙이고, 만나면 각 나라 말로 인사를 교환하며 서로 어울릴 수 있는 기회를 만드는 프로그램도 실시된다.

아이들이 부르기 쉬운 노래들을 결혼이민자 엄마들이 알려주며, 노래에 따른 율동이나 게임을 배우는 시간으로 활용해도 된다. 아이들을 이중언어 환경에 노출시키기 좋은 프로그램이며, 공동육아나눔터 등에 엄마와 아기가 함께 있을 때 서로 알려주기 좋다. 서로 다른 언어를 사용하는 아이들이 모여 장난감을 갖고 놀게 하면 아이들의 놀이시간이 되는 것뿐 아니라 아이들과 함께 온 부모들이 또래 자녀를 둔 다른 부모들과도 가까워질 수 있다는 장점이 있다.

또한, 한국 엄마들이 동요를 불러주면 결혼이민자들이 한국어를 더 빨리 습득하기도 한다. 공동육아나눔터에서는 정형화된 프로그램보다 다양한 제안으로 부모들이 서로의 문화를 익힐 수 있는 동기부여나 제안 정도로도 충분히 좋은 프로그램이 진행될 수 있다. 또한 다문화는 지자체 단위의 대규모로 진행되기도 한다.

시민주도형 "제2회 안산 국경 없는 마을 시끌북적 다문화축제"

29일 '제3회 성남시민과 함께 하는 세계문화 비빔축제' 열린다

그림 11-18 지역사회 주최 다문화 축제의 사례

자료: 인천일보(2016.10.06.), 경기일보(2015.08.26)

표 11-5 다문화 지역축제 프로그램 기획안

지역다문화축제 사업계획서	
1. 사업명	제3회 성남 시민과 함께 즐겨요 '세례문화비빔축제"
2. 사업 목표	여러 장르의 지역사회 예술단체(그림, 민요, 국악, 관현악, 플룻오케스트라, 합창, 오페라, 시조, 무용)들이 마음을 모아 시민들과 함께 다문화가족 및 이주민, 어린들을 대상으로 문화체험을 할 수 있는 교육 · 전시 · 체험 · 봉사활동 및 발표 기회의 장을 마련해 주므로 해서 다문화 가족에게는 자아 존중감 형성 및 자긍심을 고취시켜 주고, 글로벌 시대를 살아나가는 어린이들에게는 여러 나라의 음악과 춤을 보고, 듣고, 연주하고, 부르고, 맛보고, 즐길 수 있는 기회를 제공해 준다. 또한 예술문화 단체와 시민, 다문화 가족들이 지역에서 함께 생활한다는 마음으로 서로 화합하고 공감대를 형성할 수 있는 소통과 화합의 장을 마련하고자 하는 데 있다.

3. 사업 소개	1. 다문화 가족 노래자랑 2. 다문화 가족 우리말 겨루기 대회 3. 각 나라별 대표인물 전시회 4. 다문화 어린이와 한국 어린이가 함께 배우는 여러 나라 전통 음악 및 무용 교육 – 한국에 살면서 본국의 전통음악이나 무용을 잊고 사는 다문화 가족들에게 자기 나라의 음악과 무용을 되찾고 전달해 줄 수 있는 기쁨과 글로벌 시대를 살아가고 있는 우리나라 어린이들에게도 여러 나라의 문화를 체험하며 배울 수 있는 기회를 제공해 준다는 데 의의가 크다. – 성남시 어린이집 대상 (12곳) 나라별 강사 파견 교육(베트남, 몽골, 일본, 중국, 스리랑카, 태국, 한국 등) 5. 다문화 가족사진 촬영 – 상황이 좋지 않아 가족사진을 한 번도 촬영하지 못한 가족을 대상으로 가족사진을 스튜디오에서 촬영한 후 액자까지 증정함으로 해서 가족의 화목함을 돈독하게 해준다. 6. 다문화 가훈 써주기 – 다문화가정에게 가훈을 써서 족자로 제공해 주므로 해서 가정에서의 삶의 목표를 가지고 살아갈 수 있는 동기를 부여해 준다. 7. 공연 및 전시 – 여러 예술단체의 합동공연 – 교육 받은 어린이들의 발표 – 세계 민속 의상 쇼 – 나라별 특별공연 – 가족사진 및 가훈 전시 – 나라별 국기, 꽃, 인사말, 악기, 의상 등을 그린 후 전시
3. 사업 소개	8. 나눔과 채움의 열린 장터 – 나라별 먹거리 장터 – 의상 교환과 입어보기 체험 9. 화합의 장 – 함께 비벼 나눠 먹는 비빔밥 – 행사 참여자 전체가 어우러지는 강강술래와 대동 놀이
4. 사업 개요	• 주최: 분당사랑 A & C • 주관: 분당사랑 A & C • 협찬: 성남시민간어린이집연합회, 희망나눔재단, 한국다문화가족연구소, KOICA, 성남시자원봉사센터, 성남시다문화가족지원센터 • 후원: 성남시, 성남문화재단 • 사업 대상: 성남시민, 다문화가족, 성남시 민간어린이집 10곳

<table>
<tr>
<td>5. 사업
세부계획</td>
<td>
ㅇ 프로그램 기획(제3회 성남시민과 함께 즐기는 "세계문화비빔 축제"
– 주관: 분당사랑 A & C와 협력 단체(성남시민간어린이집연합회, 희망나눔재단, 한국다문화가족연구소)
– 일시: 2015. 4. 1.(수)~2015. 9. 12.(토) 3시~6시
– 장소: 어린이집 10곳, 성남시민사랑방, 성남시청 너른광장

– 사업내용
1. 교육
– 어린이집다문화강사 파견: 나라별 음악, 전래놀이 및 무용(어린이집 10곳)
– 다문화 어른 대상: 난타 및 사물
2. 전시
– 다문화 가족 자신 촬영 전시(베트남, 중국, 일본, 몽골, 태국, 방글라데시, 필리핀 등) 후 액자증정: 20가족
– 다문화 가훈 쓰기(전시 후 족자 증정): 20가족
3. 전체 행사
– 각 나라별 전통 무용 시범 공연
– 행사에 참여한 다문화가족들 즉석 사진 촬영
– 행사에 참여한 다문화가족들 즉석 가훈 써 주기
– 세계 여러 나라 의상 쇼
– 각 나라별 음악, 전래놀이, 무용 발표
– 세계 악기 체험
– 각 나라별 음식문화 체험 및 의상 입어보기 체험(공연 장터를 함께 열며, 시민들이 다문화 음식 및 의상입기 체험 등)을 할 수 있는 기회 제공
– 행사 참여 다문화가족과 함께 비빔밥 나눠먹기
– 시민들과 함께 어우러지는 강강술래와 대동놀이

ㅇ 사업계획: 각 장르별 대표 단체장과 협력팀이 역할 분담하여
– 각 나라별(무용과 전래놀이 및 민효 지도): 주 1회 지도
– 사진 촬영 및 전시(다문화, 이주민 가족 대상) 월 1회 사진, 공연에 참여한 가족 즉석사진 촬영, 공연장에 함께 전시
– 가훈 써주기 및 전시: 행사참여 다문화 가족 즉석 가훈 써주기
– 각 나라별 전통 공연
– 각 나라별 대표 인물 전시회
– 다문화 가족 노래자랑
– 다문화 가족 우리말 겨루기 대회
– 나눔과 채움의 열린 나눔 장터: 봉사단체와 다문화 가족들이 함께 장터를 열어, 음식문화 체험과 의상 입어보기 체험을 할 수 있는 기회를 제공함으로써 서로 친밀감을 가질 수 있도록 함
– 강강술래와 대동놀이
</td>
</tr>
</table>

<table>
<tr><td>5. 사업
세부계획</td><td>ㅇ 진행 방법
▶무대 공연
– 오케스트라 합동 각 나라별 민요 연주 및 축하 연주(5프로): 어린이집에서 교육 했던 전통 무용 및 노래 공연(12프로)
– 세계 여러 나라 음악 및 무용 특별 공연(5프로)
– 월 1회 전체 연습 후 합동 공연(다문화, 이주민 가족과 시민들이 함께 어울리는 공연)
– 어울림 한마당 (강강술래 및 대동놀이)
▶부스 체험 코너(20개)
– 사진 촬영 및 가훈 써주기
– 오다문화가족 및 이주민가족 자신과 가훈(월 1회 촬영 5월~9월) 전시. 공연장에 참여한 다문화가족 즉시 촬영 및 가훈 써주기(9월 12일)
– 나라별(국기, 악기, 의상, 인사말) 그린 후 전시
– 나라별 나눔과 채움의 열린 나눔 장터: 물물교환 형태의 나눔 장터
– 나라별 음식 체험: 봉사단체와 다문화 가족들의 도움을 받아 먹거리 제공(9월 12일)
– 각 나라별 악기 체험

ㅇ 협력 단체 사업 내용
– 오성남시 민간어린이집연합회(분당구, 수정구, 중원구) 다문화 어린이 많은 곳 선정 및 행사참여 협조
– 오한국다문화가족연구소: 나라별 전통무용 강사 파견 및 특별공연
– 오희망나눔재단: 다문화가족 사진 촬영 및 전시
– 오수묵향기: 다문화가족 가훈 써주기 및 전시
– 오KOICA: 세계 여러 나라 특별공연 및 행사 참여
– 오성남시다문화가족지원센터: 나라별 먹거리 체험, 의상 입어보기 체험 행사 참여
– 오성남시자원봉사센터: 나눔과 채움의 열림 나눔장터 행사 협조
– 오참여단체는 4월부터 1회~2회 회의를 통하여 성남시민과 함께 즐기는 “세계문화 비빔축제” 적극 협력
ㅇ 주민 참여 방법: 주민센터를 순회하며 “세계문화 비빔축제”를 위한 행사에 참여할 수 있도록 함</td></tr>
</table>

자료: 성남아트센터 http://images.app.google/3aTafv78vxWJnPdH7

(2) 한부모가족을 위한 프로그램

한부모가족을 지원하는 사업은 과거 주로 여성가족부에서 한부모가족, 조손가족 및 위기가족을 대상으로 직접 서비스 지원을 해오던 사업들을 2012년 ‘가족역량강화사업’의 명칭으로 통합하여 각 지역 건강가정지원센터에서 제공하고 있다. 건강가정지원센터를 중심으로 2015년 30개소에서 출발하여 연차적으로 통합가족센터로 사업수행기관이 확대되면서 2022년까지 93개소에서 서비스를 제공하였다. 2023년에는 '가족희망드림 지원사업'으로 명칭을 변경하여 1인 가구와 다문화가족까지 대상으로 포함하여 전국 98개소에서 서비스가 확대되었다.

주로 한부모가족을 위한 프로그램은 한쪽 배우자의 상실로 인하여 다른 한쪽 배우자와 미성년 자녀(18세 미만)로 구성된 가족의 형태이다. 따라서 한쪽 배우자(부 또는 모)의 상실로 인해, 한부모의 가장 역할과 부모 역할에서의 어려움 등 과중한 역할에의 적응 및 경제적 어려움과 자녀 양육의 어려움 등이 공통적 문제이다.

가족센터에서는 경제적 지원보다는 한부모가족을 대상으로 주로 가족기능 및 자립 역량 강화에 초점을 두고 사례관리 방식으로 서비스를 제공한다. 따라서 경제적 지원보다 자녀양육문제 및 부모-자녀관계 향상, 그리고 한부모가 과중한 역할 부담으로 심리적 어려움을 겪지 않도록 스스로 관리할 수 있는 교육 프로그램을 많이 지원하고 있다.

다음의 〈표 11-6〉은 한부모가족의 가족관계 향상을 위한 2일간의 교육 프로그램 중 하나로 한부모와 자녀가 함께 참여하는 프로그램의 사례이다.

표 11-6 한부모가정의 부모-자녀관계 향상 교육 프로그램 교육(안)의 사례

강의명	건강한 부모자녀관계 만들기
자료	– 강사 준비물: 강의 지침서, 교재, ppt – 수강자 준비물: 교재
강의 내용	– 선택으로서의 한부모가족 – 한부모와 자녀관계 – 한부모-자녀 간 의사소통
목적	– 한부모가족의 어려움을 토론하고 그 극복방법을 모색한다. – 사회 변화에 가족이 어떻게 대응해야 할 것인지, 특히 부모의 역할을 어떠한 중요성을 갖는지 인지하게 한다. – 자녀와의 원만한 관계 유지에 필요한 기술을 습득하게 한다.

주의 사항	– 부모–자녀 공동강의의 어려움은 두 집단에서 모두 쉽게 이해 및 공감할 수 있는 내용을 제시하여야 한다는 점으로, 특히 이들 관계를 주도적으로 이끌어가야 하는 부모의 책임을 강조한다.
도입 (5분)	– 강사의 자기소개, 출석 체크 – 질의응답 등 강의에의 적극 참여 협조 부탁. 기타 강의에의 주의점 설명
개관 (5분)	– 개략적 강의 주제 및 내용을 설명한다. – 교육 후 효과를 제시한다. – 진행될 강의의 절차, 방법 등을 설명한다.
전개 I (15분)	▶선택으로서의 한부모가족 – 최근 들어 한부모가족의 비율이 증가하면서 이들 가족 형태가 점차 일반화되고 있음을 설명한다. – 다양한 가족의 하나임을 설명 – 한부모가족의 최근 실태(증가추세, 사회적 관심 등) 설명
전개 II (30분)	▶한부모와 자녀관계 – 한부모가정의 어려움 지각에 대한 질문 – 세부적인 어려움에 대한 설명 1) 경제문제 2) 부모역할 과중 3) 자녀양육, 부모자녀관계 상의 어려움 4) 사회적지지 변화 – 한부모와 자녀관계의 중요성 강조 – 자녀 세대의 변화 설명 – 세대차에 관하여 부모 자녀 간 갈등에 대한 경험 질문 (인터넷이나 TV 사용 문제, 옷차림이나 전반적인 소비패턴에 관한 문제, 학습 욕구나 미래의 희망에 관한 문제 등) – 중간 정리
휴식 (10분)	휴식, 자유시간
전개 III (15분)	▶한부모자녀 간 의사소통 – 부(모)부재로 부모자녀 관계의 결손이 발생한 부분을 어떻게 상쇄할 수 있을까 설명하기 – 효율적인 의사소통이란 무엇이며, 부모자녀 간 갈등의 해결방안으로 의사소통이 왜 중요한지 설명한다. – 청소년과의 대화 시 금지조항 설명하기

활동 (25분)	▶의사소통 평가 및 실습 – 부모–자녀 대화 응답지 작성하기 – 가정에 부착할 긍정적 대화법 요목 제시하고 설명하기
마무리 (10분)	– 한부모 자녀 간 갈등 감소 방안을 총체적으로 결론짓는다. – 가장 중점적으로 개선해야 할 부분을 연습하도록 권고하고 가족원 간 상호평가가 계속적으로 이루어져야 함을 강조한다. – 현대사회에서 가족의 질적 기능이 더욱 중요해지고 있음을 강조하며, 한부모가정에서의 각 구성원의 역할을 지지해주고 종결한다.

자료: 한국가족상담교육단체협의회 · 한국가족상담교육연구소 (2004). 한부모가정의 부모–자녀관계 향상 교육 프로그램 보급–2004년 연구보고서.

11 참고문헌

강기정 · 김연화 · 박미금 · 송말희 · 이미선 (2009). **건강가정론**. 파주: 양서원.

김명자 · 계선자 · 김연화 · 박미금 · 박수선 · 유지선 · 이미선 (2009). **아는 만큼 행복한 결혼 건강한 가족**. 파주: 양서원.

김은지 · 김소영 · 선보영 · 성 경 · 양난주 · 김수정 · 김혜영 (2017). 지속가능한 돌봄정책 재정립방안 연구(1): 여성 · 가족 관점의 진단과 정책과제.

박주현 · 임상록 (2009). **건강가정정책론**. 서울: 파란마음.

여성가족부 (2020). 제4차 건강가정기본계획(2021~2025).

여성가족부 (2020). **건강가정지원센터 사업안내(I), (II)**.

조성은 (2007). **건강가정사업과 가족문화**. 중앙건강가정지원센터 자료집.

조성은 (2023). 1인 가구 사회적관계망 형성 운영 매뉴얼 개발. 한국건강가정진흥원.

조희금 · 김경신 · 정민자 · 송혜림 · 이승미 · 성미애 · 이현아 (2018). **건강가정론**. 서울: 신정.

차성란 · 정영금 · 정지영 · 윤소영 · 조성은 (2015). **가족정책론**. 파주: 양서원.

평택시민신문 (2023.11.30). 평택시 로컬푸드재단 다문화가족과 함께한 김장 체험.

건강가정지원센터 https://www.familynet.or.kr

광양시건강가정다문화가족지원센터 https://gwangyang.famiynet.or.kr

광진구1인가구지원센터 https://1lifegj.or.kr

국가법령정보센터 https://www.law.go.kr

다문화교육 다누리배움터 https://www.danurischool.kr

서울특별시 홈페이지 https://news.seoul.go.kr

여성가족부 https://www.mogef.or.kr

여주시건강가정다문화가족지원센터 https://yeojoo.familynet.or.kr

전통문화포털 https://kculture.or.kr

CHAPTER

12

가족문화의 선택과 창조

1. 가족이 변하면 가족문화도 변한다
2. 새로운 가족문화를 상상하다

Chapter 12 가족문화의 선택과 창조

1. 가족이 변하면 가족문화도 변한다

문화는 그 집단이 속한 사회라는 그릇 속에 담긴 내용물과 같다. 그릇 모양이 둥글면 그 안에 담긴 내용물은 둥글어지며, 네모난 그릇에는 네모난 내용물이 담기게 된다. 결국 그릇의 크기와 모양에 따라 그 내용물도 달라진다.

그런 의미에서 가족의 형태나 구조의 변화가 그 안에서 살고 있는 가족원의 생활양식, 즉 가족문화의 모습을 결정짓게 되는 것은 당연하다. 농경사회에서 대가족이 모여 함께 농사를 짓고 씨족이나 부족단위로 공동생산을 하는 경우에, 가정생활은 절기에 따라 다른 모습을 나타내고 마을단위 공동체와 함께 하는 생활문화가 당연하였다. 개인의 노동력을 통해 임금노동자가 증가하는 산업사회에서는 최소한의 가족단위로 살아가는 모습이 보편적이며, 핵가족 중심의 부모자녀관계 속에서 양육 문제나 부부간의 생활문화가 중심이 되었다. 점차 1인 가구의 수가 많아지고 혼자 사는 삶이 늘어나면서 1인 가구가 자신을 위해 투자하고 소비 지향적인 취미생활을 하는 소비문화의 변화뿐 아니라 외로움을 극복하기 위해 반려견과 반려식물, 그리고 공동체 생활을 찾는 새로운 방식도 주목받게 되었다.

이 과정에서 가장 주목할 만한 사실은 가족의 구조와 형태가 다양한 변화를 해왔다는 것뿐 아니라 개인의 일생 동안에도 매우 다양한 형태로 존재할 수 있다는 것이다. 생물학자 포트만(Portmann)에 의하면 인간은 동물에 비해 '생리적 조산아'로 태어난다고 한다. 대부분의 동물이 출생 후 짧은 시간 안에 자기 종족에 알맞은 기능을 발휘할 수 있고 고유의 본능으로 생활할 수 있지만, 인간은 태어난 직후 혼자 생존할 수 없고 주위의 어른이나 다른 누구(때로는 유인원이나 개와 같은 동물인 경우도 있다)의 보살핌을 받아야만 생존할 수 있다. 따라서 인간은 태어난 이후 자신을 돌보는 사람과의 애착(attachment)을 어떻게 형성하였느냐에 따라 성격, 언어, 정서발달에 영향을 받는다. 어렸을 때 누구에게서 어떻게 길러졌느냐에 따라 발달과정이 달라진다는 것이다.

태어난 아이들은 양육과 보호를 통해 생존이 가능하며, 양육과 보호 속에서 생활의 구체적인 방식을 배워나가게 된다. 이것이 곧 생활문화의 학습이다. 아이들은 처음 자신을 돌봐주는 주 양육자의 태도에 반응하게 된다. 여기서 주 양육자는 태어난 아이들의 부모가 되기 쉬우며, 주로 어머니인 경우가 많았다. 젖을 물리기 위해 안아주고 기저귀를 갈아주면서 이야기하며, 잠을 재우기 위해 토닥거리는 어머니의 행동과 언어에 대해 반응하여 웃고 찡그리며 울게 된다. 태어난 지 2개월이 되면 옹알이라는 형태로 입에서 내는 소리로 반응하며, 이에 대한 반응을 듣고 흉내를 내면서 언어의 형태로 세상과 소통하기 시작한다. 인간이 태어나면서 주위의 환경, 특히 양육자에 의해 영향을 받는다는 사실은 조산아에서 성숙된 인간으로 자라나기 위해서는 누군가의 보살핌이 절대적이라는 의미와 같다. 즉, 일정 기간 어린아이는 누군가의 보살핌을 받아야만 성숙한 성인으로 자라날 수 있다.

결국, 생리적 조산아로 태어난 우리 인간은 일정 시간까지 양육자로부터 돌봄서비스를 받아야 하는데, 이 과정에서 부모와 자녀의 관계로 살아가는 가족관계가 익숙해지지만, 청년이 되어 자신의 새로운 가족을 가지게 될 때 선택적으로 자신의 삶을 결정하는 사람들이 많아지면서 혼자서 살거나 결혼을 하거나 또는 동거를 하는 삶을 선택할 수 있다. 그리고 이러한 결혼과 가족관계도 지속되지 않을 수 있으며, 해체되거나 다시 결합되는 방식이 반복되기도 한다. 결국, 가족의 모습과 가정생활이 모두 같지 않으며, 다양한 형태나 양식을 나타내며, 또한 그것을 선택적으로 결정하여 스스로 만들어 나간다는 사실을 받아들여야 한다.

이 과정에서 과거-현재-미래의 가족문화가 변화하는 것은 물론, 현재 속에서도 매우 다양한 가족문화가 나타날 것이며, 그러한 다양한 가정생활과 가족문화를 어떻게 연구하고 분석해야 하는가에 대한 숙제가 남는다. 어떻게 보면 가족이 해체되었다는 말도 바람직하지 않을 수 있고, 결혼하지 않고 혼자 사는 사람들이 언젠가 결혼을 전제로 하는 삶을 살아가고 있다고 가정하는 것도 부자연스럽다. 절대적인 기준이 없는 상황에서 비교우위와 열등의 개념은 당연히 없을 것이며, 어떻게 사는 것이 바람직한가에 대한 가치 지향적인 방향성도 다양하다. 다만 개인들은 가족과 연계된 삶을 살아가면서 가족생활주기에 따라 생활할 수도 있고, 다른 사람들과는 다른 선택적 삶을 살수도 있으며, 그러한 선택적 결정 자체가 가족의 문화로 정착될 수도 있다. 이런 의미에서 가족문화에 대한 연구나 분석은 가족 자체에 대한 연구나 분석으로부터 시작해야 한다. 가족의 개념과 범위, 가족원 간의 관계, 가정생활과 관련된 환경적인 변화 등을 모두 이해하고 분석해야 그 생활양식으로 이해되는 문화적 특성을 이해할 수 있다.

2. 새로운 가족문화를 상상하다

앞으로 가족은 어떠한 변화가 가능할까? 미래학자들은 현재 가족제도의 변화에 대해 다양한 예측을 한다.

미래학자 파비엔 구 보디만(F. Goux-Baudiment)은 인간의 평균수명이 계속 늘어나서 2070년에는 120세까지 장수하는 사회가 되면서, 이러한 고령화 현상이 우리 사회의 결혼 형태나 가족제도를 모두 바꾸어 놓을 것이라고 예측하였다. 수명이 길어지면서 내가 선택하지 않아도 부부간의 수명이 다름으로 인해 연속적 일부일처제를 유지할 가능성도 높다고 한다(김경신, 2012). 여기서 연속적인 일부일처제란 현재의 일부일처제도는 유지하지만 파트너는 계속 바뀐다는 의미로 사용된다. 40대 남성의 높은 사망률과 결혼 20년차 이상 부부들의 황혼 이혼율의 증가를 보면, 사별이나 이혼으로 인한 재혼이 상대적으로 늘어날 수밖에 없을 것이다.

윌리엄 새들러(William Sadler, 2015)의 표현에 따르면, 장수혁명은 우리 생애 중간쯤에 새로운 30년의 기간, 즉 '서드 에이지'(the third age)를 어떻게 보내는가에 따라 성공적인 삶이 될 수 있을 것이라고 한다. "오늘날의 '21세기형 중년들'은 옛것과 새것의 경계선상에 살고 있다. 통념대로라면 나이 들어 늙어간다는 것은 퇴보한다는 것이라는 생각에 빠져 있어야 할 시기에, 제 3의 연령기라는 새로운 시기는 반드시 우리 인생에서 가장 길고 가장 멋진 시기가 될 수 있다." 따라서 마흔 이후 중년의 삶은 거북이처럼 자신의 능력이 부족한 일에 매달려 주변의 풍경과 나무 그늘을 놓치게 되는 생활에서 토끼처럼 자신이 잘하는 것을 먼저 이루어 놓고 자유시간을 마음껏 활용할 수 있는 생활로 전환되어야 한다. 그러한 전환이 이루어지지 않게 될 때 중년기의 위기와 새로운 갈등이 야기되는 것이다. 최근 한 정신과 전문의가 낸 『대한민국 가장을 위한 변명-마흔, 새로운 인생을 꿈꾸다』(김정일, 2006)에서 밝힌 사례들처럼, 현재 중년의 대한민국 남성들이 변화에 적응하지 못하고 여러 가지 심리적 문제와 질환을 겪게 될 것이다. 따라서 중년들이 늘어난 인생의 길이를 성공적으로 경험하기 위해서는 40대부터 새로운 인생을 계획해야 한다. 그러기 위해서는 가장 먼저 필요한 것이 이제까지 경주해온 일의 개념을 확대하고 삶의 영역과 균형을 잡는 일이다. 우리의 삶을 우리가 하는 일, 즉, 우리의 직업이라는 좁은 테두리 안에 끼워 맞추려는 지금까지의 생각에서 벗어나서, 우리가 진정으로 어떤 일을 하고 싶어 하는지 확인하고 이를 추구할 필요가 있음을 깨닫고 균형 있는 삶을 지향해야 할 것이다. 이에 대해 미하이 칙센트미하이(최인수 역, 2005)는 '몰입(flow)의 즐거움'을 찾으라고 권고하였고, 윌리엄 새들러(김경숙 역, 2015)는 '일의 포트폴리오를 확대'하여 '건강한 균형'을 이루라고 제안하였다.

한편, 결혼제도를 통해 유지해온 자녀 출산의 기능이 그대로 유지될 것인가에 대해서도 다양한 예측이 가능하다. 1997년 만들어진 영화 〈가타가(GATTAGA)〉는 인간의 미래 모습이 생물학적 탄생과 유전자의 선택적 탄생이 가능하며, 그러한 결정론적 선택이 삶의 시작과 살아가는 모습을 다르게 할 수 있다고 제시한다. 물론 영화의 결론은 운명을 결정하는 유전자는 없으며, 인간의 불완전성은 의지와 노력으로 꿈을 이룰 수 있다는 메시지를 전달하지만, 실제 그려지고 있는 미래의 삶의 모습과 그 안에서 가족의 모습과 생활상은 많은 시사점을 준다. 이 영화 속에서처럼 전통적인 가족관계 속에서 태어난 사람들이 열등한 것으로 취급받아 사회 하층부로 밀려나는 상황이 된다고 할 때, 가족의 모습과 그들의 삶의 양식은 어떠할까? 그러면서도 이 영화 속에서 형제와 부모자녀의 관계, 그리고 그들의 사랑이 그려지는 모습을 볼 때, 앞으로의 가족은 그 관계의 고유성이 유지될 수 있을까? 이런 다양한 상상력을 동원하게 된다.

먼 미래가 아니더라도 2020년 현재 한국 사회에서는 '정자 공여 시술을 통한 비혼 임신'에 대한 사회적 논의가 뜨겁다. 현행법상 미혼 여성이 임신하기 위해 정자를 기증받는 것이 불법은 아니지만, 국내에서는 부부가 아닌 경우 정자 기증을 받는 것이 사실상 불가능하기 때문이다. 2020년 현재 「생명윤리 및 안전에 관한 법률」(이하, 생명윤리법)은 정자 공여 시술 등 체외수정 시술을 위해 정자를 채취할 때 기증자, 시술 대상자, 배우자가 있는 경우라면 기증자 · 시술 대상자의 배우자 등의 서면동의를 받도록 하고 있다. 배우자의 동의는 '배우자가 있는 경우'에만 받도록 하고 있어 의무 규정은 아니다. 또, 생명윤리법은 금전 등을 조건으로 정자를 제공하는 것을 금지하고 있지만 이런 경우가 아니라면 미혼 여성이 정자 공여 시술을 받는 것은 법적으로 문제가 되지 않는다. 그러나 실제 의료 현장에서 미혼 여성이 정자 공여 시술을 통해 임신을 하는 것은 불가능에 가깝다. 이런 시술을 받을 수 있는 의료기관이 없기 때문이다. 대한산부인과학회는 보조 생식술 윤리 지침을 통해 법률적 혼인 관계에 있는 부부만을 대상으로 정자 공여 시술을 시행하도록 하고 있다. 또 대부분의 병원들도 자체 규정을 통해 부부 모두의 동의가 있는 경우에만 보조 생식술을 시행하고 있다(뉴시스, 2020.11.29). 따라서 앞으로 정부가 비혼 출산에 대한 가이드라인을 만들거나 이것을 관리하게 될 경우 보편적으로 확산될 여지가 크다.

분명한 것은 유전자의 기술이 진화하고, 기존의 부부관계 속에서 자녀가 출생하는 방법 이외의 대안적 방법을 선택하고, 수명을 늘리는 과학기술이 발달해도 인간이 가지는 삶의 고유성과 관계 속에서 확인되는 존재의 가치는 가족이라는 출발과 함께 한다는 것이다. 앞서 말한 대로, 인간은 태어날 때부터 스스로 직립하고 독립할 수 있는 존재가 아닌 생리적 조산아로서 누군가의 돌봄을 통해 성장하고 독립할 수 있는 역량을 길러가기 때문이다. 그 환경의 근원이 가족이라는 관계 속에서 이루어진다고 볼 때, 미래 사회의 다양한 상상 속에서도 가족의 삶과 가정생활을 함께 그려낼 수 있는 것이다.

그러나 대리모, 냉동정자 은행, 유전자 조작 등의 과학기술의 변화는 가족과 결혼관계에 대해 부모됨, 남편과 아내의 역할, 결혼시기 등과 같은 기존의 가치나 개념에 대해 변화가 필요함을 깨닫게 한다. 가족의 범위를 함께 사는 반려동물까지 포함할 것인가? 사이버상에서 만난 사람들이 현실 세계의 가족과 같이 서로의 일상사를 꼼꼼히 챙겨주는 사이버 가족모임을 일컫는 '사이버 팸(cyber fam)'이나 사용자가 아바타로 3차원 환경을 돌아다니며 채팅이나 각종 게임을 통해 자신이 속한 가정, 기업, 사회, 국가를 만들기도 하는 가상세계 서비스인 '세컨드 라이프(second life)'와 같은 현상이 이미 존재한다고 볼 때, 그 변화의 속도를 어떻게 수용할 것인가?

앞으로 인간의 삶 속에서 가족의 의미는 무엇이며, 그 생활은 어떻게 변화할 것인가에 대해 계속 연구하는 것이 가족문화를 이해하는 데 가장 기본적이다. 따라서 미래사회에 대한 예측과 혁신을 다루는 학문 분야와 가족문화 연구는 깊게 연관되어 있다. 트렌드를 분석하고 미래를 예측하며 환경 변화를 분석하는 데 많은 지원과 참여가 필요한 이유이다.

12 참고문헌

김경신 (2012). 100세 사회: 가족의 미래, 가족생활의 변화. 2012년 대한가정학회 제65차 추계학술대회 자료집, 13~31.

김정일 (2006). **대한민국 가장을 위한 변명(마흔 새로운 인생을 꿈꾸다)**. 서울: 청년정신.

미하이 칙센트미하이 (2005). **몰입, FLOW: 미치도록 행복한 나를 만난다**. 최인수 역. 서울: 한울림.

윌리엄 새들러 (2015). **서드 에이지, 마흔 이후 30년: 마흔 이후, 인생의 2차 성장을 위한 여섯 가지 원칙**. 김경숙 역. 서울: 사이.

윤소영 · 정영금 · 정지영 · 조성은 · 차성란 (2012). **가족변화의 문화적 영향과 정책적 시사점**. 한국 가족변화의 특징과 전망 협동연구(경제 · 인문사회연구회 기획 협동연구총서).

차성란 · 정영금 · 정지영 · 윤소영 · 조성은 (2015). **가족정책론**. 파주: 양서원.

뉴시스 (2020.11.19). 사유리가 선택한 비혼 출산. 불법 아니어도 국내에선 어렵다.

부록

appendix

전통놀이를 활용한 새로운 콘텐츠

1. 전통놀이 이해하기
2. 전통놀이와 현대놀이의 특성 비교
3. 전통놀이의 가치
4. 전통놀이의 활용
5. 전통놀이의 현대화 작업

appendix

부록 | 전통놀이를 활용한 새로운 콘텐츠

1. 전통놀이 이해하기

전통놀이에서 사용되는 '전통'은 계통을 받아 전하거나 또는 이어받은 계통, 관습 가운데서 역사적 배경을 가지고 높은 규범적 의의를 지니는 것으로 정의된다. 따라서 전통놀이는 우리나라의 시대적인 배경과 의식, 삶의 형태에 있어서 대표적인 놀이를 의미한다. 전통놀이라고 규정할 수 있는 시대적인 범위는 일반적으로 1945년 이전까지로 보는 것이 일반적이며, 이 시기는 전통사회의 일반적 특징 및 전통 가족사회의 특징이 존속했던 시대로 볼 수 있다.

표 1 대표적 놀이문화의 시대적 구분

전통 놀이문화	근세 놀이문화
윷놀이, 팽이치기, 제기차기, 널뛰기, 차전놀이, 줄다리기, 강강술래 등	고무줄놀이, 깡통차기 등

전통놀이라고 하면 민속놀이라는 용어와 혼동하기 쉬운데, 실제 전통놀이와 민속놀이의 개념은 놀이와 관련된 책이나 연구논문에서도 명확한 개념을 정의하고 있지 않고 때로는 혼재되어 사용되고 있다. 민속놀이에 대한 학자들의 견해도 다양하게 나타나고 있으나, 그 중심에는 민간에서 전승된다는 공통성을 가지고 있다.

그러나 전통놀이와 민속놀이의 가장 근본적인 차이는 민속놀이란 놀이의 분류로서의 개념이 아니라 놀이 중에 '민속'이라는 특징을 가진 어떤 놀이군을 말하며 그 주체가 민중이 되는 놀이를 말하는 것이다. 현대사회에서는 전통놀이와 민속놀이를 별개로 구분하지 않고 혼용하여 사용하고 있으며, 그 내면에는 놀이 자체의 속성인 '재미'와 '자발성'의 내용을 모두 포함하는 것을 기본으로 한다.

결국, 전통놀이의 개념은 민속놀이와 별개로 구분하지 않으며, 단지 현대놀이와 대립되는 개념으로 사용된다. 즉, 전통놀이는 예로부터 전승된 모든 놀이 중에 민간과 양반, 아이와 어른을 모두 포함(주체의 문제)하고, 향토와 중앙 모두를 포함(분포의 문제)하며, 하나의 놀이 형식으로 정착되어 후대에 계속 이어지는 놀이로 정의될 수 있다.

전통놀이는 크게 놀이의 목적, 유형, 대상, 도구 유무, 시기 등에 따라 분류될 수 있다. 우선, 놀이의 목적에 따라 축제 목적, 점술 목적, 육아 목적, 자기 목적, 노동 목적, 예술 목적 등으로 분류할 수 있다. 그리고 놀이의 유형에 따라서는 신체단련형, 경합쟁취형, 모의재현형, 의례지향형, 다면복합형으로 분류할 수 있다. 한편, 전통놀이는 도구가 필요한가에 따라 도구놀이와 비도구놀이로 구분된다. 비도구놀이는 주로 집단형태로 이루어지는 축제 목적의 놀이이거나 의례지향형의 놀이가 포함된다.

표 2 놀이 목적에 따른 전통놀이의 분류

구분	종목
축제 목적	강강술래, 놋다리밟기, 고싸움, 그네뛰기, 널뛰기, 제기차기, 꼴따먹기, 연날리기
점술 목적	굿놀이형: 산제, 동신제, 횃불점 / 재미형: 윷점풀이
육아 목적	닭싸움, 말타기, 팽이치기, 땅따먹기, 공기놀이, 실뜨기놀이
자기 목적	화전놀이, 가위바위보, 윷놀이, 장기
노동 목적	김매기, 모심기, 길쌈 등의 두레놀이형
예술 목적	탈춤, 가면극, 탈놀이

자료: 최성환 · 최인자 (2006). 놀이의 해석학.

표 3 놀이 유형에 따른 전통놀이의 분류

구분	종목
신체단련형	널뛰기, 그네뛰기, 줄타기, 접시돌리기, 줄넘기, 들돌들기, 뜀뛰기, 씨름, 택견, 수벽치기, 팔씨름, 발차기, 뛰어내리기, 물구나무서기, 제기차기
경합쟁취형	장기, 바둑, 화투, 골패, 살랭이, 곱새치기, 고누, 종경도놀이, 공기놀이, 돈치기, 낫치기, 나무치기, 엿치기, 줄다리기, 팔매싸움, 횃불싸움, 동채싸움, 쇠머리대기, 고싸움, 박시싸움, 꼬꺠싸움, 달봉뛰기
모의재현형	가래질하기, 방아찧기, 풍물굿놀이, 두꺼비집짓기, 소꿉장난, 풀각시놀이, 피리만들기, 풀물들이기, 사람이나 동물 그리기
의례지향형	지신밟기, 달집태우기, 기세배, 연등놀이, 관원놀이
다면복합형	윷놀이, 연날리기, 귀신쫓기, 쌍육놀이, 종경도놀이

자료: 윤소영 (2008). 전통놀이를 활용한 여가문화 콘텐츠 개발방안 및 정책방향.

표 4 도구 사용 유무에 따른 전통놀이의 분류

구분	종목
도구놀이	가마싸움, 거북놀이, 고싸움, 골패, 공기, 공놀이, 구슬치기, 그네뛰기, 긴줄넘기, 꼭두각시놀이, 널뛰기, 농주, 도롱태굴리기, 딱지치기, 망차기, 못치기, 바둑, 바람개비, 반지놀이, 봉숭아물, 불꽃놀이, 비석치기, 사자놀이, 산가지, 쇠머리대기, 승경도, 쌍륙, 썰매타기, 씨름, 연날리기, 오목, 유객주, 윷놀이, 자치기, 장기, 장치기, 제기차기, 죽마놀이, 죽방울받기, 줄다리기, 줄뛰어넘기, 쥐불놀이, 차전놀이, 칠교, 탈놀이, 투호, 팽이치기, 호드기불기, 화가투, 활쏘기, 횃불싸움
비도구놀이	가마타기, 강강술래, 강건너기, 개뼉다귀, 고누, 고백신, 고을모둠, 그림자놀이, 기세배, 까막잡기, 꼬리잡기, 놋다리밟기, 다리밟기, 다리헤기, 달맞이, 달팽이, 닭살이, 닭싸움, 도둑잡기, 돈치기, 돼지씨름, 두꺼비집, 땅따먹기, 말놀이, 말타기, 망줍기, 보놀이, 석전, 손뼉치기, 수건돌리기, 수박따기, 술래잡기, 숨바꼭질, 실뜨기, 씨름, 왕대포, 월월이청청, 진놀이, 쫄기접시, 천렵, 콩쥐팥쥐와 태극기, 택견, 통차기, 풀각시놀이, 풀묻기, 화전놀이

자료: 윤소영 (2008). 전통놀이를 활용한 여가문화 콘텐츠 개발방안 및 정책방향.

전통놀이는 놀이의 대상에 따라 개인과 집단으로 분류할 수 있으며, 개인놀이는 다시 성인놀이와 아동놀이로 구분된다. 전통놀이는 성별에 따라서도 구분된다. 남자들은 '치기'와 '차기' 중심의 공격적이고 격렬한 놀이를 주로 하는 반면, 여성의 경우 '놀이'와 '뛰기' 중심의 손놀림을 많이 쓰고 다소 율동적인 동작의 놀이를 주로 한다. 그러나 세월이 흐름에 따라 관습의 벽과 성차별이 차츰 극복되면서 전통놀이는 남녀 구분이 분명하지 않은 경향을 보이고 있다. 한편, 전통놀이는 세시풍속(歲時風俗)과 밀접하게 연관되어, 5대 명절에 주로 하는 세시놀이와 일반적인 대동놀이로 구분할 수도 있다.

표 5 놀이 대상에 따른 전통놀이의 분류

구분		종목
개인놀이	성인놀이	널뛰기, 그네뛰기, 줄타기, 접시돌리기, 줄넘기, 들돌들기, 뜀뛰기, 씨름, 택견, 수벽치기, 팔씨름, 발차기, 뛰어내리기, 물구나무서기, 장기, 바둑, 화투, 골패, 살랭이, 곱새치기, 가래질하기, 방아찧기, 풍물굿놀이, 윷놀이, 연날리기, 귀신쫓기, 쌍육놀이, 종경도놀이
	아동놀이	제기차기, 널뛰기, 그네뛰기, 고누, 공기놀이, 돈치기, 낫치기, 나무치기, 엿치기, 두꺼비집짓기, 소꿉장난, 풀각시놀이, 피리만들기, 풀물들이기, 사람이나 동물 그리기
집단놀이		자치기, 장치기, 비석치기, 진놀이, 꼬리잡기, 노랫말, 널뛰기, 숨바꼭질, 줄다리기, 팔매싸움, 횃불싸움, 동채싸움, 쇠머리대기, 고싸움, 박시사움, 꼬깨싸움, 달봉뛰기, 지신밟기, 달집태우기, 기세배, 연등놀이, 관원놀이

자료: 윤소영 (2008). 전통놀이를 활용한 여가문화 콘텐츠 개발방안 및 정책방향

표 6 성별에 따른 전통놀이의 분류

구분	종목
남자놀이	강건너기, 개뼈다귀, 고백신, 고을모둠, 구슬치기, 달팽이, 닭싸움, 도둑잡기, 도롱태굴리기, 돈치기, 돼지씨름, ㄹ자놀이, 말타기, 못치기, 바람개비, 썰매타기, 여러 가지 씨름, 왕대포, 자치기, 제기차기, 죽마놀이, 죽방울받기, 진놀이, 쫄기접시, 팽이치기, 고싸움, 기세배, 농주, 바둑, 불꽃놀이, 석전, 쇠머리대기, 씨름, 유객주, 장기, 장치기, 줄다리기, 차전놀이, 투호, 활쏘기, 횃불싸움

여자놀이	공기, 닭살이, 손뼉치기, 실뜨기, 줄뛰어넘기, 강강술래, 그네뛰기, 널뛰기, 놋다리밟기, 월월이청청
공통놀이	가마타기, 기차놀이, 긴줄넘기, 까막잡기, 꼬리잡기, 다리헤기, 두꺼비집, 땅따먹기, 말놀이, 망줍기, 망차기, 반지놀이, 보놀이, 비석치기, 산가지, 수건돌리기, 수박따기, 술래잡기, 숨바꼭질, 칠교, 콩쥐팥쥐와 태극기, 통차기, 풀각시놀이, 풀묻기, 풀싸움과 꽃싸움, 호드기불기, 화가투, 거북놀이, 골패, 꼭두각시놀이, 다리밟기, 달맞이, 사자놀이, 쌍륙, 탈놀이, 화전놀이

자료: 윤소영 (2008). 전통놀이를 활용한 여가문화 콘텐츠 개발방안 및 정책방향

표 7 시기에 따른 전통놀이의 분류

<table>
<tr><th colspan="2">세시놀이</th><th>대동놀이</th></tr>
<tr><td>설날(1.1)</td><td>널뛰기, 윷놀이</td><td rowspan="5">• 가마싸움
• 강강술래
• 고싸움
• 다리밟기
• 석전
• 쇠머리대기
• 월월이청청
• 줄다리기
• 차전놀이
• 횃불싸움</td></tr>
<tr><td>대보름(1.15)</td><td>거북놀이, 고싸움, 놋다리밟기, 다리밟기, 달맞이, 바람개비, 쇠머리대기, 연날리기, 줄다리기, 쥐불놀이</td></tr>
<tr><td>청명(3.5)</td><td>화전놀이</td></tr>
<tr><td>단오(5.5)</td><td>그네뛰기, 봉숭아물들이기, 석전씨름</td></tr>
<tr><td>추석(8.15)</td><td>가마싸움, 강강술래, 월월이청청</td></tr>
</table>

자료: 윤소영 (2008). 전통놀이를 활용한 여가문화 콘텐츠 개발방안 및 정책방향.

2. 전통놀이와 현대놀이의 특성 비교

전통놀이는 그 특성과 장점이 많은 것에 비해, 오늘날까지 계속되거나 이어지는 사례가 많지 않다. 사회의 변화 속에서 놀이의 방식이나 대상, 주체에 대한 접근이 달라졌기 때문이다. 이에 윤소영(2008)은 전통놀이의 특성을 장점 차원에서 발견하고, 이에 대비되는 현대놀이의 문제점을 비교하고 있다. 이러한 비교는 현대 놀이

의 문제점과 한계를 극복하기 위해 전통놀이의 장점을 연계할 수 있는 방안을 만들기 위한 목적이 강하다. 이러한 특성 비교를 제시하면 다음과 같다.

우선, 전통적인 민속놀이는 자립성, 주체성, 평등성, 자연친화성, 생산성, 대면성, 대동성 등의 특징을 갖고 있다. 전통놀이의 행위는 생활상의 이해관계를 벗어나서 자발적으로 참여하는 비일상의 활동으로서 그 나름대로 재미가 있어야 하고, 다른 사람들을 끌어들이는 공감력이 있어야 하며, 모든 제한으로부터 일탈시켜 주는 자연스러움과 놀이 주체의 자발적인 참여가 보장되어야 한다.

- **자립성**: 전통놀이는 남녀노소 누구나 스스로 놀잇감을 확보할 수 있다. 놀잇감이 단순하고 그 소재를 쉽게 구할 수 있기 때문에 놀이하는 사람이 곧 놀잇감의 생산자가 될 수 있다.
- **주체성**: 누구나 자신의 연령과 성, 지위에 맞는 놀이를 즐길 수 있다. 이미 오랜 전통에 따라 다양한 입지에 상응하는 놀이 활동이 마련되어 있었기 때문에 각자에게 맞는 놀이를 선택하는 데 어려움을 겪을 일이 없다.
- **평등성**: 놀잇감을 장만하는 데 별도의 비용이 필요하지 않다. 연령과 성에 따라 구분은 되지만, 즐길 수 있는 놀이에 차등을 두지는 않는다. 따라서 놀이의 참여와 놀이 종목의 선택에서 상대적 박탈감을 느끼지 않는다.
- **자연친화성**: 놀이공간이 자연 그 자체일 수 있으며, 산천과 들판, 지하와 지상, 그리고 공중이 모두 놀이공간으로 활용되며, 놀잇감 또한 어디서나 쉽게 구할 수 있는 흙과 모래, 산과 들에 지천으로 피어난 꽃과 풀 등 자연 그 자체가 놀이 주체이자 놀잇감 그 자체가 될 수 있다. 따라서 자연은 놀이의 공간이자 놀잇감이고, 동시에 놀잇감의 공급처 노릇을 담당하고 있다. 전통놀이는 자연 속에서 자연과 더불어 놀고 스스로가 하나의 자연임을 인식하는 가운데 생명과 인간의 연대 및 상호의존을 확인하고 공생적 자연관을 체득할 수 있다.

- **생산성**: 아이들의 경우 놀이의 과정을 통해 공동체 문화의 전수자이자 수여자 그리고 창조자로서 교육을 받고, 어른들은 일과 놀이의 상생관계 속에서 노동의 고단함을 덜고 생산성을 높일 수 있다.
- **대면성**: 어느 수준에서 이루어지는 놀이든지 놀이 주체는 대개 마을이라는 소우주에서 함께 모듬살이를 하는 이들이므로, 항상 얼굴을 직접 마주 대하는 대면성을 바탕으로 이루어진다. 놀이의 상대가 같은 공동체의 구성원이었기 때문에 일정한 규율성이 지켜졌으며, 이 때문에 놀이의 존재를 위태롭게 하는 놀이 파괴자의 출현도 극히 드물었다.
- **대동성**: 놀이문화의 가장 큰 특징은 모두가 차별 없이 크게 하나된다는 대동성을 이념적으로 지향하고 있다. 대동은 인간뿐만 아니라 산과 자연까지를 포함하고 있으며, 이들이 함께 잘 사는 사회를 지향하는 공동체 문화 속에서 벌어지는 놀이는 자연스럽게 개별적이고 이기적인 성격을 지양할 수밖에 없다. 전통놀이는 근본적으로 공동체를 우선으로 하는 놀이 활동과 놀이 규칙이 우위에 있을 수밖에 없다.

한편, 한 인간이 태어나 공동체의 건강한 구성원으로 자라는데 필요한 제반요소를 두루 갖추고 있던 전통놀이와는 달리, 전통적으로 공동체가 해체된 가운데 벌어지는 오늘날의 놀이 활동은 의존성과 타율성, 차등성, 반자연성, 소비성, 일방성, 개별성 등을 특징으로 하고 있다.

- **의존성**: 현대사회에서 놀잇감의 확보는 놀잇감을 제작하고 판매하는 이들에게 의존하게 된다.
- **타율성**: 놀이 종목의 선택은 게임산업과 미디어, 그리고 교사와 부모의 통제와 선택 속에서 이루어진다.
- **차등성**: 현대사회에서 놀잇감의 질과 가격은 천차만별인데다 놀잇감이 확보되

어 있지 않으면 할 수 없는 놀이가 상당수이기 때문에 놀잇감의 확보와 놀이 종목의 선택에서 경제적 지위에 따른 차별적 현상이 나타난다. 경제적으로 열등한 사람은 고가의 놀잇감이 필요한 놀이에 접근할 수 없기 때문에 즐기는 놀이에 따라 신분과 계급의 차별성이 드러날 수 있다.

- **반자연성**: 현대의 놀잇감들은 대부분이 공장에서 생산된 것들이 대부분이며 그 재질 또한 플라스틱을 비롯해서 재활용이 불가능한 것들이 대부분이다. 또한 놀이공간도 특별한 경우를 제외하고는 실내이거나 콘크리트로 포장된 도시 공간이 대부분이기 때문에 현대의 놀이는 반자연적인 성격을 강하게 나타낸다.
- **소비성**: 현대사회에서 놀잇감은 하나의 상품으로서 유한성을 지니고 재활용이 불가능하기 때문에 생산성을 찾아보기 어렵다. 현대의 놀이문화는 여가산업에 편입된 경우가 많고, 이때 놀이는 그 자체가 하나의 상품으로서 놀기 위해 돈을 지불해야 하는 소비행위가 될 수밖에 없다.
- **일방성**: 현대사회 놀이문화의 두드러지는 특징 중에 하나가 일방성과 익명성의 문제이다. 대표적으로 프로스포츠 관람과 컴퓨터 게임을 들 수 있다. 프로스포츠의 관람자는 선수들이 일방적으로 제공하는 스펙터클을 소비하는 입장에 있으며, 경기의 과정에 개입할 수 없기 때문에 놀이로부터 관중의 소외가 발생할 수 있다. 컴퓨터 게임의 경우 아케이드게임은 인간과 컴퓨터가 소통하는 경우이고, 롤플레잉게임(RPG)의 경우 인터넷상으로 쌍방향 통신을 하면서 게임을 하지만, 이때의 쌍방향성은 직접적인 대면성과는 다르다.
- **개별성**: 현대 놀이문화에서 대동을 체험하는 것은 어렵다. 지역 연고의 스포츠 경기 응원이나 국가대항전의 응원행위에서 대리만족을 통해 대동과 유사한 체험을 하기는 하지만, 이것은 직접 참여를 통해 대동을 만들어 가던 민속놀이의 대동과는 질적으로 차이가 있다.

그림 1 전통놀이와 현대놀이의 특성 비교

자료: 윤소영 (2008). 전통놀이를 활용한 여가문화 콘텐츠 개발방안 및 정책방향. p.32.

3. 전통놀이의 가치

전통놀이는 아동의 발달단계에 따라 발달특징을 고려하고 발달과업의 성취를 돕도록 창안되었다는 점에서 교육적 가치를 발견할 수 있다. 또한 전통놀이는 복잡하지 않으면서 물질적인 소모 없이 규격화된 절차나 준비가 없어도 다양하게 이루어질 수 있는 놀이들이 대부분이기 때문에, 아동교육기관은 물론 어느 가정에서든 가족원들이 다함께 쉽게 할 수 있는 놀이가 될 수 있다.

구체적으로 전통놀이가 가지는 교육적 가치는 크게 정서 함양을 위한 사회문화적 가치와 신체 운동적 가치의 두 가지로 구분할 수 있다. 즉 전통놀이를 통한 사회성과 문화적 정서는 타인과의 공존을 학습하게 하고 규칙을 수용하며 질서를 창조한다는 사회문화적 가치를 가진다. 그리고 단지 자신이 속해 있는 공동체에 한정되는 것이 아니라, 인간의 삶에서 보편적으로 요구하는 더불어 사는 지혜를 터득하는 데 도움을 준다. 또한 놀이를 습득하고 즐기는 경험을 통해 순발력, 민첩성, 지구력, 근력, 평형성, 조정력 등 스스로 신체적 가치를 발현할 수 있다. 우리 민족 고유의 전통놀이가 교육적으로 널리 활용될 경우, 우리의 체질에 가장 적합한 놀이 방식으로 자리 잡을 수 있을 것이고 더불어 교육적 효과도 기대할 수 있다.

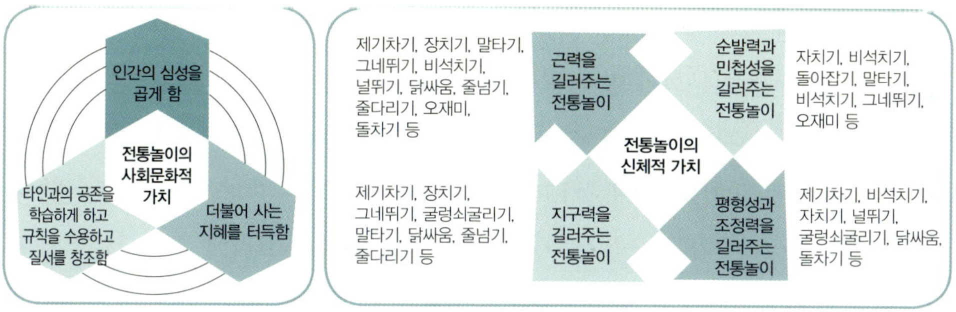

그림 2 전통놀이의 가치

자료: 윤소영 (2008). 전통놀이를 활용한 여가문화 콘텐츠 개발방안 및 정책방향. p.32.

결국, 전통놀이는 정서를 풍요롭게 하고 자아존중감을 발달시키며 더불어 신체적 건강과 운동 능력을 증진시키므로, 특히 아동의 전인적 발달에 기여할 수 있다. 물론 현대사회에서 즐기는 일반적인 놀이도 신체적 기능을 성장시켜줄 수는 있으나, 전통놀이는 자연물을 소재로 하여 활용되는 놀이라는 점에서 정서적 편암감과 친숙함을 가져올 수 있다. 전통놀이는 자연친화적이라는 특성을 가지고 있으며, 이를 통해 여유 있는 심성을 기르는 인성교육의 주요한 기제가 될 수 있기 때문이다.

또한, 전통놀이는 계절이나 절기와 관련되어 자연의 질서에 삶의 흐름을 맞추는 우리 선조의 생활방식이 깃들어 있으므로, 자연스럽게 전통 생활양식을 익힐 수 있고, 공동체 활동의 참여를 통해 집단의 소속감과 안정감을 가질 수 있다. 전통놀이는 과거의 전통문화를 이해하고 내면화할 뿐만 아니라 현대 놀이문화를 보다 잘 이해하도록 도울 수 있기 때문에 민족적 정체성 확립에 기여할 수 있다. 이는 장기적인 안목으로 바라볼 때, 전통문화를 계승하고 발전해 가기 위한 밑거름이 될 수 있으며, 세대 간의 갈등이나 불일치를 해소할 수 있는 공유 가능한 경험이라는 점에서 그 의의가 크다고 할 수 있다.

현대사회에서 가족이 함께 공유할 수 있는 여가놀이가 부재하다시피 하고, 세대 간 즐길 수 있는 놀이문화가 양극화되어 있으며, 부모와 자녀의 대화가 부족하거나 대화의 내용 또한 자녀의 교육 성과에 국한되는 경우가 많다는 측면에서, 이러한 전통놀이의 특징과 가치를 이해하고 이를 활용하는 방안이 적극적으로 요구된다. 우리의 전통놀이가 아동의 발달단계에 따라 발달 특징을 고려하고 발달과업의 성취를 돕도록 창안되었다는 점에서 교육적 가치를 발견할 수 있기 때문이다.

4. 전통놀이의 활용

각 나라별로 전통놀이가 존재한다. 이러한 전통놀이는 교육 현장이나 가정생활에서 교육적 가치를 가진다는 특징도 있지만, 산업으로 발전하여 그 나라 사람들만이 아니라 전 세계적으로 유명해진 사례도 많다. 예를 들면 러시아의 테트리스나 필리핀의 요요 등이 그것이다.

이와 같이 놀이산업은 단순히 완구산업에 국한된 내용이 아니라, 엔터테인먼트, 교육, 팬시, 관광상품 등 다양한 산업에 적용할 수 있는 무한한 시장성을 가지고 있다. 해외여행을 다녀온 사람들 대부분은 방문한 나라를 상징하는 상품과 장난감을 선물용 또는 소장용으로 많이 구매하고 있으며, 이는 그 나라만의 고유한 정서가 있기 때문에 구매 욕구를 자극할 수도 있다. 따라서 전 세계의 유명한 놀이박물관들은 매년 수많은 관광객을 유치하고 이들에게 현대화된 놀이완구를 판매하며 많은 수익을 올리고 있다. 이들은 자신들의 문화를 지키고 발전시키기 위하여 단순히 놀이기구를 파는 것이 아니라 문화를 수출함으로써 2차, 3차의 상품을 판매할 수 있는 토대를 만들어 가는 것이다.

1) 해외 사례

(1) 러시아: 테트리스(tetris)

- **유래:** 1985년 러시아의 알렉세이 파지트노프(Alexey Pajitnov)가 고대 테트라미노(tetramino) 퍼즐을 원용하여 코사크 종족들의 춤, 민속의상 및 러시아 전통음악 등을 가미하여 놀라운 몰입감의 세계를 창조하여 테트리스(tetris)라는 새로운 게임으로 제작하게 됨
- **보급경로:** 알렉세이 파지트노프(Alexey Pajitnov)는 소비에트 일렉트로니카-60이라는 컴퓨터를 이용해서 테트리스를 최초 개발한 후, 전 세계 컴퓨터 시장의 50%를 차지하고 있는 IBM의 PC를 위한 버전이 개발된 후 세계 각국으로 전파됨
- **활용 내용:** 테트리스는 각기 다른 모양으로 붙어 있는 4개의 블록을 차곡차곡 쌓아서 한 줄 이상을 채우면 없어지는 퍼즐형 게임으로, 2차원 화면에 사운드도 중독성이 강하며 단순하지만 지능개발에 도움이 되어 오랜 역사에도 불구하고 많은 사람들이 즐기고 있음

(2) 필리핀: 요요(yoyo)

- **유래:** 요요(yoyo)란 '다시 돌아온다'는 뜻의 필리핀어에서 유래하였으며, 영어로는 '클라이밍 톱'이라고 함. 요요에 대한 유래는 여러 가지 설이 있으나, 필리핀 원주민들이 놀이 겸 사냥 도구로 쓰던 것을 미국 사람들이 발전시켰다는 것과, 중국에서 창안하였다는 견해들이 있음
- **보급경로:** 최초의 상업적 요요는 미국의 던컨이라는 사람이 창안하였고, 지금도 던컨사를 통해 그 가족들이 대를 이어 만들어 가고 있으며, 현재는 던컨사뿐만 아니라 요메거, 러셀, 코카콜라 등 많은 회사에서 다량 보급하고 있음
- **활용 내용:** 나무 · 플라스틱 등으로 평평하고 둥글게 된 것을 맞붙여서 짧은 축으로 연결하고, 그 축에 실을 감고 실 끝을 손에 쥔 상태로 던졌다 당겼다 하면 실이 바퀴의 축을 감았다 풀었다 하면서 바퀴가 동시에 회전하며 실을 따라 상하로 움직이게 하는 원리를 사용한 자이로스코프의 원리를 응용한 장난감

(3) 미국: 라인댄스(line dance)

- **유래:** 라인댄스는 미국이 서부개척시대에 여러 명의 남성들이 줄을 맞추어 같은 동작의 춤을 추며 네 방향으로 방향을 전환하면서 추던 춤에서 유래, country & western dance라고 불림
- **보급경로**
  - 라인댄스는 호주에 전파된 후 정형화되고 부흥하다가 다시 미국으로 넘어와 노인들의 건강을 위한 댄스로 자리 잡았다가 전 세계에 전파되기 시작함
  - 특히 1980년대 중반부터는 형식적인 틀을 가졌던 컨트리 음악이 여러 가지 특성들을 수용한 형태로 바뀌면서 팝음악에서부터 뮤지컬, 영화에 이르기까지 사회 전반의 다양한 문화 형식으로 이어져 오고 있음
  - 대표적으로 2006년 월드컵 시즌에 유행했던 '꼭지점 댄스'도 라인댄스의 형

태를 가지고 있음

- **활용 내용**
  - 라인댄스는 운동 강도가 높지 않아 수영 정도의 운동을 할 수 있다면 충분히 참가할 수 있으며, 빠르게 걷기 정도의 운동임
  - 라인댄스는 앞줄, 옆줄을 맞춰 춤추는 장소의 네 방향의 벽을 따라 시계반대 방향으로 움직이며, 줄을 지어 같은 움직임을 혼자서 방향전환하면서 여러 번 반복함

(4) 노르웨이: 스키(ski)

- **유래**: 스키의 어원은 본래 스칸디나비아어로 '얇은 판자'를 '스키'라고 부른 것에서 유래하였으며, 겨울철 수렵과 산야를 조사하는 장비로 쓰여 졌으나, 지금의 스키 형태를 갖추게 된 것은 노르웨이에서 장화와 바인딩을 고안하면서 전통적인 교통수단에서 경기의 형태로 발전한 것에서 유래
- **보급경로**: 노르웨이 왕실에서 스키 경기의 승자를 표창하기 시작하면서 융성. 노르웨이의 국가적 스포츠로 발전하게 되면서 스키클럽이 생기고 스키를 활용한 대회가 개최되기 시작하며 스포츠로서의 근대 스키로 발전
- **활용 내용**: 현재에 활용되고 있는 스키의 형태는 플레이트, 부츠, 바인딩을 발에 부착하고 두 폴을 이용하여 A자 또는 11자의 형태로 타는 것이 일반적이나, 최근에는 숏 스키, 스노우보드, 카빙스키 등 기구 사용에 따른 다양한 스키방법들이 등장하고 있음

(5) 스코틀랜드: 골프(golf)

- **유래**: 골프에 대한 유래는 다양한 견해들이 있으나, 스코틀랜드의 전통놀이에서 유래한 것이 정설이나 전통놀이의 기원 또한 다양함. 첫째로 스코틀랜드

지방에서 양을 치는 목동들의 놀이였다는 설과, 스코틀랜드 동해안 지방에 살던 어부들이 고기잡이를 마치고 집으로 돌아가는 길에 심심풀이로 즐기던 막대기로 조약돌을 치며 가는 놀이라는 설이 가장 유력함

- **보급경로**: 골프는 1744년 영국의 오너러블 컴퍼니 오브 에딘버러(The Honourable Company of Edinburgh)가 창설되면서 최초의 성문화된 골프 규칙을 제정하면서 현재 골프의 근간을 이루게 되었으며, 이후 세계대전이 끝난 20세기 초 미국으로 이주한 영국인들에 의해 보급되어 1916년 미국 프로골프 협회(PGA)의 탄생한 후 전 세계적으로 보급되어 세계 속의 대중스포츠로 자리 잡음
- **활용 내용**: 우리나라 도입 초기에 상류층의 전유물로 여겨졌던 골프는 현재 대중화되고 있는 추세이며, 많은 사람들이 레저스포츠로 이용하고 있음. 현재는 동네 휘트니스 센터 및 전문 스크린 골프장이 생겨나서 누구나 손쉽게 골프를 접할 수 있으며, 동영상 강좌 등을 통해 스스로 학습도 가능하게 되었음

(6) 브라질: 삼바(samba)

- **유래**: 포르투갈인들이 16세기 목화재배경작을 위해 앙골라와 콩고에서 많은 노예들을 브라질로 데려왔는데, 노동의 고통을 잊으려고 그들 원시적 특유한 음률에 맞추어 서로 배꼽을 접촉하는 춤들이 시간의 흐름에 따라 아프리카 흑인들과 브라질원주민 춤이 믹스되며 현대의 삼바로 발전하게 되었음
- **보급경로**
  - 20세기 초에 미국에 소개되었으며, 1923년 사교댄스 대회 개최를 통해 삼바의 인기가 급상승하게 되었음
  - 이를 계기로 1938년 뉴욕에서 삼바 전시공연을 통해 유명세를 타기 시작하면서 일반인들에게 많은 관심을 받음

-1970년 이후 영국 황실 무도교육협회와 ICBD의 개정 기술 제정으로 라틴 아메리칸 댄스의 5종목 중 하나로 자리 잡음

- **활용 내용:** 현재 삼바는 정규 지도자 강사 자격시험을 규정하여 전문 지도자를 육성하여 삼바를 즐기고 싶은 사람들에게 가르치고 있으며, 삼바의 박자는 다른 음원의 음률과 달라 각 소절의 제2박자에 강한 악센트를 주어 역동적이고 정열적인 춤사위를 구사하고 있음

(7) 인도: 체스(chess)

- 유래

-4천년 전부터 인도에서 최초로 시작되었고, 인도의 차트랑카(chartranga)라는 게임에서 유래하였으며, 이것이 동양의 장기와 서양의 체스에 원형이라는 것이 정설임

-차트랑카는 이후 지금의 중동지역으로 전파되어 페르시아제국 시절에 유럽으로 넘어가 체스가 되었다고 전해지고 있으며, 실제로 체스의 용어를 보면 페르시아어, 불어, 영어 등이 뒤섞여 있음

- 보급경로

-중동지역으로 전파된 차트랑카는 페르시아제국의 식민지 개척에 따라 유럽에 소개되고 11세기경 유럽 전역으로 전파되었으며, 1470년경에 지금의 체스(chess)라는 이름으로 불리게 됨

-19세기로 접어들어 체스클럽 간 교류전도 활발해지고 우편을 이용한 체스게임도 시작되었으며, 1840년대에는 유럽 각 나라마다 체스협회가 구성되었고, 1924년 국제체스연맹(Federation International De Echecs)이 프랑스에 설립됨

- **활용 내용:** 체스는 가로 세로 8칸, 흑백이 번갈아 교차되는 64개 격자무늬의

체스판 위에 두 사람이 벌이는 게임으로, 흑과 백은 각자에게 주어진 16개의 말(chessman)을 움직여 상대편의 킹을 잡으면 이기는 게임임

(8) 프랑스: 당구(billiard)

● 유래

- 당구의 기원은 14~15세기에 걸쳐서 크리켓과 비슷한 옥외 스포츠였던 것을 실내 게임으로 개량했다고 전해짐
- 당구는 십자군에 의해 동방에서 유럽으로 반입되어 스페인에서 고안되었다고 하는 스페인 기원설과, 14세기경 크리켓을 실내에서 실시하였다는 영국 기원설이 있으나 일반적으로 프랑스 왕실 예술가였던 드비니가 고안하여 규칙을 만들었다는 프랑스 기원설이 유력함
- 이는 일정한 형태를 가진 틀이 있는 테이블 위에 공과 공을 부딪쳐서 득점을 겨루는 게임으로 주로 왕실에서 즐겨하는 전통적인 게임이었다고 전해짐

● 보급경로

- 새로운 기구의 발명과 개량은 당구의 기술을 비약적으로 진보시켜 그 보급에 큰 역할을 하였음
- 19세기 초기 영국, 런던에 버틀레라고 하는 사람이 경영하는 ‘버스당구’의 주임 잭 카는 미스를 막기 위해서 큐 끝에 백묵 가루를 칠하는 것을 생각해 냈고, 배직 파우더가 발명된 약 10년 후 당구 열기는 겨우 유럽 각지에 퍼지기 시작하였음

● 활용 내용

- 프랑스의 ‘망고’가 탭의 원형인 가죽 조각을 큐 끝에 부착하는 방법을 고안하여 공의 회전력을 놀라운 수준으로 높여 밀어치기, 끌어치기 등의 기술을 가능하게 하였음

- 당구는 3개의 흰 공과 1개의 검은 공을 사용하여 하는 것이 원칙이나 사회가 변화함에 따라 그 규칙의 변형이 천차만별임

허리우드 미니당구대 '미니큐'의 출연

국내 당구대 생산회사에서 미니당구대를 제작하여 국내 대형마트를 통해 유통되고 있음. 미니당구대는 캐롬과 포켓볼 2종류가 있으며, 일반탁자보다 좀 크고 식탁보다는 좀 작게 만들어졌으며, 다리가 없이 테이블이나 식탁 등에 올려놓고 곧바로 게임을 할 수 있어 매우 간편한 것이 특징임. 전국 100개의 점포를 갖고 있는 모 대형마트의 경우 30여개 점포에 납품하고 있는데, 하루에 50여대씩 판매되고 있다고 함. 미니당구대의 가장 큰 장점은 즉시 설치하여 당구를 즐길 수 있음은 물론, 휴대가 편리하여 차량에 싣고 야외에서도 즉석 당구를 즐길 수 있다는 점을 꼽을 수 있음. 미니당구대는 가정에서 구입하여 부모와 자녀가 함께 당구를 즐길 수 있어 당구 저변확대 기여는 물론 가족여가 활성화를 위해 기여할 수 있는 가능성을 보이고 있다는 점에서 긍정적으로 평가되고 있음

2) 국내 사례

(1) 고싸움

- 유래: 고싸움에 대한 유래에 대하여는 그에 관한 상세 기록은 없으나, 줄다리기의 전희인 고싸움에서 시작된 후 이것이 변형되어 독립된 놀이로 형성되었다는 것이 일반적인 정설임
- 놀이방법
  - 고싸움은 주로 전라남도 일대에서 정월 대보름 전후에 행해지는 격렬한 남성 집단놀이로 줄다리기와 마찬가지로 풍요를 기원하는 농경의식의 한 형태이며, 놀이를 통하여 마을사람들의 협동심과 단결력을 다지는 집단놀이임
  - 고싸움은 짚을 꼬아서 만든 커다란 고를 서로 맞부딪쳐서 상대 쪽의 고를 떨어뜨리는 싸움임
- 활용 내용
  - 고싸움은 1945년을 전후하여 거의 그 자취를 감추었다가 뜻있는 사람들에 의해 재현되어 19969년 경상북도 대구에서 열린 전국민속예술경연대회에서 대통령상을 받음으로써 널리 알려지게 되었고, 1970년에 중요무형문화재로 지정되었음
  - 그러나 농경사회에서 산업사회로 발전하면서 중요 행사에서만 행사용 퍼포먼스로 볼 수 있는 놀이로 일반적으로 대중이 즐기기에는 한계가 있음
  - 현재 광주 남구 칠석동에서는 대보름행사로 고싸움놀이를 매년 열흘간 진행하면서 그 원형을 지켜가고 있으며, 마을축제를 넘어서 관광객을 유치할 만큼 전국적인 행사로 발돋움하고 있음

중요무형문화재 제33호인 광주 남구 칠석동의 고싸움 놀이

이 행사는 예로부터 광주 남구 칠석동 옻돌마을에 정월대보름 세시풍속으로 전해 내려온 민속놀이이며, 고싸움을 통해 마을 사람들은 그 해 농사의 풍년과 마을의 평안을 기원하고 있음. 현재 이 행사는 마을축제를 넘어서 관광객을 유치할 만큼 큰 행사로서 매해 1천여 명이 넘는 관람객이 모여들어 함께 즐기고 있음

(2) 투호

- 유래: 본래는 중국 당나라에서 성행한 놀이였으나, 삼국시대에 우리나라에 유입되어 귀족들 사이에서 예를 갖추어 즐기던 놀이로 알려져 있으며, 서민들은 놀이도구를 쉽게 구할 수 없어 즐기지 못한 것으로 알려져 있음
- 놀이방법: 투호는 병을 놓고 일정한 거리에 양편에 각각 한 사람씩 푸른 살과 흰 살을 가진 사람이 열두 개의 살을 가지고 하는데, 병 가운데 구멍이나 양측 귀구멍에 살이 꼿꼿이 서서 들어가도록 던져 맞힌 수로써 승부를 결정하는 놀이임
- 활용 내용
  - 활용방법이 간단하여 고궁에서 명절 행사 또는 박물관이나 민속촌에서 누구나 즐길 수 있는 단골놀이로 활용하고 있음
  - 투호는 현재 교육놀이로도 많이 활용되고 있으며, 지역축제에서 놀이체험의

종목으로도 각광받고 있음

교육놀이로 활용

민속촌 체험놀이로 활용

관광상품으로 활용

(3) 쇠머리대기

- **유래**: 영산읍을 가운데 두고 마주서 있는 영취산과 함박산의 모양은 두 마리의 소가 마주 겨누고 있는 형상으로 둘 사이에 산의 나쁜 기운이 있다고 하여 나쁜 기운을 풀어주고, 불행을 막는다는 의미에서 시작함
- **놀이방법**
  - 쇠머리대기는 일종의 편싸움 놀이로, 마을을 동서로 갈라 두 패로 편을 짜는데 이긴 편 마을에는 풍년이 들고 진 편 마을에는 흉년이 든다고 해서 농경의식의 하나로 전해짐
  - 통나무로 나무쇠를 만들어 말을 달려서 상대편의 진을 뚫고 들어가 상대방의 쇠머리를 쓰러뜨리거나 자기편의 쇠머리를 높이 들어 적의 쇠머리 위에 덮쳐 상대편 쇠머리를 짓눌러 땅에 닿으면 이기는 놀이임
- **활용 내용**: 1969년 2월 중요무형문화재 제25호로 지정되었으며, 정월대보름에 행해지던 민속놀이였으나 현재는 3 · 1문화재 행사의 하나로 줄다리기와 함께 행해지고 있음

중요무형문화재 제25호인 영산 쇠머리대기

이 행사는 풍년을 기원하는 마을공동체의 민속놀이이며, 영산지방에서 생겨나 영산지방에서만 전승되어 오는 독특한 놀이로, 음력 정월 보름날 거행되는 민속놀이로 매년 영산에서 큰 지역축제의 하나로 개최되고 있음

(4) 씨름

- 유래: 씨름에 대한 최초 기록은 조선 세종 때의 '고려사'에 나타나 있으나, 4세기경 만들어진 것으로 추정되는 만주 퉁거우 지안 현의 고구려 고분 각저총 주실에 씨름 벽화가 있음을 볼 때, 삼국시대 훨씬 이전부터 있었던 것으로 추측하고 있음
- 놀이방법
  - 샅바를 매고 한쪽 무릎을 꿇어 서로 상대방의 허리와 다리를 잡아 쥔 다음 동시에 일어나서 힘과 손발의 기술을 발휘하여 먼저 상대방을 넘어뜨리면 이기게 됨
  - 경기의 기술로는 안걸이, 배치기, 발걸이, 둘러치기 등 여러 가지가 있으며, 씨름판이라 하여 주로 백사장의 원형 판에서 이루어지며 우승자에게 황소를

상으로 주는 것이 관례였음

- 활용 내용
  - 학교 씨름대회, 횡성한우축제, 소금쟁이 씨름대회, 명절에는 단오 맞이 씨름대회, 추석맞이 씨름대회, 설날 맞이 씨름대회 등 각종 중요 행사에서 전통놀이의 한 종목으로 다양하게 활용되고 있음
  - 특히 옛날에는 주로 단오날에 많이 행해졌으나, 현재 명절과 관계없이 연중 계속해서 다양한 형태로 행해지고 있으며, 씨름이 스포츠의 한 종목으로 입지를 굳히게 되면서 대중화되어 학교 체육대회에서 경기종목으로 그 활용빈도가 높음

스포츠경기로 활용

만화 소재로 사용

TV쇼프로의 소재로 활용

명절 고궁에서 체험놀이로 활용

학교 체육수업으로 활용

(5) 택견

- 유래: 택견은 인류의 원시적인 호신술에서 유래한 것으로, 고구려 벽화의 무용

총과 상실총에 두 사람이 서서 손을 서로 앞에 내밀고 싸우는 자세를 하고 있는 그림이 있는데 이를 택견이라고 추정하고 있음

- 놀이방법
  - 택견은 두 선수가 두 발을 벌리고 섰다가 한쪽에서 가볍게 차주는 것으로 시작되는데 발을 품(品)자로 밟는다는 약속 아래 서로 자서 쓰러뜨려 승부를 가르는 놀이임
  - 높이 차는 것을 허용하며 찬 발을 잡는 것도 가능하므로 어떤 경우 엉겨 붙어서 씨름이나 유도와 같은 형태를 띠는 경우도 있기 때문에 태권도와 씨름, 유도가 결합된 복합적인 형태의 놀이임
- 활용 내용
  - 1983년 6월 중요무형문화재 제76호로 지정되었음
  - 택견의 보급 및 확산시키기 위해 우리 고유의 우수한 전통무예를 관광객들이 직접 체험하고 관람할 수 있도록 문화체육관광부에서 충주 택견 시연단에게 2005년 상설 문화관광 프로그램으로 선정함
  - 현재 택견을 활용한 무술 퍼포먼스를 뮤지컬로 승화시켜 대중에게 선보이며 다양한 방법으로 전통무예인 택견을 활용하고 있음

행사 퍼포먼스로 활용

여가놀이로 활용

스포츠 경기로 활용

(6) 그네뛰기

- 유래: 삼국시대 이전부터 즐겨왔던 놀이로 추측하고 있으며, 본격적으로 성행하기 시작한 것은 고려시대에 들어서부터인 것으로 전해지고 있음. 고려시대에는 단오절에 관리들을 궁으로 불러들여 연회를 베풀고 그네뛰기를 한 것으로 전해지고 있으며, 조선시대에 들어 민간에서도 그네뛰기를 즐긴 것으로 전해짐
- 놀이방법
  - 외그네뛰기: 발판에 양팔을 넓혔다 좁혔다를 되풀이하면서 동시에 발을 밀어차서 그네가 올라가도록 함
  - 쌍그네뛰기: 쌍그네뛰기는 한 사람은 앉고 다른 한사람은 일어서서 둘이 호흡을 맞춰 그네를 밀어 올리도록 하며, 쌍그네뛰기는 여럿이 함께 할 경우 승부를 가리는 형태로 즐김
- 활용 내용
  - 남산골 단오축제, 춘향 그네뛰기 대회, 단오절 맞이 그네뛰기 대회, 수원 단오한마당 등 여러 축제에서 체험행사나 대회형식으로 활용되고 있음
  - 2008년 부평 단오축제 한마당 및 제1회 전국그네뛰기 대회를 개최하여 직접 체험할 수 있는 기회를 넓혀 그네뛰기를 보급하고 확산시키기 위한 다양한 노력들이 지속하고 있음

지역축제 행사로 활용

문화원 여가놀이로 활용

어린이 놀이로 활용

(7) 제기차기

- 유래
  - 고대 중국의 축국놀이에서 비롯되어, 우리나라에서는 삼국시대부터 조선 후기에 이르기까지 상류층은 물론 민간에까지 두루 즐기던 놀이로 전해지고 있음
  - 특히 조선시대 한자어 '축국'을 우리말로 음을 넣어 '적이'라고 기록하였고 이후 '적이'라는 말은 '제기'로 바뀌게 되고 놀이 방법도 공을 차올리는 것에서 오늘날의 제기차기로 변형했을 것이라는 것이 일반적인 정설임
- **놀이방법**: 보통 2인 이상 3~4인이 어울려 제기차기를 하는데 한 발을 땅바닥에 고정시키고 다른 발 안쪽 옆면으로 제기를 차올리는데 이때 제기 차는 발은 공중에서만 올렸다 내렸다 하며 땅바닥에 닿지 않도록 함
- **활용 내용**: 2008 서울단오민속축제, 마포나루 굿 재현행사, 안산문화원 단오행사, 경기도 가평 야생수목원 등에서 제기차기를 민속체험행사로 활용하고 있음

학교 체육종목으로 활용

관광 상품으로 활용

지역축제 종목으로 활용

5. 전통놀이의 현대화 작업

전통놀이를 가족문화 프로그램이나 여가문화 콘텐츠로 개발하기 위한 현대화 작업은 3단계의 과정을 통해 정리해 볼 수 있다. 첫째 전통놀이를 현대사회에서 활용 가능한 여가콘텐츠로 개발하기 위해서 현대화를 위한 기준을 설정하고, 둘째, 여러 학자들이 정의한 여가 목적을 유형화하는 작업을 거쳐, 셋째 기존의 전통놀이를 여가문화 콘텐츠로 개발하기 위해 유형화하는 작업이 필요하다.

그림 3 전통놀이의 현대화 작업을 위한 3단계

자료: 윤소영 (2008). 전통놀이를 활용한 여가문화 콘텐츠 개발방안 및 정책방향. p.53.

전통놀이를 현대화하기 위한 기준을 설정할 때에는 필수조건이 무엇인가를 우선적으로 고려해야 한다. 전통놀이의 현대화를 위한 필수조건으로는 놀이를 즐길 수 있는 공간, 전통놀이에 대한 충분한 지식과 교육 능력을 갖춘 지도자, 놀이를 함께 즐길 수 있는 대상자, 놀이를 즐길 수 있는 여러 가지 재료를 포함한 놀이도구, 기존의 전통놀이를 현대화하여 즐길 수 있는 적절한 규칙 등이 필요하다.

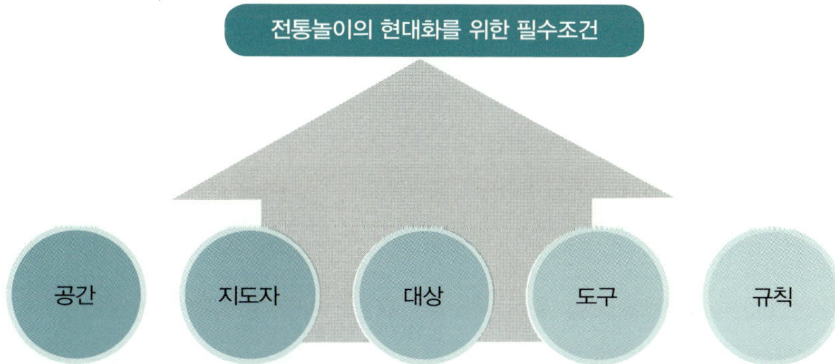

그림 4 전통놀이의 현대화 작업을 위한 필수조건

자료: 윤소영 (2008). 전통놀이를 활용한 여가문화 콘텐츠 개발방안 및 정책방향. p.54.

전통놀이는 그 특성상 공간 또는 특정시설이 부여되지 않더라도 언제 어디서나 쉽게 즐길 수 있는 장점을 가지고 있으나, 도시화되어 있는 현대사회에서는 놀이를 즐길 수 있는 공간이 턱없이 부족하다. 전통놀이는 흙, 모래, 나무, 풀 등의 자연 그대로의 공간을 통해 자연을 배우고 습득하는 자연친화성의 장점을 부각시킬 필요가 있으나, 최근 학교들이 기존의 운동장의 형태에서 인조잔디나 스티로폼의 인위적인 형태로 변화하고 있다는 것이 큰 장애요소로 지적되고 있다. 따라서 전통놀이를 현대화하기 위해서는 기존의 '놀이터'의 형태를 변형한 자연친화적인 놀이터의 재구성이 필요하며, 화려한 놀이기구를 배치하기보다는 흙과 모래 위에서 간단하고 손쉽게 전통놀이를 즐길 수 있는 여건을 마련해 주는 것이 중요하다. 학교뿐만 아니라 현재 많은 지자체를 중심으로 보급되고 있는 문화센터 및 복지기관, 공원 등의 시설 활용도 고려되어야 한다.

프랑스의 놀이도서관(ludothèques)

프랑스의 놀이도서관은 놀이(기구 또는 도구)를 갖춰 놓거나, 놀이를 할 수 있는 공간을 모든 연령들에게 제공하는 곳이다. 놀이도서관은 부모와 어린이와 같은 세대 간 여유로움과 놀이를 함께 할 수 있는 특별한 공간이다. 그리고 도서관 사서처럼 '놀이사서(ludothécaires)'가 상주하면서 놀이를 할 수 있도록 돕기도 하고 방법을 알려주기도 한다. 놀이도서관에는 장남감, 카드놀이, 보드게임, 그리고 비디오 게임까지 다양하게 구비되어 있다. 최근에는 놀이도서관이 '카페-놀이(cafés-jeux)'와 같이 지역의 주민들이 취향에 맞게 놀이를 즐기고, 놀이를 알아 갈 수 있는 공간으로 다양한 형태로 만들어지고 있다. 놀이도서관은 노인과 다양한 세대가 함께 할 수 있는 공간으로 활용이 가능하다. 또한 놀이교육을 받은 노인이 '놀이사서'가 되어 아이들과 놀이도 함께 하고, 놀이 방법을 지도하는 것도 가능하다.

영국의 놀이공간 정책

- 아동헌장 22조(1922년)
  - "모든 학교는 모든 아동이 방과 후에 놀 수 있는 놀이터를 제공하여야 한다."
  - 아동 여가정책이 놀이공간에 대한 중요성 인식을 바탕으로 놀이터 디자인 및 개선사업 진행
- 놀이공간 확충: 더 많은 놀이공간, 날씨에 상관없는 놀이공간, 가족과 함께 하는 놀이공간 등(모험형 놀이터, 자연형 놀이터, 팝업 놀이터 등 다양한 사업 진행)
- 안전한 놀이공간 지원: 안전관리 감독관, 안전한 동선 구축, 놀이관련 사고 법제화, 지자체와 민간 네트워킹, 자원봉사 놀이터 감독관 모델 개발 등
- 아동 친화적 공동체 형성: 아동 · 청소년의 놀이공간 계획에 참여 및 의견 반영
- 지역중심 정책: 지역정책 우선순위에 놀이정책 포함(지역사회지표에 놀이공간 만족도 포함), 놀이를 통한 건강한 삶 캠페인 실시, 놀이전문가 양성(4,000명) 등

또한, 전통놀이는 그 종류만 해도 100여 가지에 달하며, 각기 그 놀이가 가지고 있는 방법이나 규칙 등이 다른 성격을 취하고 있다. 따라서 전통놀이를 제대로 알고 즐기기 위해서는 이를 가르쳐주고 지도할 수 있는 전문적인 지도자의 역할이 중요하다. 전통놀이를 현대화하는 과정에서 이를 사회에 적극적으로 보급하고 활용하기 위하여 전통놀이 지도자 자격을 부여할 수 있는 공인 자격증 또는 실무교육을 수행할 수 있는 아카데미 설치 등의 제도적인 지원이 필요하다.

서울시 참교육 학부모 놀이터 이모(자원봉사형)

서울시는 학교 학부모회를 중심으로 놀이터 이모를 모집한 바 있다. 놀이터 이모를 모집하여 체계화된 워크숍을 통해 아동에게 맞는 놀이정보를 습득하고 아동이 안전한 놀이 활동을 할 수 있도록 지원하는 방식이다. 이와 관련된 놀이터 이모 활동비도 지급된다.

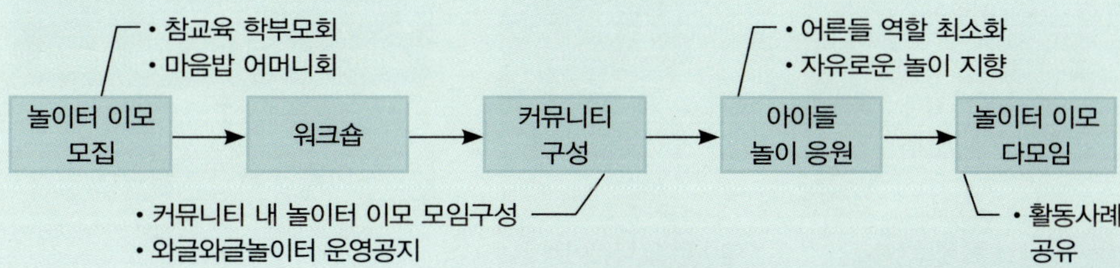

놀이터 이모 운영방식

놀이라는 광의적인 개념에는 함께 하는 놀이의 대상이 있어야 함은 물론, 전통놀이의 함축적인 범위 또한 놀이의 대상이 분명해야 한다. 기존의 전통놀이는 성별에 따라 남자는 '치기'와 '차기' 중심의 공격적인 놀이를 주로 하는 반면, 여자의 경우 '놀이'와 '뛰기' 중심의 다소 율동적인 동작의 놀이를 주로 하는 등 그 구분이 뚜렷하였다. 그러나 전통놀이를 현대화하는 과정에서는 이러한 전통적인 관습에서

탈피하고 남녀노소 구분 없이 즐길 수 있도록 재구성되어야 한다. 포괄적인 의미에서 평생교육의 일환으로 전통놀이를 여가문화 콘텐츠로 개발하기 위해서는 세대통합이라는 의의를 두고 볼 때, 전 세대에 걸쳐 활용가능한 놀이로 개발되는 것이 적합하다.

문화놀이터 거버넌스 사례: 순천의 기적의 놀이터

순천의 기적의 놀이터의 추진방향은 "스스로 몸을 돌보며 마음껏 뛰어놀자"이며, 언덕, 골짜기, 백사장 모래놀이터, 고목, 바위, 동굴, 잔디미끄럼틀, 흙산, 흔들다리, 펌프, 물 놀이터 등으로 구성하여 놀이터의 필수 구성요소인 나무, 불, 흙, 쇠, 물, 오르막, 내리막을 적극 활용하고 놀이기구를 최소화하고자 하였다. 놀이터는 어린이, 주민, 행정가, 놀이터 전문가, 모더레이터 등이 함께 만들어야 한다는 생각에 '파트너십 디자인'을 통해 만들어갔다.

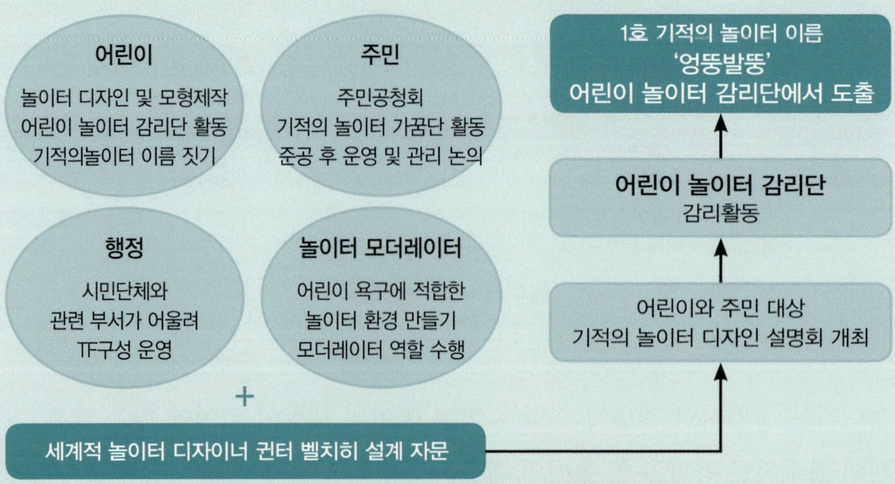

순천시 기적의 놀이터의 파트너십 디자인

그리고 놀이의 특성상 도구를 사용할 수 있는데, 이와 같이 전통놀이를 활용한 콘텐츠를 개발할 때 사용 유무에 따라 두 가지 측면을 고려할 필요가 있다. 첫째, 자연친화성의 특징을 가지고 있는 전통놀이의 기본 성격을 유지하기 위해 도구 사용의 범위를 자연친화적인 범주에서 최대한 활용할 수 있어야 한다. 둘째, 놀이를 즐기기 위한 도구를 직접 만들어서 활용할 때 '경험'을 통한 학습의 효과와 흥미유발요소를 제공하여야 한다.

전통놀이는 많은 가짓수만큼이나 놀이별로 습득해야 할 규칙 또한 다양하며, 이를 현대화하기 위해서는 주어진 공간 및 놀이대상 또는 도구 사용에 따라 기존의 규칙을 변형할 필요가 있다. 아이들의 경우, 같은 놀이를 즐기더라도 개인의 실력이 등급별로 다를 수 있기 때문에 기존의 규칙이나 놀이방법을 스스로가 고안하여 변형시키게 하는 연습도 창의성 개발에 중요한 영향을 미칠 수 있다. 최근 예능방송 프로그램에서 훈민정음 윷놀이가 방영되어 인기를 얻은 경우가 있다. 윷놀이를 하되, 사용하는 언어는 모두 한글만 사용하도록 하는 방식으로 창의적인 생각이 가미된 규칙을 사용하여 새롭게 여겨지게 된 것이다. 그리고 전통놀이의 경우, 구전으로 전해져 문서화되어 있는 경우가 드물고 같은 놀이라 하더라도 지방색이 강하게 작용하기 때문에 일률적으로 규칙과 명칭을 조정할 필요도 있다.

> 수업시간에 아이들과 고누라는 놀이를 한 적이 있었어요. 처음에는 아이들이 생소해하더니 놀이의 룰을 설명하고 나니 몇몇 아이들이 저에게 말놀이라고 우기더라고요. 이미 이 놀이를 경험해 본 아이들은 고누를 말놀이라고 알고 있었는데, 다른 학년에서 이미 수업시간에 말놀이라는 이름으로 이 놀이를 경험했던 친구들이었어요. 나중에 알고 보니 그 놀이를 처음 가르쳐준 선생님은 서울에서 어린 시절을 보냈었고 저는 충청도 출신이라서 그 명칭이 조금 달랐던 거예요.

전통놀이를 현대화하기 위한 기준을 설정하고 나서, 유형화의 기준을 정하고 전통놀이를 유형별로 구분하여 그 콘텐츠의 장점을 잘 살리는 것이 중요하다. 이를 위해서는 전통놀이가 가지고 있는 고유한 성격과 현대사회의 변화 양상이 적절하게 조화를 이룰 수 있도록 해야 한다. 그리고 무엇보다도 재미적인 요소를 반드시 포함해야 한다.

이와 같은 여가적 재미요소와 고유한 성격을 포함해서 전통놀이를 유형화하면 다음과 같다.

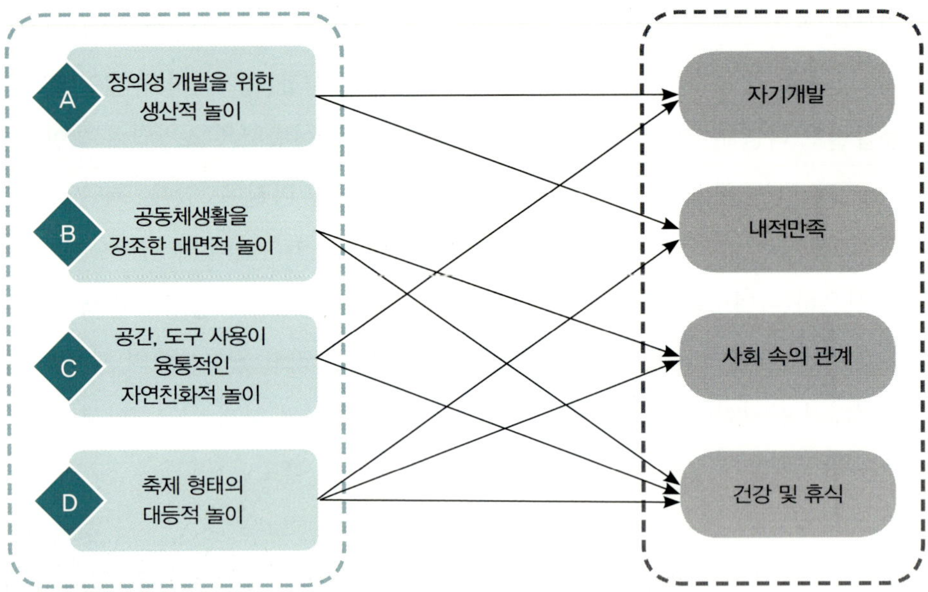

그림 5 여가 측면을 고려한 전통놀이의 유형화

자료: 윤소영 (2008). 전통놀이를 활용한 여가문화 콘텐츠 개발방안 및 정책방향. p.62.

전통놀이의 특징을 고려하고(예: 대동적, 자연친화적), 현대사회 놀이문화의 한계를 극복하며(예: 놀이공간 부재, 개인화), 여가의 본질적인 측면을 가미한(예: 재미, 자기동기화) 몇 가지 콘텐츠를 제안하면 다음과 같다. 제안된 내용은 추후 관련 산업

현장이나 교육환경에서 전문가를 양성하여, 그들이 새로운 아이템을 개발하기 위한 기초적인 단계이다.

(1) 윷놀이 퍼즐: 창의성 개발을 위한 생산적 놀이

- 기존의 윷놀이의 형태에 퍼즐게임을 혼합한 형태로 윷판에 알파벳을 무작위로 삽입하여 완성된 하나의 단어를 만드는 게임으로 변형하며, 단어조합을 위해 루미큐브 형태로 두뇌싸움을 요하는 전술이 필요함
- **대상**: 윷놀이는 예부터 남녀노소 누구나 간단한 규칙만 습득하면 즐길 수 있는 대표적인 전통놀이로서, 윷놀이 퍼즐 또한 남녀노소 전 세대에 걸쳐서 활용가능하며, 영어단어에 취약한 세대에게는 학습적인 효과를 발현할 수 있음
- **도구**
  - 윷판: 공간 제약을 최소화할 수 있도록 기존의 볏짚으로 사용하던 윷판을 부직포 또는 조립형 스티로폼을 사용하여 제작이 간편하도록 함
  - 대진표: 대진표에는 무작위 알파벳을 삽입하고 탈부착이 가능한 원색 스티커를 제작하여 시각적인 효과를 줌
  - 윷가락: 윷가락은 기존의 자연친화적인 형태를 고수하여 나무로 제작하되, 놀이의 형태 및 사용 연령대를 고려하여 사이즈 변형이 가능하도록 제작함
- **규칙**: 기존의 윷놀이 규칙에서 대진표 상에 알파벳을 추가하여 하나의 완성된 단어를 맞추는 미션을 추가하여, 미션 수행 시 게임이 종료되는 방식으로 규칙을 변형함

(2) 땅따먹기 스토리보드: 공동체 생활을 강조한 대면적 놀이

- 기존의 흙바닥에 판을 그려서 뜀뛰기와 돌맹이 하나로 즐기던 땅따먹기의 형태를 변형하여, 블루마블 게임형태를 추가하여 획득한 땅에 대하여 돈을 주고

지분을 사는 형태가 아닌 고대부터 조선시대까지의 시대변천사에 대한 스토리를 퀴즈로 풀게 하여 맞추는 팀에게는 그 땅에 대한 획득권을 부여함

- **대상**: 땅따먹기는 개인뿐만 아니라 팀을 구성하여 팀 간의 대항전 형태로 진행하도록 하며, 최소 5:5의 비율로 구성함
- **도구**: 땅따먹기 게임에서 기본적으로 필요한 돌맹이를 안전성을 고려하여 다른 재질로 재구성하여 제작하고, 흙바닥이 아닌 실내에서도 즐길 수 있도록 땅따먹기 게임 판을 블루마블 판 형태로 제작하여 언제 어디서나 간편하게 휴대하여 즐길 수 있도록 제작함
- **규칙**: 기존의 땅따먹기 방식은 판에 그린 땅을 모두 찍고 돌아오면 이기는 단순한 놀이였다면, 스토리를 담은 땅따먹기는 본인이 돌을 던져 획득한 땅에 대하여 정해진 미션을 수행함으로써 완벽하게 획득할 수 있도록 변형함

(3) 램프 쥐불놀이: 공간 · 도구 사용이 융통적인 자연친화적 놀이

- 기존의 방식과 같이 깡통에 직접 불을 넣어 돌리는 형태가 아닌, 건전지를 활용한 램프 형태로 제작하여 쥐불을 돌리는 강도에 따라 빛의 밝기가 달라질 수 있도록 제작하며, 기존에 사용하던 깡통을 손쉽게 구할 수 있는 페트병 같은 것으로 활용할 수 있도록 함
- **대상**: 대동놀이의 형태로 즐기던 쥐불놀이는 남녀노소 누구나 즐길 수 있으며, 야외에서만 즐길 수 있는 레크리에이션으로 공원이나 학교 운동장 등에서 활용가능함
- **도구**: 기존에 깡통에 불을 넣어 사용하던 방식에서 변형하여 안전성과 편리성을 고려하여 화력 대신 건전지를 활용한 램프 형태로 제작하며, 깡통대신 페트병 같은 재활용 가능한 도구를 사용하여 손쉽게 제작이 가능하도록 함
- **규칙**: 기존에 쥐불놀이를 즐기던 방식 그대로 특별한 규칙이 없이도 즐길 수

있도록 함

(4) 기마 투호놀이: 축제형태로 즐길 수 있는 대동적 놀이

- 기마전과 투호놀이를 결합한 형태로 기존의 기마전과 같이 두 팀으로 구성하여 단순히 배틀을 하는 형태를 넘어 여러 팀을 구성하여 각 팀의 우두머리가 일정한 거리를 두고 달리기를 하여 목적점에 투호를 던져 홀에 골인시키면 우승하는 방식으로 변형함
- **대상**: 남녀노소 누구나 즐길 수 있으며, 단체의 성격에 따라 기마가 아닌 달리기로 단순화하여 융통성 있게 즐길 수 있음
- **도구**
  - 기마: 우두머리가 탈 수 있는 기마가 필요하나, 기존의 형태와 같이 볏짚을 활용하기에는 일반적으로 즐기기에 한계가 있으므로, 기마를 대체할 수 있는 도구가 필요함
  - 투호: 투호 대는 자연에서 쉽게 구할 수 있도록 나무의 가지와 같은 자연친화적인 재료를 사용하도록 하며, 투호 홀 역시 자연에서 쉽게 얻을 수 있는 재료를 사용하거나 페트병 같은 재활용 가능한 재료를 활용하여 홀을 넓혀 사용할 수 있음
- **규칙**: 팀 간의 협동심도 중요하지만 다함께 즐길 수 있는 대동성을 살리기 위하여 이기고 지는 것에 목적을 두지 않으며, 단순히 즐길 수 있도록 함

(5) 강강수월래 고무줄놀이: 축제형태로 즐길 수 있는 대동적 놀이

- 세시풍속으로 한복을 입고 즐기던 강강수월래를 변형하여, 고무줄놀이를 가미하여 단순하게 원을 그려 손을 잡고 도는 방식에서 벗어나, 사각형으로 각 꼭지점에 고무줄을 엮어 즐길 수 있도록 구성함

- **대상**: 기존의 고무줄놀이나 강강수월래는 보통 여자들이 즐기는 놀이로 여겨졌으나, 성별에 관계없이 누구나 즐길 수 있는 대동놀이의 형태로 발전할 수 있도록 함
- **도구**: 고무줄 하나만 있으면 축제의 형태로 누구나 자유로운 형태로 즐길 수 있도록 함
- **규칙**: 대동놀이의 특성에 따라 특별한 규칙을 부여하지 않으며, 자유롭게 즐길 수 있도록 함

찾아보기

기타

저자소개

■ **윤소영**

'매사 긍정적인 생각과 씩씩함'으로 문화 및 여가연구를 통해 일상생활을 풍요롭게 하는 일을 하고 있다. 이화여자대학교를 나와 동 대학원에서 석·박사학위를 받고, 현재 한국문화관광연구원에서 일한다. 현재는 문화안전망과 지역문화, 그리고 연결사회에 관심을 갖고 있다.

■ **조성은**

'어떤 상황에도 흔들리지 않는 안정감'으로 정부 가족사업의 토대를 세우고 발전시키는 일을 하고 있다. 이화여자대학교를 나와 동 대학원에서 석·박사학위를 받고, 현재 한국건강가정진흥원에서 일한다. 현재는 1인가구와 돌봄, 그리고 사회적 관계망에 관심을 갖고 있다.

■ **정지영**

'무엇을 물어봐도 자판기처럼 풀어내는 해박함'으로 여러 책임을 맡아 교육, 연구, 실천 등 모두 해내고 있다. 이화여자대학교를 나와 동 대학원에서 석·박사학위를 받고, 현재 여주대학교에서 일한다. 현재는 취약위기가족의 기능 회복과 사례관리에 관심을 갖고 있다.

■ **정영금**

'늘 안한다고 하면서 먼저 일을 끝내는 깔끔함과 의외의 도전'으로 일-가정 균형 연구를 이끌어왔다. 가톨릭대학교를 나와 이화여자대학교에서 석·박사학위를 받고, 가톨릭대학교에 재직하였으며, 현재 가톨릭대학교 명예교수이다.

■ **차성란**

'한 치의 오차도 없는 철저함과 성실함'으로 교육과 연구에 매진하여 왔으며, 지역사회에서의 공동체 활동에 대한 연구를 수행해왔다. 이화여자대학교를 나와 동 대학원에서 석·박사학위를 받고, 대전대학교에 재직하였으며, 현재는 문화공동체에 지속적으로 관심을 갖고 있다.

가족과 문화 변화를 읽다 (2판)

1판발행 2021년 3월 5일 **1판 1쇄 인쇄** | 2021년 3월 10일 **1판 1쇄 발행**
2판발행 2024년 3월 10일 **2판 1쇄 발행** | 2024년 9월 10일 **2판 2쇄 발행**
2025년 9월 10일 **2판 3쇄 발행**

지은이 윤소영 조성은 정지영 정영금 차성란
펴낸이 최용구 | **펴낸곳** 도서출판 **신정**
주소 (04316) 서울시 용산구 원효로 89길 19 (원효로1가)
전화 02)3211-4782, 0266(영업부), 3211-4783(편집부), 3211-4784(팩스)
이메일 sjbook2002@naver.com | **홈페이지** www.sjbook.co.kr
등록 2001년 5월 11일 제13-702호
기획마케팅 최용구 장만동 최충구 송대용 | **책임편집** 석기은 황가연

ISBN 978-89-5912-903-4 93590
정가 25,000원